AUCTORES BRITANNICI MEDII AEVI · XII

THE SOPHISMATA
OF
RICHARD KILVINGTON

Text edition by

NORMAN KRETZMANN

and

BARBARA ENSIGN KRETZMANN

Published for THE BRITISH ACADEMY
by OXFORD UNIVERSITY PRESS

Oxford University Press, Walton Street, Oxford OX2 6DP
Oxford New York Toronto
Delhi Bombay Calcutta Madras Karachi
Petaling Jaya Singapore Hong Kong Tokyo
Nairobi Dar es Salaam Cape Town
Melbourne Auckland
and associated companies in
Berlin Ibadan

Oxford is a trade mark of Oxford University Press

Published in the United States
by Oxford University Press, New York

British Library Cataloguing in Publication Data
Kilvington, Richard ca. 1302–ca. 1361
The Sophismata of Richard Kilvington. – (Auctores
Britannici medii aevi v.12).
1. English philosophy
I. Title   II. Kretzmann, Norman   III. Kretzmann, Barbara
Ensign   IV. British Academy   V. Series
192
ISBN 0–19–726086–1

Produced by Alan Sutton Publishing, Gloucester
Printed in Great Britain

TO MARIA AND JULIA

CONTENTS

INTRODUCTION

In this volume we are presenting the first edition of the *Sophismata* of Richard Kilvington (1302/5–1361), a fourteenth-century English philosopher. A companion volume, published simultaneously by Cambridge University Press, contains an English translation of the *Sophismata* with an historical introduction and philosophical commentary.

The author and his work

Kilvington's *Sophismata*, written at Oxford in the early 1320s, grew out of disputations *de sophismatibus*, which had an established place in the fourteenth-century curricula of the universities of Oxford and Paris. A sophisma is a sentence puzzling in its own right or on the basis of some hypothesis, designed to bring some abstract issue into sharper focus – the medieval ancestor of such well-known twentieth-century philosophical examples as Frege's 'The morning star is the evening star' or Russell's 'George IV wished to know whether Scott was the author of Waverley'. Medieval university disputations regarding sophismata were intended to advance the undergraduates' training in logic, and in the Praefatio to his *Sophismata* Kilvington says that he has written this work 'Ut . . . verum et falsum speculemur facilius'. From a twentieth-century point of view, however, it looks less like a logical treatise and more like an ordered collection of philosophical puzzles designed to raise and settle issues in natural philosophy (Sophismata 1–44) and epistemology (45–48).

Still, even when the puzzles have to do with change, motive power, velocity, or strength, Kilvington's analysis of them is always conceptual rather than mathematical, and his solutions are always found by applications of logic rather than by calculations. In general, Kilvington's interest seems to be in *the logic of* change, velocity, knowing and doubting, or any other of the topics presented in this treatise. But the way in which he pursues that interest in dealing with examples drawn from natural philosophy leads him into the conceptual foundations of certain sorts of mathematics and physics, setting the stage for their explicit introduction in the works of his colleagues and students among the Oxford Calculators – e.g., Thomas Bradwardine, William Heytesbury, Richard Swineshead, and John Dumbleton. Kilvington's *Sophismata* gains some of its interest and importance from the fact that it seems to have been among the earliest contributions to the literature characteristic of this group of early fourteenth-century English philosophers.

In dealing with his topics chosen from natural philosophy and episte-mology, Kilvington employs almost all the devices of fourteenth-century logic, occasionally criticizing their standard use. His procedure is somewhat unusual even in comparison with the work of other late medieval logicians, however. In every sophisma of Kilvington's an apparent paradox is generated, and he brings out the paradox by presenting what he takes to be at least plausible arguments for both sides of a contradiction; only then does he undertake to resolve the paradox. Opposition and resolution are familiar features of scholastic method. But usually the opposition is patently substantive (rather than masked by such Kilvingtonian questions as whether Socrates is infinitely whiter than Plato begins to be white), and typically it presents understandable disagreement over recognizable issues (rather than paradoxes which sharpen the issue hidden within them, such as Socrates's both being and not being infinitely whiter than Plato begins to be white). Moreover, Kilvington often takes an oblique approach to the topic that really interests him. He is likely to focus on the details of his examples, which are frequently fantastic, in order to make quite general, substantial, theoretical points; and he is likely to leave it to the reader to recognize that those points have been made. Although Kilvington's *Sophismata* was intended to teach logic (and perhaps other things as well), it is not an introductory textbook. Its terminology is often technical, and its style is sometimes highly compressed, even by the standards of late medieval philosophical Latin. Since unusual word-order is one of the ways in which medieval logicians mark formal distinctions, at first glance some passages are likely to seem unnecessarily awkward. But a closer acquaintance with the material almost always shows that the apparently awkward constructions are medieval analogues of devices of modern formal notation for logic, such as parentheses indicating the scope of logical operators.

For these reasons, even specialists in medieval philosophy may well find it helpful to consult the translation and commentary provided in the companion volume when using this edition.

The edition

Barbara Ensign Kretzmann shared the long labour of transcribing and collating the manuscripts; Norman Kretzmann is responsible for the edition and the critical apparatus.

In preparing this edition we had access to photocopies of twenty manuscripts, most of them complete or nearly so. The edition is based on a collated transcription of all the manuscripts available to us. Although some are generally better than others, we found enough valuable readings scattered throughout the manuscripts to justify taking all of them into account.

The discernible interrelationships of the manuscripts shift more than once during the course of the treatise, as can be seen by studying the critical apparatus. Manuscripts that seem clearly to belong to one family migrate to another. For instance, MSS. **H**, **I**, **P**, and **Q** are closely associated in the earlier sophismata but go their separate ways later in the treatise. Discrepancies of this sort are not uncommon in manuscripts of medieval academic works and are probably to be explained by the exigencies of the medieval university system of renting texts piecemeal for copying (see, e.g., Jan Pinborg's account of this process in 'Medieval Philosophical Literature', pp. 11–42 in N. Kretzmann, A. Kenny, and J. Pinborg, eds., *The Cambridge History of Later Medieval Philosophy* [Cambridge: Cambridge University Press, 1982], esp. pp. 34–38). In these circumstances a *stemma* purporting to show the interrelationships of the manuscripts would be more imaginative than historical, and we have not attempted one. As the editors of Ockham's *Summa Logicae* put it, after reviewing similar considerations, 'Haec, ut speramus, aliqualiter explicant cur stemma codicum *Summae Logicae* non delineaverimus. Forsitan genealogia petiarum seu quaternionum, quinionum vel senionum detegi posset. Sed hoc tentare nimium temporis ac laboris requireret, exitu nihilominus incerto' (Introductio, p. 8*, in P. Boehner, G. Gál, and S. Brown, eds., *Opera Philosophica*, Vol. I; St. Bonaventure, N.Y.: The Franciscan Institute, 1974).

The editorial principles employed in the critical apparatus are adapted from those followed in the Franciscan Institute's critical edition of William Ockham's *Opera philosophica et theologica* under the general editorship of Fr. Gedeon Gál, O.F.M. We note all variants in the sophisma sentence, the example with which each sophisma begins. When in doubt, we include the variants. Where the manuscripts seem confused over a particular passage, we include variants we would otherwise exclude.

We generally do not note:

1. marginalia
2. spelling differences (we use classical spelling throughout)
3. repetitions
4. *homoioteleuta*
5. additions or omissions of inessential conjunctions (e.g., 'et'), adverbs

(e.g., 'ut'), prepositions (e.g., 'in'), pronouns (e.g., 'suorum') (unless they can make a difference to the sense)

6. deliberate omissions of recurrent expressions, indicated by 'etc.'

7. strictly grammatical variants (unless they can make a difference to the sense)

8. transpositions (unless they can make a difference to the sense)

9. additions with which and omissions without which the passage makes no sense (unless they occur in several manuscripts)

10. additions or omissions of proper names in examples where the context makes the intended name unmistakable

11. additions or omissions of nouns identifying already-identified letter-designations (e.g., we do not note the difference between 'A' and 'agens A' once it has been established within a given sophisma that 'A' designates an agent)

12. variants supported by a single standard abbreviation, such as illa/ista/ipsa; alia/aliqua (the context normally makes the correct reading obvious when the difference is significant)

13. variants, additions, or omissions occurring in only one manuscript (unless they make a significant difference to the sense or are interesting in some other respect)

14. trivial variants, such as

ergo/igitur	similiter/consimiliter
econtra/econverso	in oppositum/ad oppositum
scilicet/videlicet	nec/neque
primo/a primo	nunc/iam/modo
quia/nam/enim	praedictum/dictum
sequitur/valet/tenet	patet/apparet
arguo/arguitur	probo/probatur

pono/ponendo/suppono/supponendo/supposito
dico/dicitur/dicendum/dicendum est
respondeo/respondetur/respondendum/respondendum est
concedo/conceditur/concedendum/concedendum est
nego/negatur/negandum/negandum est
hic/ille/iste/is (where the difference cannot affect the sense)

The lower-case letter at the beginning of each paragraph of the edition is correlated with one at the beginning of each paragraph of the separately published translation, and the commentary published with the translation is keyed to those designations of the paragraphs in each sophisma.

The manuscripts

A   Vatican City: Bibliotheca Apostolica Vaticana.
   Vat. lat. 3066: ff. 16ra–25vb.
Colophon: 'Amen. Expliciunt sophysmata Magistri Riccardi Kylventon.
Deo gratias Amen.'
Remarks: An excerpt from this manuscript appears as # 72 in S. Harrison
Thomson's *Latin Bookhands*:

> . . . Vellum, 273 x 205 (215 x 140); ff. 94; at least three nearly coeval
> [Italian] hands. *Contains*: Varia logica et scholastica: Walter Burley,
> Kilmington (here called Kylventon), Bradwardine, etc. *Written* at
> Bologna. The colophon of one of the questiones reads (f. 8c): 'Explicit
> questio disputata per Reverendum Magistrum Matheum de Ugubio in
> civitate bononiensi Anno Domini M. CCC xlj.' Other questiones in this
> codex are dated 1347 and 1348, some by the same hand as the 1341
> work. . . .

After the colophon the scribe of the *Sophismata* has copied the following
on f. 25vb:

> Difforme est cuius prima pars est magna, et secunda maior prima, et
> tertia maior secunda, et quarta maior tertia, et sic deinceps. Uniforme
> est cuius nulla pars est maior alia. Uniformiter difforme est cuius
> secunda pars excedit primam per gradum, et tertia secundam, et sic
> deinceps. Difformiter difforme est cuius una quarta est alicuius resisten-
> tiae, secunda maioris primi, tertia maioris secundi, quarta maioris tertii,
> et sic deinceps cetera. Explicit opus parvum et utilissimum.

(See remarks on MS. **J** below.)

B   Vatican City: Bibliotheca Apostolica Vaticana.
   Vat. lat. 4429: ff. 45ra–62va.
Colophon: missing.
Remarks: Not an Italian hand; possibly English. Incomplete; breaks off
soon after beginning of S47.

C   Vatican City: Bibliotheca Apostolica Vaticana.
   Vat. lat. 3088: ff. 37ra–61rb.
Colophon: 'Et sic finiuntur sophismata Climithonis Anglici. Benedictus
Deus in aeternum. Amen.'

Remarks: Probably later than **A** or **B**; probably Italian hand. The scribe has included a 'Tabula sophismatum Clymithonis' on f. 61va–b.

D   Paris: Bibliothèque Nationale.
Latin 16134: ff. 56rb–73ra.

Colophon: 'Et sic est finis horum sophismatum scriptorum per manum cuiusdam Iohannis contra [?!]. Et fuerunt completa die lunae post dominicam septuagesimae, anno Domini M° CCC° LXXXIXI° [1389?, 1390?]. Explicit hoc totum; pro poena da mihi potum. Expliciunt sophismata Clymetonis, Deo gratias, per manum cuiusdam Iohannis.'
Remarks: Possibly an English hand. Incorrectly bound. Some of Kilvington's sophismata are interleaved with those of Albert of Saxony – viz., RK ff. 56, 45, 58–73; AS ff. 57, 46.

E   Padova: Biblioteca Universitaria.
MS. 1123: ff. 65va–79va.

Colophon: 'Expliciunt sophismata de Kylmington.'
Remarks: English hand; probably from the third quarter of the fourteenth century.

F   Bruges: Stadsbibliotheek.
MS. 497: ff. 64va–73vb.

Colophon: missing.
Remarks: English hand; probably from the third quarter of the fourteenth century. Incomplete; breaks off in S48. Four folios have been cut out following f. 73.

G   Bruges: Stadsbibliotheek.
MS. 500: ff. 1ra–31rb.

Colophon: none.
Remarks: Possibly an English hand; probably from the late fourteenth century. Lacks the Praefatio to the *Sophismata*. De Poorter's catalogue mistakenly describes this copy of the *Sophismata* as ending on f. 30r, where, in f. 30ra, the scribe uses an ornate capital letter to begin the sentence 'Dico igitur quod nullum insolubile de quo praesens est locutum est simpliciter verum vel simpliciter falsum' in S48. Immediately after the end of S48 (and thus the *Sophismata*) the scribe goes on immediately to copy another treatise beginning 'Ponatur quod Socrates sit omnis homo et quod dicat istam 'Socrates dicit falsum' et nullam aliam . . .'. (See remarks on MS. **Q** below.)

H   Erfurt: Wissenschaftliche Allgemeinbibliothek.
   Amplonian F. 313 (6): ff. 147ra–158va.
Colophon: 'Et sic sit finis. Amen. Expliciunt sophismata Climitonis.'
Remarks: English hand. The Erfurt catalogue gives the approximate date
'2. Viertel des 14. Jh.' The *third* quarter of the century seems more likely.
The remainder of f. 158v is occupied by a Tabula sophismatum.

I   Erfurt: Wissenschaftliche Allgemeinbibliothek.
   Amplonian O. 76 (7): ff. 37ra–71ra.
Colophon: 'Deo gratias Amen. Expliciunt abstractiones sive sophismata
Magistri Ricardi Anglici de Kilvintone.'
Remarks: Possibly an English hand.

J   Oxford: Bodleian Library.
   Canon. Misc. 376: ff. 1ra–22ra.
Colophon: 'Amen.'
Remarks: Probably an Italian hand. The scribe supplies a 'Tabula sophis-
matum istorum' in f. 22ra–b. Between the colophon and the Tabula the
scribe has copied the following:

   — Difforme est cuius prima pars est magna, et secunda maior prima, et
   tertia maior secunda, et quarta maior tertia, et sic deinceps.
   — Uniforme est cuius nulla pars est maior alia.
   — Uniformiter difforme est cuius secunda pars excedit primam per
   gradum, et tertia secundam, et sic deinceps.
   — Difformiter difforme est cuius una [pars *scrips. et del.*] quarta est
   alicuius resistentiae, secunda maioris primi, tertia maioris secundi,
   quarta maioris tertii, et sic deinceps.

(See remarks on MS. **A** above.)

K   Oxford: Bodleian Library.
   Canon. Misc. 409: ff. 99ra–109va.
Colophon: none.
Remarks: Italian hand. Incomplete; breaks off in the middle of a line soon
after the beginning of S41, leaving the remainder of f. 109v and all of 110r
blank. A treatise copied by the same hand ends on f. 98vb with the
following colophon: 'Expleta sunt sophismata Gulielmi de Hentysbari.
Anno domini millesimo c°c°c° 86, die 13 mensis septembris per me [the
remainder of the line has been scraped clean]. Deo gratias.'

L   Krakow: Biblioteka Jagiellonska.
   MS. 621: ff. 3va–13vb.
Colophon: 'Et sic est finis. Expliciunt sophismata Climitonis. Anno domini M° CCC lxxxx.'
Remarks: Possibly eastern Europe hand. Incomplete. After the first few lines of the Praefatio the scribe goes on without a break or any indication of a change into the middle of S21. The change takes place in the middle of a line. In 1987 Professor Paul Vincent Spade informed us he had found the missing portion of this copy of the *Sophismata* embedded in the copy of Henry Hopton's *De veritate et falsitate propositionis* in the same manuscript, beginning at the beginning of f. 14vb10 and ending at the end of f. 19ra39. We are very grateful to Professor Spade (and impressed by his perspicacity); but since his information reached us long after the completion of the edition, we have not taken this misplaced portion of the copy into account.

M   München: Bayerische Staatsbibliothek.
   Cod. lat. monac. 23530: ff. 182r–210r.
Colophon: 'Amen. Amen. Expliciunt Sophysmata Magistri Ricchardi Cleninton [? Clementon?] de Anglia. Amen.'
Remarks: Probably Italian hand; probably from the last quarter of the fourteenth century. Above the Praefatio the scribe has written 'Incipiunt sophismata Clenton de Anglia.'

N   Bern: Burgerbibliothek.
   MS. 446: ff. 21ra–37vb.
Colophon: 'Expliciunt sophismata cum obligationibus et insolubilibus datis a Magistro Ricardo de Kilvintone, etc.'
Remarks: Possibly an English hand; probably from the fifteenth century.

O   London: British Library.
   Royal 12 F. XIX: ff. 153ra–174va.
Colophon: 'Expliciunt abstractiones cum obligationibus et insolubilibus datis a Magistro Ricardo de Kilvinctoun.'
Remarks: English hand. From the fourteenth century.

P   Oxford: Bodleian Library.
   Lyell 79: ff. 1r–28r.
Colophon: 'Sophismata Clemenconis in terminis phylosophicis. Expliciunt Sophismata data a Magistro Ricaldo de Kemitono [?]. Amen.'
Remarks: Probably an Italian hand; from the second half of the fourteenth century. Incomplete; omits Praefatio.

Q   Krakow: Biblioteka Jagiellonska.
    MS. 750: ff. 99ra–110va.
Colophon: none.
Remarks: Probably a German hand. Incomplete. The last sentence copied
(followed by blank space in the remainder of f. 110v) is this from S48:
'Dico igitur quod nullum insolubile de quo praesens est locutus est
simpliciter verum vel simpliciter falsum, sed falsum secundum quid, verum
secundum quid.' (See remarks on MS. **G** above.)

R   Padova: Biblioteca Antoniana.
    MS. 397 XVIII: ff. 108r–114r.
Colophon: missing.
Remarks: Italian hand; probably from the last quarter of the fourteenth
century. Incomplete; breaks off in the middle of a line near the beginning
of S20. Above the text in f. 108r the scribe has written 'Incipiunt
Sophysmata Riccardi Drumantonis'.

S   Venezia: Santa Maria della Fava.
    Cod. 4: ff. 118r–120r.
Colophon: missing.
Remarks: Italian hand. Incomplete; breaks off in the middle of S8. Ff.
120v–123r are blank. F. 123v contains a list: 'In hoc volumine sunt
infrascripti libri'. The last entry in the list reads 'Quaedam sophismata
incompleta'.

T   Berlin: Staatsbibliothek preussischer Kulturbesitz.
    Lat. Q° 932: 1ra–6ra.
Colophon: 'Expliciunt optima sophismata Clydenthon [?].'
Remarks: German hand; perhaps as early as the second quarter of the
fourteenth century. Incomplete; begins in the second half of S42. A later
hand has written in the top margin of f. 1ra 'Tract. de Deo 14 saec.',
perhaps a reference to the theological question which follows the fragment
of the *Sophismata*: 'Utrum Deo frui sit summa habitudo creata.' Professor
John E. Murdoch, who located this fragment for us and lent us his
photocopy of the relevant folios, informed us that the entire codex consists
of only seven folios and is misbound. Its proper arrangement is: ff. 1r–3v;
6r–7v; 4r–5v.

We found that **O** was much the best of the MSS. for our purposes, with **B**,
N, **M**, **A**, and **K** forming a generally reliable second group. But none of the
twenty MSS. on which we based our edition was useless; even **H**, which

contributed by far the most readings to the rejected variants, was sometimes helpful.

Almost certainly there are manuscript copies of Kilvington's *Sophismata* of which we have not heard. One more than these twenty was brought to our attention by Fr. Gedeon Gál after we had finished the edition: Leipzig: Karl-Marx Universitätsbibliothek, MS. 1360; we have not seen it.

The fact that after more than 650 years Kilvington's *Sophismata* survives in at least twenty-one copies in thirteen European cities is further evidence of its importance in later medieval thought. A careful investigation of its sources and its influence is very likely to enhance our understanding of the development of logic and of science.

Acknowledgements

Several generous scholars provided us with information about manuscript copies of the *Sophismata*, some of it invaluable. Fr. Gedeon Gál, O.F.M., and Professors Francesco Bottin, James John, John E. Murdoch, Charles Schmitt, Paul Vincent Spade, and Rega Wood deserve our thanks for help of that sort. Jan Pinborg and James John examined and discussed all or most of our photocopies and offered invaluable expert opinions, especially on the country and period in which each manuscript was likely to have been written. Fr. Gedeon and Professor Wood also advised us about editorial principles, drawing on their particularly relevant experience in preparing the critical edition of Ockham's philosophical and theological works.

We are very grateful to all these generous benefactors.

Norman Kretzmann
Barbara Ensign Kretzmann

SOPHISMATA

Praefatio

(a) Ad utrumque dubitare potentes, facile speculabimur verum et falsum, ut dicit Aristoteles primo Topicorum suorum. Ut, igitur, in praesenti opere verum et falsum speculemur facilius sophismatum perscrutandorum, utrasque partes contradictionis intendo discutere et easdem, 5 prout facultas suppetit, rationibus evidentibus suadere.

(b) Quia ad hoc quorundam iuvenum rogationibus provocor, qui pro eisdem vehementer instabant, unde, eisdem cupiens aliquid providere quae ab eis sensi saepius postulari, eo tenore temptare praesumpsi.

(c) Et primo a sophismatibus hoc verbum 'incipit' concernentibus huius 10 operis exordium mihi sumam.

---

1 Ad] Quoniam ad **M** 1–2 verum et falsum *om.* **HQ** 4 perscrutandorum] perscrutando **DF** 5 facultas *om.* **CD** // evidentibus *om.* **KP** 6–8 Quia . . . praesumpsi *om.* **AB** 6–10 quorundam . . . sumam *om.* **L*** 6 rogationibus] rogantibus **IOS** 7 instabant] instabo **HQ** 8 quae] quod **F** quaeque **J** quia **M** qui hoc **RS** // postulari] postulare **OR** 10 sumam] Primum igitur sophisma est hoc *add. (var.)* **ABDEFKPQRS**

* Immediately following the word 'evidentibus' L has 'in B immediate post hoc remittetur . . . ', continuing the text in the middle of S21. The scribe gives no evidence of a lacuna in his exemplar. L thus omits everything from the middle of the Praefatio to the middle of S21. The MS is otherwise complete.

Sophisma 1

(a) SOCRATES EST ALBIOR QUAM PLATO INCIPIT ESSE ALBUS.

(b) Posito, gratia exempli, quod Socrates sit albus in summo, et quod Plato nunc primo incipiat esse albus et nunc non sit albus.

(c) Tunc probatur sophisma sic. Socrates est albus, et Plato incipit esse 5 albus, et tempus erit antequam Plato erit ita albus sicut nunc est Socrates; igitur Socrates est albior quam Plato incipit esse albus.

(d) Ad oppositum arguitur sic. Si Socrates est albior quam Plato incipit esse albus, vel igitur est Socrates in infinitum albior quam Plato incipit esse albus vel solum per finitum albior quam Plato incipit esse albus. Si in 10 infinitum sit Socrates albior quam Plato incipit esse albus et Plato incipit esse albus, igitur Socrates est in infinitum albus. Consequens est falsum, et consequentia patet per hoc, quod comparativum praesupponit suum positivum. Si Socrates sit albior solum per aliquam proportionem finitam quam Plato incipit esse albus, probo quod non. Quia si in aliqua propor- 15 tione sit Socrates albior quam Plato incipit esse albus, sit igitur, gratia exempli, quod Socrates sit solum in duplo albior quam Plato incipit esse albus. Contra: tempus erit antequam Plato erit praecise in duplo minus albus quam nunc est Socrates, cum Plato in hoc instanti non sit albus; igitur Plato non incipit esse in duplo minus albus praecise quam nunc est 20 Socrates. Et, ultra, igitur Socrates non est in duplo albior praecise quam Plato incipit esse albus. Et consimiliter arguitur quod per nullam latitudinem albedinis sit Socrates albior quam Plato incipit esse albus.

(e) Ad sophisma respondetur quod exponendo li 'incipit' per remotionem de praesenti et positionem de futuro, sophisma est verum. 25

(f) Ad argumentum in oppositum conceditur quod in infinitum Socrates est albior quam Plato incipit esse albus. Et neganda est consequentia

1 PLATO] PETRUS (*et infra in S1*) **P** NUNC *add.* **DJM** NUNC PRIMO *add.* **K**   4 primo *om.* **BJN** // et . . . albus *om.* **AJM**   6 erit^2] sit **BCDEFJMOR** 10 finitum] est *add.* **ABDKQR** // albior . . . albus *om.* **GHJM**   11–12 et . . . albus *om.* **DMQR**   12 est^1] erit **HPQ** // falsum] inconveniens **M**   13 praesupponit] supponit **IP**   14 solum *om.* **JM**   16 quam . . . albus *om.* **CDEGHN**   17 solum *om.* **AFGHKPQRS**   18 albus] Et tunc arguitur sic. Socrates est albior praecise in duplo quam Plato incipit esse albus; igitur Plato incipit esse minus albus in duplo, etc. *add.* **S**   19 nunc *om.* **CD**   21 praecise *om.* **ES**   23 sit] erit **JM**   25 positionem de futuro *om.* **ABHQ**   26 in oppositum *om.* **HQ**

ulterius 'igitur Socrates est in infinitum albus'. Et causa est quia nullus est
primus et remississimus gradus albedinis qui erit in Platone per quem sine
30 medio albedo in Platone comparabitur albedini quae nunc est in Socrate.
Unde ista propositio 'Socrates est in infinitum albior quam Plato incipit
esse albus' convertitur cum ista copulativa: 'Socrates est albus, et Plato erit
sine medio albus, et nulla erit albedo sive gradus albedinis sine medio in
Platone per quem albedo in Platone sine medio comparabitur albedini in
35 Socrate'. Et ex ista non sequitur quod Socrates sit in infinitum albus.

(g) Et quando arguitur quod 'comparativum praesupponit suum positivum; igitur sequitur quod si Socrates est in infinitum albior quam Plato
incipit esse albus, igitur Socrates est in infinitum albus' – ad hoc dicitur
concedendo quod comparativum praesupponit suum positivum. Unde
40 bene sequitur 'Socrates est in infinitum albior quam Plato incipit esse
albus; igitur Socrates est albus'. Sed comparativum sumptum cum determinatione non praesupponit suum positivum cum eadem determinatione,
ut patet in proposito, et maxime quando non fit comparatio inter aliquos
certos gradus albedinis.

45 (h) Sed forte arguitur ad istam propositionem sic – 'Socrates est in
infinitum albior quam Plato incipit esse albus' – quod est secundum
sophisma.

Sophisma 2

(a) SOCRATES EST IN INFINITUM ALBIOR QUAM PLATO
INCIPIT ESSE ALBUS.

28 est] erit **DGJKMNO** 29 primus et *om.* **GHJ** // remississimus] intensissimus **H** // qui erit
om. **GMRS** 30 in Platone] Platonis **HR** 34 quem] quam **HQR** // albedini] quae est *add.*
CS quae nunc est *add.* **F** 34–35 in Socrate] Socratis **ABKMR** 36 arguitur] dicitur **CD** //
quod] omne *add.* **ER** // praesupponit] supponit **IJP** 39 concedendo *om.* **AHO** // quod]
semper *add.* **EGOS** // positivum] sine determinatione tamen *add.* **S** 39–42 Unde . . .
positivum] non tamen **K** 40 bene *om.* **BJM** 41 sumptum] supponit **EJ** *om.* **H** //
sumptum . . . determinatione *om.* **A** 42 non] semper *add.* **HIPQ** // positivum] sumptum
add. **CDJM** 43 quando] quia **BK** quod **F** // aliquos] non habentes *add.* **R** 44 certos *om.*
EJ 45–46 sic . . . albus *om.* **G** 45–47 Sed . . . sophisma] Hic sequitur secundum sophisma
S *om.* **H** // sic . . . sophisma *om.* **CDENP** // Socrates . . . sophisma] In infinitum erit minus
albus, sed non erit in infinitum a parte Socratis tenet a parte praedicati non **R** *om.*
ABIK 46–47 quod . . . sophisma *om.* **JM**

1 PLATO] PETRUS (*et infra in S2*) **P** 2 ALBUS] quod est secundum sophisma *add.*
ABCDEFGKNP

(b) Arguitur sic. Socrates est in infinitum albior quam Plato incipit esse albus; igitur Plato incipit esse in infinitum minus albus quam nunc est Socrates. Et si hoc, igitur, cum Plato non sit albus, Plato post hoc erit in 5 infinitum minus albus quam nunc est Socrates – quod est impossibile. Igitur sophisma ex quo sequitur est impossibile.

(c) Ad oppositum arguitur sic. Socrates est plus quam in duplo albior quam Plato incipit esse albus, et Socrates est plus quam in triplo albior quam Plato incipit esse albus, et sic deinceps; igitur Socrates est in 10 infinitum albior quam Plato incipit esse albus. Et quaelibet pars anteceden-tis probatur ut prius.

(d) Ad sophisma conceditur quod est verum, exponendo ly 'incipit' ut prius.

(e) Et ulterius non sequitur 'igitur Plato incipit esse in infinitum minus 15 albus quam nunc est Socrates'. Bene tamen sequitur quod in infinitum incipit Plato esse minus albus quam nunc est Socrates albus. Et hoc est verum quia plus quam in duplo minus albus incipit esse Plato quam nunc est Socrates albus, et plus quam in triplo minus albus incipit esse Plato quam nunc est Socrates albus, et sic in infinitum. Et causa quare prima 20 consequentia non valet dicta est in priori sophismate – videlicet, quod nullus erit primus gradus albedinis per quem Plato erit albus.

(f) Unde in multis sophismatibus deficiunt consimiles consequentiae propter eandem causam, et maxime cum his verbis 'incipit' et 'desinit', ut patet in hoc sophismate.   25

Sophisma 3

(a) SOCRATES INCIPIT ESSE ALBIOR QUAM PLATO INCIPIT ESSE ALBUS.

(b) Posito quod Socrates et Plato nunc primo incipiant esse albi, et sit

---

3 Arguitur sic] Et improbatur **C** Probatur sic **HK** Probatur quod sophisma sit falsum sic **J** *om.* **ABOPQ** 3–4 Socrates . . . albus[1] *om.* **OPQ**   5 Plato[2]] immediate H // hoc] necessario *add.* **N**   6 impossibile] nisi Socrates sit in infinitum albus *add.* **ABDKR**   7 impossibile] et falsum *add.* **DEFGINORS**   8 plus quam *om.* **HI**   9 plus quam *om.* **HIP**   10 et . . . deinceps *om.* **HQ** // deinceps] in infinitum **ABKR**   20 in infinitum] deinceps **ABK** // prima] prior **EGJMNOS** *om.* **HIPQ**   22 erit[1]] est **BHNPQS** // primus *om.* **HK** // gradus] remississi-mus *add.* **M** // albedinis] in Platone *add.* **FRS** // erit[2]] est **EJ**   25 hoc] tertio **HP**

3 primo *om.* **BC**

neuter eorum nunc albus, et intendantur eorum albedines aequaliter,
5 ceteris paribus.

(c) Tunc probatur sophisma sic. Socrates erit albior quam Plato incipit
esse albus, et Socrates nunc non est albior quam Plato incipit esse albus;
igitur Socrates incipit vel incipiet esse albior quam Plato incipit esse albus.
Sed Socrates numquam post hoc instans incipiet esse albior quam Plato
10 incipit esse albus; igitur Socrates incipit esse albior quam Plato incipit esse
albus. Et antecedens patet, quia si Socrates incipiet esse albior quam Plato
incipit esse albus, sit igitur quod in A instanti, post hoc instans, Socrates
incipiet esse albior quam Plato incipit esse albus; et arguo sic. Socrates et
Plato erunt aeque albi in A, et Plato erit albior in A quam nunc incipit esse
15 albus – ut patet ex casu, quia continue intenditur albedo in Platone; igitur
Socrates erit albior in A quam Plato incipit esse albus. Et, ultra, igitur ante
A erit Socrates albior quam Plato incipit esse albus. Igitur in A Socrates
non incipiet esse albior quam Plato incipit esse albus – quod est probandum.

20 (d) Item, probatur sophisma sic. Capiatur totum tempus per quod
Socrates non erat albior quam Plato incipit esse albus, et totum tempus per
quod Socrates erit albior quam Plato incipit esse albus. Tunc instans
medium inter ista duo tempora est hoc instans praesens – ut probari potest
per ultimam formam prioris argumenti istius sophismatis – et per conse-
25 quens hoc instans praesens est istud instans in quo Socrates incipit esse
albior quam Plato incipit esse albus.

(e) Ad oppositum sophismatis arguitur sic. Socrates et Plato incipiunt
esse aequaliter albi – ut patet ex casu; igitur Socrates incipit esse praecise
ita albus sicut Plato incipit esse albus. Et, ultra, igitur Socrates non incipit
30 esse albior quam Plato incipit esse albus.

(f) Item, si Socrates incipit esse albior quam Plato incipit esse albus,
igitur Plato incipit esse minus albus quam Socrates incipit esse albus.
Consequens est falsum; igitur et antecedens. Falsitas consequentis patet,
quia Plato incipit esse albior quam Socrates incipit esse albus – ut probari

6 Plato] Petrus (*et aliquando infra in S3*) **P** nunc *add.* **IQ**   11 si] in aliquo instanti post hoc *add.* **H** sic, sit quod in A instanti post hoc instans *add.* **Q** sequitur quod in aliquo instanti post hoc *add.* **R** *om.* **EHQ** // incipiet] incipit **EM**   12 igitur] gratia exempli *add.* **KPS**   13 incipiet] incipiat **BDEFJKMR** incipit **N** // et] sed contra hoc **IP**   14 Plato²] Socrates **HR** // quam] Socrates *add.* **E** // nunc] Socrates *add.* **BJ**   15 continue *om.* **CD**   18 incipiet] incipit **JMNOPS**   21 erat] erit **ABKNQRS** est **CDEGHJO** *om.* **F**   22 erit] est **ABCM** // instans] antecedens **HI**   23 praesens] in quo Socrates et Plato incipiunt esse albi *add.* **BC** *om.* **A**   25 incipit] incipiet **ABFKM**   29 incipit²] incipiet **EF**   33 igitur . . . patet *om.* **HMPQ**

potest per illud argumentum, praecise sicut prius arguebatur quod Socrates 35
incipit esse albior quam Plato incipit esse albus.

(g) Ad sophisma conceditur quod est verum, sumendo ly 'incipit' ut
prius.

(h) Ad argumentum in oppositum, quando arguitur 'Socrates et Plato
incipiunt esse aequaliter albi; igitur Socrates incipit esse praecise ita albus 40
sicut Plato incipit esse albus. Et, ultra, igitur Socrates non incipit esse
albior quam Plato incipit esse albus', dicendum quod hoc non sequitur,
licet appareat forma multum evidens. Et causa est quia per istam 'Socrates
et Plato incipiunt esse aequaliter albi' denotatur quod nullum tempus erit
antequam Socrates et Plato sint aequaliter albi et quod Socrates et Plato 45
erunt aequaliter albi; et per istam 'Socrates incipit esse albior quam Plato
incipit esse albus', quae est oppositum consequentis, denotatur quod
Socrates erit albior quam Plato incipit esse albus et quod nullum tempus
erit antequam Socrates erit albior quam Plato incipit esse albus. Nunc ista
non repugnant: 'Socrates et Plato erunt aequaliter albi' et 'Nullum tempus 50
erit antequam Socrates et Plato erunt aequaliter albi' et 'Socrates erit
albior quam Plato incipit esse albus' et 'Nullum tempus erit antequam
Socrates erit albior quam Plato incipit esse albus'. Et per consequens ista
stant simul: 'Socrates et Plato incipiunt esse aeque albi' et 'Socrates incipit
esse albior quam Plato incipit esse albus'. Et ita non sequitur 'Socrates et 55
Plato incipiunt esse aeque albi; igitur Socrates incipit esse ita albus praecise
sicut Plato incipit esse albus'.

(i) Ad aliud argumentum in oppositum dico quod non sequitur 'Socrates
incipit esse albior quam Plato incipit esse albus; igitur Plato incipit esse
minus albus quam Socrates incipit esse albus', hoc propter causam positam 60
in praecedenti sophismate.

(j) Unde, exponendo ly 'incipit' ut prius, concedendum est quod –

---

35 praecise *om.* **ABCHKPQ** // sicut] quia quod **E** per quod **HIPQ**   37 sumendo]
exponendo **JKM** accipiendo **S**   39 Ad] primum *add.* **HIPQ** 39–42 quando . . . sequitur]
neganda est prima consequentia **HIP** concedenda est prima consequentia **Q**   40 praecise
om. **BFGJKN** 41–42 Et . . . albus] Negatur consequentia **O** *om.* **DEFGN**   42 dicendum
quod] Sed **CEFN** Sed ex **O** *om.* **D** // hoc *om.* **DGJMRS**   46 albi] et modo non sunt
aequaliter albi *add.* **HIPQ** // incipit esse] erit **HPQ**   48 erit] est **CH** incipit esse **J** 49–53 ista
. . . ista] istae ex positis duae non repugnant primae, nec istae duae repugnabunt, sed **H** ex
oppositis non repugnant ex possibilibus? primae quo nec ista repugnabunt, sed **P** istae
expositiones quae nihil? repugnant expositionibus prioris; igitur nec istae repugnabunt, sed **Q**
50–51 et² . . . albi *om.* **AF** 54–55 incipit esse] erit **AE**   56 Socrates] non *add.*
HPQ   58 aliud] istud **A** secundum **HJMPQ** *om.* **GIKNS** // argumentum . . . quod] negatur
consequentia, et **H** neganda est etiam consequentia **IP** neganda est consequentia, et **Q** 58–60
non . . . albus² *om.* **IP**

Sophisma 4

(a) SOCRATES INCIPIT ESSE ALBIOR QUAM IPSEMET INCIPIT ESSE ALBUS – quod est quartum sophisma.

(b) Et probatur ut proximum sophisma.

(c) Et improbatur per ultimam improbationem prioris sophismatis.

5 (d) Et solvatur penitus ut praecedens.

(e) Et simile isti in parte est hoc sophisma.

Sophisma 5

(a) SOCRATES INCIPIET ESSE ITA ALBUS SICUT IPSEMET ERIT ALBUS.

(b) Posito quod albedo tota in Socrate intendatur per totam vitam Socratis, et vivat Socrates diu post hoc instans.

5 (c) Tunc probatur sophisma sic. Socrates erit ita albus sicut ipsemet erit albus, et Socrates non est ita albus sicut ipsemet erit albus; igitur Socrates incipit vel incipiet esse ita albus sicut ipsemet erit albus. Consequentia patet de se, et maior similiter, ut apparet. Et minor patet quia oppositum minoris est falsum si iste terminus 'sicut' confundat, sicut suppono ad

10 praesens. Quia aliter foret concedendum quod minime sapiens foret ita sapiens sicut aliquis homo mundi, et minime fortis foret ita fortis sicut aliquis homo mundi, et multa consimilia, quae non bene sonant. Et per consequens iste terminus 'sicut' confundit terminum.

(d) Ad oppositum sophismatis arguitur sic. Et ponatur quod A sit

1 IPSEMET] PLATO **O** // INCIPIT[2]] INCIPIAT **M** INCEPIT **P** 1–2 INCIPIT ESSE] ERIT **S** 2 quod . . . sophisma *om.* **CDHIJMPQ** 4 improbationem] probationem **ABH** formam probationis **F** 5 solvatur] salvatur **AP** // penitus *om.* **ABJM** 5–6 ut . . . sophisma] per solutionem praecedentis propter brevitatem. Et erit quintum – **H** 6 sophisma] quod est quintum *add.* **IQ**

1 INCIPIET] INCIPIT **ABHIKNPQ** 2 ERIT] EST (*et infra in S5*) **P** 3 tota *om.* **HOPQS** 6 Socrates[1]] nunc *add.* **CD** 7 Consequentia] Conclusio **AB** 8 maior] antecedens **DH** // ut apparet *om.* **GHIPS** 9 suppono] sumo **FGN** 10 minime] nunc **HP** 11 homo] huius **AQ** 11–12 et . . . mundi *om.* **DHIJKMPR** 12 homo] huius **AQ** 13 'sicut'] non *add.* **C** // terminum] sequentem *add.* **IPQ**

primum instans non esse Socratis. Tunc arguo sic. Socrates incipiet esse ita 15
albus sicut ipsemet erit albus. Vel, igitur, ante A Socrates incipiet esse ita
albus sicut ipsemet erit albus, vel in A, vel post A. Non in A nec post A
Socrates incipiet esse ita albus sicut ipsemet erit albus, quia in A Socrates
non erit, nec post A Socrates erit. Igitur qualitercumque exponatur ly
'incipit' – sive per positionem de praesenti et remotionem de praeterito, vel 20
per remotionem de praesenti et positionem de futuro – falsa est haec
propositio: 'In A vel post A Socrates incipiet esse ita albus sicut ipsemet
erit albus'. Si ante A Socrates incipiet esse ita albus sicut ipsemet erit albus,
sit igitur B illud instans in quo Socrates incipiet esse ita albus sicut ipsemet
erit albus. Tunc inter B et A instantia erit tempus medium, et in parte 25
posteriori illius temporis erit Socrates albior quam in parte propinquiori
ipsi B. Igitur non sine medio post B instans erit Socrates ita albus sicut
ipsemet erit albus. Et si hoc, igitur in B non incipiet Socrates esse ita albus
sicut ipsemet erit albus.

(e) Ad sophisma dicitur quod est falsum. 30

(f) Et ad probationem quando dicitur 'Socrates erit ita albus sicut
ipsemet erit albus', neganda est, ut sophisma. Quia nec ante A erit
Socrates ita albus sicut ipsemet erit albus, nec in A, nec post A, ut probari
potest per argumentum quod prius ad oppositum sophismatis est argutum.

(g) Sed contra hoc arguitur sic. Et ponatur quod C sit tempus per quod 35
Socrates vivet praecise. Tunc arguitur sic. In C tempore Socrates erit ita
albus sicut ipsemet erit albus; igitur Socrates erit ita albus sicut ipsemet erit
albus. Antecedens probo; quia Socrates erit albus in C tempore, et
Socrates non erit albior quam ipsemet erit albus in C tempore; igitur
Socrates erit ita albus in C tempore sicut ipsemet erit albus – quod fuit 40
probandum.

(h) Ad quod dicitur negando quod Socrates erit ita albus in C tempore
sicut ipsemet erit albus. Et quando arguitur quod Socrates erit albus in C

15 incipiet] incipit **ABGQ** 17 nec] vel **ABK** 17–18 Non . . . albus[2] *om.* **FG** // nec . . .
albus[2] *om.* **IPQ** 18 in A] tunc **ABK** 19 nec . . . erit *om.* **ABK** // Igitur *om.*
AB 20 'incipit'] 'incipiet' **CM** 22 incipiet] incipit **EO** 23 Si] autem *add.* **AHN** vero
add. **IP** // incipiet] incipiat **AP** 24 incipiet] incipit **BQ** 27 ipsi] ipsius **FHJR** *om.*
BEPQ 28 si] sic **AMP** 31 quando dicitur] negandum est istud antecedens **IPQ** //
dicitur] arguitur **ABDEFHMNOR** 32 albus] etc. *add.* **ABCDEGKN** // neganda . . .
sophisma] negandum est sophisma **H** negandum est **JS** negatur – scilicet, sophisma **R** *om.* **IPQ**
// ut sophisma *om.* **GJM** 38 erit] ita *add.* **BFIQ** 39 tempore] nec erit minus albus in C
tempore quam ipsemet erit albus *add.* **ABCK** 42 Ad . . . negando] Dicendum quod non
est verum **PQ** // negando] quod non est negandum **I** 43–44 Et . . . tempore] Ad
probationem concedenda sunt ista duo assumpta **IPQ**

tempore, conceditur. Et similiter conceditur quod Socrates non erit albior
45 quam ipsemet erit albus in C tempore. Et negatur consequentia ulterius:
'igitur Socrates erit ita albus in C tempore sicut ipsemet erit albus'. Et
causa est quia ista propositio 'Socrates erit ita albus sicut ipsemet erit albus'
convertitur cum hac: 'In aliquo instanti Socrates erit ita albus sicut ipsemet
erit albus'. Et haec similiter 'Socrates erit ita albus in C tempore sicut
50 ipsemet erit albus' convertitur cum hac: 'In aliquo instanti Socrates erit ita
albus in C tempore sicut ipsemet erit albus'. Nunc non sequitur 'Socrates
erit albus in C tempore, et Socrates non erit albior quam ipsemet erit albus
in C tempore; igitur in aliquo instanti Socrates erit ita albus in C tempore
sicut ipsemet erit albus'. Et per consequens convertibile cum isto conse-
55 quente non sequitur ex eodem antecedente praecise.

(i) Aliter tamen forte dicerent quidam, concedendo quod Socrates erit
ita albus sicut ipsemet erit albus. Et tunc consequenter neganda est ista
consequentia: 'Socrates non est ita albus sicut ipsemet erit albus, et
Socrates erit ita albus sicut ipsemet erit albus; igitur Socrates incipiet esse
60 ita albus sicut ipsemet erit albus'. Cum hoc verbo 'est' sine adiuncto aliquo
bene valet consequentia, sic arguendo: 'Hoc non est, et erit; igitur incipiet
esse'. Sed cum multis additis non valet consequentia, ut patet in proposito.

(j) Sed ista responsio non videtur multum valere; quia cum primo casu
posito in sophismate et ista responsione supponatur quod Plato sit et quod
65 erit quousque Socrates erit ita albus sicut ipsemet erit albus et non per
tempus ultra. Quo posito, arguo sic. Plato erit in C tempore praecise;
igitur, per casum, in C tempore Socrates non erit ita albus sicut ipsemet erit
albus. Et per consequens numquam erit Socrates ita albus sicut ipsemet erit
albus. Et antecedens patet, quia Plato non durabit ultra C, quia tunc idem

44 tempore] Et similiter conceditur quod Socrates non erit minus albus quam ipsemet erit
albus in C tempore *add.* **H**   45–46 ulterius . . . albus *om.* **IPQ**   47 albus[1]] in C tempore
add. **IPQS**   48 albus] in C tempore *add.* **IPQ**   49 albus] et tunc communiter est neganda
illa consequentia, quod *add.* **H**   51 erit] ita *add.* **ADEFGHKNQ**   52 in C tempore *om.*
GMS // ipsemet *om.* **ABCDEFHINOPQ** add. sup. lin. **J** // albus[2] *om.* **ABCEFHIMNOPQ** *add.*
sup. lin. **J**   53 tempore] nec minus albus *add.* **AH**   56 Aliter *om.* **ABK** tamen *om.*
EFHINOPQRS // forte *om.* **CHIJMPQ** // quod] istam **HIPQ**   57 consequenter *om.*
CGHJMRS   58 non *om.* **DH** // est] erit **DHI**   59 Socrates[1]] non *add.* **D** // incipiet] incipit
EI   60 hoc] tamen *add.* **ACEFIJKMNOR** 60–61 sine . . . erit] quia non sequitur **H** et quod
non sequitur **P** quod non sequitur **Q**   61 incipiet] incipit **AI**   62 Sed . . . proposito *om.*
HPQ   63 Sed . . . primo] Contra **H** Sed contra. Retento **IPQ**   64 ista] cum prima **C** in
alia **J** *om.* **FH** // Plato] nunc *add.* **GM** non *add.* **J**   65 Socrates] non *add.* **ACMS** // erit[2]] non
add. **K** et non *add. et del.* **M** // ipsemet] Socrates *add.* **ACEN**   66 praecise *om.* **ABK** 68–69
Et . . . Et *om.* **HPQ** 69–70 quia . . . prius *om.* **IPQ**

sequitur quod prius. Nec Plato corrumpetur citra finem C temporis. Quod 70
patet, quia si sic, sit igitur quod in D instanti citra finem C temporis. Tunc
sic. Plato erit quousque Socrates erit ita albus sicut ipsemet erit albus, et
praecise quousque, etc.; sed Plato corrumpetur in D, per responsionem;
igitur in D vel sine medio post D erit Socrates ita albus sicut ipsemet erit
albus – quod est falsum. Quia in instanti medio inter D et instans terminans 75
C tempus erit Socrates albior quam ipsemet erit albus in D instanti vel sine
medio post D.

(k) Item, continue ante finem C temporis erit Socrates minus albus
quam ipsemet erit albus, et in fine C temporis Socrates non erit; igitur in C
tempore Socrates non erit ita albus sicut ipsemet erit albus.   80

(l) Ideo ponatur prima responsio.

(m) Huic sophismati simile est hoc sophisma.

Sophisma 6

(a) SOCRATES INCIPIET ESSE ITA ALBUS SICUT PLATO ERIT
ALBUS.

(b) Posito quod Socrates et Plato sint aequaliter albi, et quod vivant per
aequale tempus praecise, et intendantur albedines in Socrate et Platone
aequaliter per totum tempus quo vivent Socrates et Plato.   5

(c) Tunc probatur sophisma sic. Socrates erit ita albus sicut Plato erit
albus, et Socrates non est nec incipit esse ita albus sicut Plato erit albus;
igitur Socrates incipiet esse ita albus sicut Plato erit albus. Et probatur
quod Socrates erit ita albus sicut Plato erit albus, quia Socrates erit albus,
et Plato erit albus, et Socrates non erit albior quam Plato erit albus nec 10
Plato erit albior quam Socrates erit albus; igitur Socrates erit ita albus sicut
Plato erit albus.

(d) Forte dicitur negando istam: 'Socrates non erit albior quam Plato erit
albus'.

70 Nec] Nam **F** *om.* **O**   71 Tunc] arguo *add.* **AJM**   72 Socrates] non *add.* **ABK** non
add. marg. **M**   73 D] B **HIQ** *corr. ex* B P   74 D^1] B **HIQS** *corr. ex* B P // D^2] B **IQS** *corr.*
ex B P   75–77 Quia . . . D *om.* **P**   75 D] C H B **QS**   76 C] eius **CD** // D] B
HQS   77 D] B **HIQS**   78 Socrates] non *add.* **IP** // minus] ita **IP**   79 quam] sicut **IP**

3 Plato] non *add.* **PQ**   5 aequaliter *om.* **KNS** // Plato] et desinant Socrates et Plato
aequaliter *add.* **R**   7 nec . . . esse *om.* **HJQ** // incipit] incipiet **DM**   8 Socrates] incipit
vel *add.* **HPQ** // incipiet] vel incipit *add.* **I**   10–11 nec . . . albus] nec econtra **E** *om.* **ACDH**

15   (e) Contra, posito quod A sit primum instans non esse Socratis. Tunc
nec ante A Socrates erit albior quam Plato erit albus, nec post A, nec in A
Socrates erit albior quam Plato erit albus; igitur numquam Socrates erit
albior quam Plato erit albus. Antecedens probatur ut in priori sophismate.

(f) Item probatur antecedens sic. Quantumcumque gradum albedinis
20 habebit Socrates, tantum gradum et ita intensum habebit Plato et econtra,
et cetera sunt paria; igitur Socrates erit ita albus sicut Plato erit albus.

(g) Tertio probatur antecedens primum sic. Si Socrates non erit ita albus
sicut Plato erit albus, igitur Socrates erit albior quam Plato erit albus –
quod prius improbatum est – vel Socrates erit minus albus quam Plato erit
25 albus. Et hoc est falsum, quia sequitur 'Socrates erit minus albus quam
Plato erit albus; igitur Socrates erit minus albus quam Plato erit albus in
hoc instanti, vel in illo, et sic de singulis'. Consequentia patet, quia iste
terminus 'quam' confundit terminum sibi adiunctum, et per consequens
contingit descendere. Sed consequens ultimum est falsum, quia Socrates
30 numquam erit minus albus quam Plato erit albus in hoc instanti, vel in illo,
et sic de singulis — ut patet expresse ex casu — demonstratis omnibus
instantibus in quibus Socrates et Plato erunt albi.

(h) Ad oppositum sophismatis arguitur sic. Socrates non incipiet in A
instanti esse ita albus sicut Plato erit albus, nec ante A, nec post A incipiet
35 Socrates esse ita albus sicut Plato erit albus; igitur Socrates non incipiet
esse ita albus sicut Plato erit albus. Et antecedens patet, ut in praecedentibus sophismatibus sufficienter est probatum per consimile.

(i) Ad sophisma dicendum est quod est falsum, sicut praecedens.

(j) Et ad probationem dicitur quod antecedens est falsum – videlicet,
40 quod Socrates erit ita albus sicut Plato erit albus. Et quando arguitur quod
illud antecedens est verum sic – 'Socrates erit albus, et Plato erit albus, et
Socrates non erit albior quam Plato erit albus, nec econtra; igitur Socrates
erit ita albus sicut Plato erit albus' – dicitur quod non sequitur, et maxime
cum verbo de futuro. Cum verbo tamen de praesenti bene sequeretur.

    16 nec[1] . . . Socrates] ante A Socrates non GRS 16–18 nec[1] . . . A[3]] nec in A, nec post A
ABKRS   17 Socrates . . . albus om. FJM 17–18 Socrates . . . albus om. HPQ   18 ut
om. GINP   19 Item] iterum ENPQ // antecedens] primum add. JMRS // Quantumcumque]
quemcumque EJKOR   20 habebit] habet ABEH   25 Et hoc] Quod CDMR Sed secundum HIP Sed hoc Q Quod etiam S   28 adiunctum] coniunctum CD additum GJRS // per
consequens] ita IPQ   30 vel] et CDHRS 34–35 incipiet . . . albus[2] om. HQ 35– 36 Socrates[2]
. . . albus[2]] numquam DJM 40–43 quando . . . albus[2]] ad probationes eius antecedentis H ad
probationem eius primam PQ   43 quod] illatio add. HPQ // maxime om.
HPQ   44 verbo[1]] verbis ACDEJN // . . . verbo[2]] verbis ACDEJNQ

Verbi gratia, bene sequitur 'Socrates est albus, et Plato est albus, et 45
Socrates non est albior quam Plato est albus, nec econtra; igitur Socrates
est ita albus sicut Plato est albus'. Et causa quare tales consequentiae bene
valent cum verbis de praesenti et non cum verbis de futuro est ista, quia
arguendo cum verbis de praesenti per antecedens supponitur aliquem esse
maximum gradum albedinis per quem in praesenti Socrates est albus et 50
consimiliter quod aliquis est maximus gradus albedinis per quem Plato est
albus. Sed arguendo cum verbo de futuro, ut prius argutum est, non
supponitur in aliquo antecedente quod aliquis erit maximus vel intensissimus gradus albedinis per quem Socrates erit albus vel per quem Plato erit
albus — quod tamen requireretur ad hoc quod consequentia valeret. Unde 55
in talibus casibus et consimilibus, ubi nullus erit maximus vel intensissimus
gradus acquirendus, non valet consequentia. Sed cum consimilibus casibus
additis prioribus antecedentis, sequitur oppositum consequentis. Unde
bene sequitur 'Socrates erit albus, et Plato erit albus, et Socrates non erit
albior quam Plato erit albus, nec econtra, et nullus erit gradus intensissi- 60
mus per quem Socrates erit albus vel per quem Plato erit albus; igitur
Socrates non erit ita albus sicut Plato erit albus'.

(k) Et per hoc consimiliter respondendum est ad secundam probationem
primi antecedentis. Nam non sequitur 'Quantumcumque gradum albedinis
habebit Socrates, tantum gradum et ita intensum habebit Plato, et econtra; 65
igitur Socrates erit ita albus sicut Plato erit albus'. Et causa est quia nullus
erit intensissimus gradus albedinis per quem Socrates erit albus vel per
quem Plato erit albus. Sed arguendo cum verbo de praesenti, bene valeret
consequentia, ut praedictum est.

(l) Ad tertiam probationem antecedentis concedendum est in casu isto et 70
cum verbo de futuro quod Socrates non erit ita albus sicut Plato erit albus,
nec quod Socrates erit albior quam Plato erit albus, nec quod Socrates erit

45 bene sequitur *om.* **ABCDES** 47–48 quare . . . futuro] diversitatis **HIPQ**   47 bene *om.*
BDJMN   48 verbis[1]] verbo **FGKNOR** // verbis[2]] verbo **DFGKNOR**   49 cum] verbo vel
add. **DGNORS** // verbis] verbo **FHIKPQ**   51 consimiliter . . . albedinis] aliquam **HPQ** per
aliquem maximum gradum, etc. **I**   52 verbo] verbis **ABCDJM**   53 erit] est
ABKNP   54 Socrates . . . quem[2] *om.* **HPQ**   56 et consimilibus *om.* **ABEJKM** // erit] est
ABIJKP   57 gradus] albedinis *add.* **ABGJKMRS** // acquirendus *om.* **JMS**   59 erit[3]] est
FOP   60 nec] et **AFO** // erit[2]] est **NPQ** 60–61 intensissimus] remississimus **S** albedinis *add.*
EJMS   61 vel] nec **GR** vel . . . albus[2] *om.* **BH** // per quem *om.* **JMS**   63 per hoc *om.*
CDEFN // hoc consimiliter] idem **HIPQ** // secundam] primam **DN**   64 nam] quod illatio
HIPQ // Quantumcumque] quemcumque **EJKNORS** 64–66 Quantumcumque . . . albus[2] *om.*
HIPQ   65 gradum *om.* **JKM** // ita] aeque **ABKS**   67 erit[1]] est **FGJPQ** // intensissimus]
remississimus **AS** // erit[2]] ita *add.* **JM** 67–68 vel . . . quem] sicut **JM**   68 erit] ita *add.* **AH** //
verbo] verbis **JM**   70 tertiam] primam **E** istam **G** secundam **H** aliam **RS** // antecedentis]
consequentis **H** *om.* **IPQ**   71 verbo] verbis **JM**

minus albus quam Plato erit albus. Et una causa, cum aliis causis prius positis, est quod iste terminus 'quam' in utraque propositione confundit, et
75 iste terminus 'sicut' confundit in prima propositione propositarum. Et, sicut praedictum est, cum verbo de praesenti impossibile foret quod nec Socrates est ita albus sicut Plato est albus, nec albior quam Plato est albus, nec minus albus quam Plato est albus. Cum verbo tamen de futuro non est inconveniens – ut probant argumenta.

80 (m) Et consimiliter respondendum est in principio ad hoc sophisma.

Sophisma 7

(a) SOCRATES ERIT ALBIOR QUAM PLATO ERIT ALBUS IN ALIQUO ISTORUM.

(b) Supposito casu proximi sophismatis praecedentis, et cum hoc supponatur quod A sit tempus per quod vivent Socrates et Plato. Et tunc per li
5 'istorum' demonstrentur partes proportionales in A tempore, ita quod prima medietas futura A temporis vocetur prima pars proportionalis A temporis, et prima medietas secundae medietatis A temporis dicatur secunda pars proportionalis A temporis, et sic deinceps.

(c) Tunc probatur sophisma sic. Socrates erit albus et Plato erit albus in
10 quolibet istorum, et in nullo istorum erit Plato ita albus sicut Socrates erit albus; igitur Socrates erit albior quam Plato erit albus in aliquo istorum. Et antecedens patet – videlicet, quod in nullo istorum erit Plato ita albus sicut Socrates erit albus. Quia omnem gradum albedinis quem habebit Plato in aliquo istorum excedet aliquis gradus albedinis quem habebit Socrates in
15 aliquo istorum, igitur in nullo istorum erit Plato ita albus sicut Socrates erit

74 confundit] habet vim confundendi vel confundit terminum **R** terminum sibi adiunctum *add.* **HIPQ** terminum *add.* **JMS**   75 prima] tertia **CEFGHINOPQR** secunda **AK** // propositarum *om.* **JM**   76 verbo] verbis **ABDHJKMO** // nec *om.* **AEH**   77 est[1]] esset **HNPS** // est[2]] erit **AFH** // nec] vel **ABK** // quam . . . albus[3] *om.* **GHIPQRS**   78 verbo] verbis **ABCDFJM**   79 ut . . . argumenta] Et sicut dictum est de futuro, ita potest dici de praeterito, formando sophisma de praeterito per consimilem modum, ut patet intellectui. Quare, etc. **S** // probant argumenta] probatum est **HIJPQ**   80 in principio *om.* **BGHIMNPQ** // sophisma] sequens *add.* **JMR**

1 ERIT[1,2]]EST (*et saepe infra in S7*) **P**   2 ISTORUM] INSTANTI **J** INSTANTIUM *add.* **M** probatur sic *add.* **HIPQ**   3 casu] prioris *add.* **D** // proximi] prioris **IPQ** // praecedentis *om.* **AGHIPQRS**   4 tunc *om.* **HJM**   5 demonstrentur] denotantur **AEIJKM**   6 futura *om.* **GJMRS**   10 ita *om.* **IKP**   10–11 sicut . . . albus[1] *om.* **EH**   11 in . . . istorum *om.* **ABK**   12 antecedens . . . videlicet *om.* **DHPQ** // videlicet *om.* **CF**   13 albus] probatur *add.* **D** patet *add.* **HPQ** // omnem gradum] in omni gradu **IPQ**   14–16 excedet . . . patet] Socrates habebit intensiorem albedinem **HPQ**   14 excedet] excedit **CDIJN**

albus. Et antecedens istius consequentiae patet, quia illud est una universalis cuius quaelibet singularis est vera, ut patet inductive.

(d) Item arguitur ad sophisma, probando ipsum sic. Socrates erit albior
quam Plato erit albus in hoc istorum, et Socrates erit albior quam Plato erit
albus in hoc istorum – alio demonstrato – et sic de singulis; igitur Socrates 20
erit albior quam Plato erit albus in aliquo istorum.

(e) Ad oppositum sophismatis arguitur sic. Socrates erit albior quam
Plato erit albus in aliquo istorum, et Socrates non est albior quam Plato erit
albus in aliquo istorum; igitur Socrates incipit vel incipiet esse albior quam
Plato erit albus in aliquo istorum – quod est falsum, ut patet in praeceden- 25
tibus sophismatibus.

(f) Ad sophisma dicitur quod est falsum, ut antecedens proximi sophismatis, et hoc quia sophisma convertitur cum hac propositione: 'In aliquo
instanti Socrates erit albior quam Plato erit albus in aliquo istorum'. Et ista
propositio est falsa, quia in nullo instanti A temporis, nec in aliquo alio 30
instanti alterius temporis, erit Socrates ita albus sicut Plato erit albus in
aliquo istorum, ut inductive patet. Et quod sophisma convertatur cum
propositione praedicta patet, quia utraque sequitur ad aliam, et idem
significant in conceptu. Igitur, etc.

(g) Ad probationem, quando arguitur 'In nullo istorum erit Plato ita 35
albus sicut Socrates erit albus; igitur Socrates erit albior quam Plato erit
albus in aliquo istorum', dicitur quod non sequitur. Et causa est quia suum
convertibile non sequitur, nam non sequitur 'In nullo istorum erit Plato ita
albus sicut Socrates erit albus; igitur in aliquo instanti Socrates erit albior
quam Plato erit albus in aliquo istorum'. Et causa est duplex. Una est quia 40
nullum erit instans ultimum in quo Socrates erit albus vel in quo Plato erit
albus. Et alia causa, et maior, est quia nullus erit ultimus et intensissimus
gradus albedinis per quem Socrates erit albus vel per quem Plato erit albus.

16 albus] in aliquo istorum *add.* **KR** // est una *om.* **CDHJMPQRS** 16–17 universalis] est vera
CDJMRS   17 ut . . . inductive] igitur in nullo istorum erit Plato ita albus sicut Socrates erit
albus **HPQ** *om.* **E** // inductive] intuenti **ABCDFIKNO**   18 probando ipsum *om.*
HIPQ   19 hoc] aliquo **HIMQR** // istorum] aliquo demonstrato *add.* **M** 19–20 et . . .
demonstrato] quemcumque, etc. **HQ** // et . . . istorum] et quam nullo **P** *om.* **DF**   23 est]
erit **AIMQ**   30 alio *om.* **EFGHQR**   31 ita . . . sicut] albior quam **CD**   34 in conceptu
om. **NR** // conceptu] consequente **ABE** // Igitur, etc. *om.* **HPQ**   35 arguitur] dicitur
RS   36 Socrates[1]] Plato **AK** // albus[2]] in aliquo istorum *add.* **RS** 36–37 igitur . . . istorum]
quia sophisma est verum **H** // Socrates[2] . . . istorum] sophisma **IPQ**   38 sequitur[1]] ex
eodem antecedente *add.* **HIPQ** // nullo] instanti *add.* **MS**   39 instanti] istorum
DHPQR   40 causa *om.* **FP**   41 erit[1]] est **RS**   42 et maior *om.* **CG** // maior] melior
HIMPQRS // erit] est **AHQ** // ultimus et *om.* **AR**

(h) Ad aliam probationem dicitur quod sumendo antecedens ut copula-
45 tiva est, consequentia non valet; et sic est antecedens verum. Si autem
sumatur antecedens ut est una propositio de copulato extremo, consequentia bona est et antecedens est falsum, ut patet per argumentum factum
ab eodem antecedente ad propositionem convertibilem cum sophismate,
de qua primitus est locutum.
50   (i) Et huic sophismati simile est hoc in parte.

Sophisma 8

(a) SOCRATES ERIT ITA ALBUS PRAECISE SICUT PLATO
ERIT ALBUS IN ALIQUO ISTORUM.
   (b) Supposito quod Socrates et Plato sint aequaliter albi, et quod per A
tempus intendantur eorum albedines aequaliter, et quod in fine A temporis
5 sit Plato corruptus, et tunc vivat Socrates, et, ulterius, per aliquod tempus
ultra A intendatur albedo in Socrate. Et sit A tempus quod mensurabit
esse Platonis, et demonstrentur per li 'istorum' partes proportionales A
temporis, ut in proximo sophismate est suppositum.
   (c) Tunc probatur sophisma sic. Socrates est minus albus quam erit Plato
10 in aliquo istorum, et Socrates erit magis albus quam erit Plato in aliquo
istorum; igitur Socrates erit ita albus praecise sicut Plato erit albus in aliquo
istorum. Totum antecedens patet ex casu. Et consequentiam probo, quia
capio totum tempus quod Socrates non erit albior quam Plato erit albus in
aliquo istorum et totum tempus per quod Socrates erit albior quam Plato
15 erit albus in aliquo istorum; et sit B primum tempus et C secundum

44 probationem] formam **PQ** *om.* **BH** // ut] una *add.* **CHS**   46 antecedens *om.* **HIMP** //
una *om.* **BFHJMRS** // propositio *om.* **CHS**   47 et] sed **HIPQ**   48 propositionem]
probationem **ADFHI** probationem propositionem **Q**   49 qua] quo **CDHIQR** // est locutum]
sum locutus **ABK**   50 et . . . parte *om.* **HS** .

1–2 ERIT[1,2]] EST (*et infra in S8*) **P**   2 ISTORUM] et probatur sic *add.* **H** quod probatur
sic *add.* **IPQ**   3 albi] in A tempore *add.* **AJM**   4 tempus] uniformiter *add.* **I** unanimiter
add. **P** continue *add.* **Q** // aequaliter] difformiter **H** uniformiter **Q** *om.* **GIP**   5 tunc *om.* **JM**
// et[2]] quod *add.* **HIPQ**[1]   6 A[1]] et *add.* **DGJMRS** 7–8 A . . . suppositum] in A tempore, ita
quod prima medietas futura A temporis vocetur prima pars proportionalis A, et prima
medietas secundae medietatis A temporis dicitur secunda pars sic proportionalis A temporis,
et sic deinceps **G** (*cf. S7.5–8*)   8 suppositum] etc. *add.* **JK** ita quod prima medietas futura
A temporis vocetur prima pars proportionalis A temporis, et prima medietas secundae
medietatis A temporis vocetur secunda pars proportionalis, et sic deinceps *add.* **R** (*cf. S7.5–8*)
ita quod prima medietas futura A temporis vocetur prima pars proportionalis, et sic deinceps
add. **S** (*cf. S7.5–8*)   9 est] erit **CGIJMNORS**   10 magis   albus] albior
DGJRS   12 Totum *om.* **BFG**

tempus. Tunc B et C tempora continuantur per aliquod instans. Tunc in
isto instanti vel erit Socrates ita albus praecise sicut Plato erit albus in
aliquo istorum – et habetur propositum – vel erit albior vel minus albus. Si
in isto instanti Socrates erit albior quam Plato erit albus in aliquo istorum,
igitur per aliquam partem latitudinis albedinis erit Socrates albior in isto   20
instanti quam Plato erit albus in aliquo istorum; et, per consequens, ante
illud instans per medietatem alicuius latitudinis albedinis erit Socrates
albior quam Plato erit albus in aliquo istorum. Et si hoc, igitur B non est
totum tempus per quod Socrates non erit albior quam Plato erit albus in
aliquo istorum – quod est contra positum. Si in instanti medio inter B et C   25
Socrates erit minus albus quam Plato erit albus in aliquo istorum, igitur per
aliquam partem latitudinis albedinis erit minus albus. Et tunc, sicut prius,
post illud instans Socrates erit minus albus quam Plato erit albus in aliquo
istorum. Et si hoc, igitur C non erit totum tempus per quod Socrates erit
albior quam Plato erit albus in aliquo istorum – quod est contra positum.   30

(d) Ad oppositum arguitur sic. Si Socrates erit ita albus praecise sicut
Plato erit albus in aliquo istorum, vel igitur per tempus erit Socrates ita
albus praecise sicut Plato erit albus in aliquo istorum, vel per instans erit
Socrates ita albus praecise sicut Plato erit albus in aliquo istorum. Non
primo modo, ut patet inductive de quocumque tempore quo Socrates erit   35
albus. Nec in aliquo instanti erit Socrates ita albus, etc., quia in nullo
instanti A temporis erit Socrates ita albus praecise sicut, Plato erit albus in
aliquo istorum; nec in aliquo instanti post A erit Socrates ita albus, etc.,
quia in quolibet instanti post A erit Socrates albior quam Plato erit albus in
aliquo istorum.   40

16 continuantur] contingantur **ABF** copulantur **E** continuabuntur **IPQ** terminantur
S   17 albus[2] *om.* **GJM**   18 et] tunc **Q** tunc *add.* **GIJMPR** // vel[1] . . . albus *om.*
CEFGINO // erit . . . Si *om.* **HPQ** 20–21 igitur . . . istorum *om.* **HPQ**   20 latitudinis]
longitudinis **S**   20–21 in isto instanti *om.* **MS**   22 latitudinis] longitudinis **S** puta per
medietatem istius partis latitudinis *add.* **K** // albedinis] puta per medietatem partis istius
latitudinis **B** *om.* **AS**   23 est] erit **CDGK**   24 totum *om.* **KPQ** // erit[1]] est **ERS**   25 Si]
Vel **H** Vel tertio **PQ** // in] aliquo *add.* **AG** isto *add.* **BIKQ** nullo *add.* **HP** // medio *om.*
FH   26 erit[1]] sit **GJMRS** // albus[2]] etc. *add.* **S*****   26–27 igitur . . . albus *om.* **Q** // per . . .
tunc *om.* **CFHMNOR** // per . . . prius] ad hoc G in principio **I**   27 Et tunc] Ergo **D** // tunc] si
hoc, igitur **Q**   29 si . . . igitur] sic **JR** // erit[1]] fuit **ABD** est **MN**   30 quod . . . positum
om. **AI**   31 oppositum] sophismatis *add.* **KMR** // Si *om.* **JMR** 31–32 Socrates . . . istorum]
sophisma valet **P** sophisma etc. **Q**   32 vel *om.* **NP**   33 praecise *om.* **ACJM** 33–34 erit[2]
. . . istorum] solum **MR** *om.* **IP**   34 praecise *om.* **DEHNQ**   35 primo modo] per tempus
ABKMR // erit] ita *add.* **JR**   36 albus] albior **AD**   37 temporis] ante ultimum instans A
temporis *add.* **ABK**   38 istorum] instanti **CHM** quia post quodlibet instans ante finem A
temporis Plato erit albior quam erit Socrates albus in aliquo instanti ante finem A temporis
add. **ABK** // nec] etiam *add.* **AB**   40 istorum] etc. *add.* **K** igitur, etc. *add.* **MR**

(e) Item, si Socrates erit ita albus sicut Plato erit albus in aliquo istorum et Socrates non est ita albus, etc., igitur Socrates incipit vel incipiet esse ita albus sicut Plato erit albus in aliquo istorum – quod est falsum, ut in praecedentibus sophismatibus est argutum.

45   (f) Ad sophisma dicitur quod est falsum.

(g) Ad probationem dicitur ut prius dicebatur arguendo quod prima consequentia non valet. Et tunc quando arguitur de instanti medio inter B et C, dico quod in isto instanti medio Socrates erit albior quam Plato erit albus in aliquo istorum. Et, ultra, negatur consequentia 'igitur in isto 50 instanti medio inter B et C per aliquid erit Socrates albior quam Plato erit albus in aliquo istorum'. Sed bene sequitur quod in instanti medio Socrates erit albior per aliquid quam Plato erit albus in aliquo istorum. Per nihil tamen erit Socrates albior quam Plato erit albus in aliquo istorum.

(h) Et huic sophismati simile est hoc sophisma.

Sophisma 9

(a) SOCRATES ERIT ITA ALBUS SICUT PLATO DESINET ESSE ALBUS.

(b) Supposito casu priori in toto.

(c) Et arguatur et respondeatur ut in sophismate praecedenti.

5   (d) Et his duobus sophismatibus simile est hoc sophisma in parte.

Sophisma 10

(a) SOCRATES ERIT IN DUPLO ALBIOR QUAM PLATO ERIT ALBUS IN A INSTANTI.

41 Socrates . . . istorum] sophisma esset verum **H** sophisma **P** sophisma, etc. **Q** // Socrates] praecise *add.* **M**   42 Socrates[1]] praecise *add.* **M** *om.* **GR** // est] erit **FJK** vel erit *add.* **M**   43 albus[1]] praecise *add.* **MR**   45 dicitur] ut prius *add.* **EN**   46 dicebatur arguendo] arguendo dicebatur **AEFJKMNO** arguendo dicitur **G** *om.* **R** // arguendo *om.* **BH** // prima *om.* **QR**   52 per aliquid *om.* **MN** // per . . . Plato] quam Plato per aliquid **D**   53 erit[1]] est **NP**
* Here S breaks off. The succeeding folios of the MS are blank.

S9 *abest* **K**   1 ERIT] EST **ABJ** // PLATO] SOCRATES **P** *om.* **O** // DESINET] DESINIT **ABCDEFHIJNPQ** *corr. ex* DESINIT **M**   5 duobus *om.* **GMR**

1 ERIT[1,2]] EST (*et infra in S10*) **P** // ERIT[2]] DESINET ESSE **K**   2 ALBUS *om.* **FO** // IN A INSTANTI *om.* **K** *marg.* **G**

(b) Supposito isto casu, quod Socrates et Plato nunc incipiant esse albi, et quod Socrates et Plato albefiant per unam horam, et quod Socrates albefiat in duplo velocius quam Plato et praecise in duplo velocius. Et sit 5 Socrates mortuus in A instanti et vivat Plato in A, et sit A instans terminans istam horam in qua Socrates et Plato albefiunt.

(c) Tunc probatur sophisma sic. Socrates et Plato incipiunt simul albefieri, et per aequale tempus albefient, et Socrates per idem tempus albefiet in duplo velocius quam Plato albefiet per idem tempus; igitur 10 gradus albedinis in duplo intensior acquiretur in Socrate quam in Platone, et, per consequens, Socrates erit in duplo albior quam Plato erit. Et, ultra, igitur, cum Plato erit ita albus in A sicut erit, sequitur quod Socrates erit in duplo albior quam Plato erit albus in A instanti.

(d) Item, si Socrates non erit in duplo albior quam Plato erit albus in A 15 instanti, igitur per aliquam latitudinem albedinis deficiet Socrates ne erit in duplo albior quam Plato erit albus in A instanti. Sed hoc est falsum; quia, quacumque latitudine albedinis demonstrata, si per istam deficeret Socrates a gradu duplo ad illum quem habebit Plato in A, igitur si Socrates viveret in A, ista latitudo albedinis foret acquisita in Socrate in A instanti 20 praecise. Consequentia patet, quia si Socrates viveret in A instanti, ipse haberet in eodem instanti gradum albedinis duplum ad illum quem habebit Plato in A.

(e) Ad oppositum sophismatis arguitur sic. Si Socrates erit in duplo albior quam Plato erit albus in A, vel igitur ante A Socrates erit in duplo 25 albior quam Plato erit albus in A – et hoc est manifeste falsum – vel in A, vel post A erit Socrates in duplo albior quam Plato erit albus in A. Et hoc est falsum, quia Socrates non erit in A nec post A, per casum.

(f) Item, si Socrates erit in duplo albior, etc., et Socrates non est in duplo albior, etc., igitur Socrates incipit vel incipiet esse in duplo albior 30

5 velocius[1]] praecise add. **GMR** // et . . . velocius] et per idem tempus **Q** om. **EGMNR** // velocius[2]] quam Plato add. **AK** quam Plato et per idem tempus add. **H**   10 igitur om. **BHQ**   11 Socrates] per idem tempus add. **IPQ** per horam add. **M**   12 erit[2]] in A instanti add. **F** albus in A add. **HQ** albus in A instanti add. **IP** om. **ABCGJKMNOR** 12–14 Et . . . instanti om. **FP**   13 igitur om. **HJKO** // Plato] numquam add. **M** // ita om. **CER** // in A] per eandem horam **M** om. **AJO** // in . . . erit] similiter ipsemet erit albus in A instanti **R** // erit] Socrates add. **ABCGHIJKMOQ**   14 erit albus om. **ABQ**   15 albus om. **CDEJNP**   16 albedinis om. **CH** // deficiet] desinit **Q** desinet **R** // ne] quod non C nec **MR**   17 erit] sit **HIPQ**   18 demonstrata] data **GMPR** 24–25 Socrates . . . A[1]] sophisma esset verum **H** sophisma **IPQ**   25 in A om. **AJ** 25–26 Socrates . . . falsum om. **HIPQ** 27–28 Et . . . A[1]] non ante A certum est **HPQ** non in A, quia Socrates non est in A, nec ante A certum **I**   27 hoc] quodlibet istorum **MR** etiam add. **ABK**   28 est] manifeste add. **M** etiam manifeste add. **R**   29 Socrates[1] . . . etc.] sophisma esset verum **H** sophisma **IPQ** 29–30 et . . . etc. om. **BCK**

quam Plato erit albus in A – quod est falsum, ut patet per commune
argumentum prius factum.

(g) Ad sophisma dicitur quod est falsum.

(h) Ad primum argumentum dicitur quod haec consequentia non valet:
35 'Socrates et Plato incipiunt simul albefieri, et per aequale tempus albefient,
et Socrates in duplo velocius albefiet quam Plato; igitur gradus albedinis in
duplo intensior acquiretur in Socrate quam in Platone per idem tempus'.
Et causa est quia non uterque eorum – scilicet, Socrates et Plato – manebit
in fine temporis.

40   (i) Ad secundum argumentum respondendum est ut respondebatur ad
probationem proximi sophismatis – concedendo, videlicet, quod Socrates
deficiet ita quod non erit in duplo albior quam Plato erit albus in A. Per
nullam tamen latitudinem albedinis deficiet Socrates ita quod non erit in
duplo albior quam Plato erit albus in A. Et causa est quia nullus erit gradus
45 albedinis intensissimus in Socrate.

(j) Licet tamen contra hoc posset argui, ut patebit in hoc sophismate.

Sophisma 11

(a) ALIQUID EGIT B GRADUM ALBEDINIS.

(b) Supposito isto casu, quod albedo in Platone intendebatur per unam
horam praecise per A agens et non ultra, et sit nunc finis illius horae, et
vivat Plato in hoc instanti, et sit Plato albus in hoc instanti B gradu
5 albedinis.

(c) Tunc probatur sophisma sic. B gradus albedinis est actus ab A
agente; igitur A agens egit vel agit vel aget B gradum albedinis. Sed A
agens non agit B gradum albedinis, quia A agens nunc cessat ab omni sua
actione. Et eadem ratione A agens non aget B gradum albedinis. Et per
10 consequens A egit B gradum albedinis. Et, ultra, igitur aliquid egit B
gradum albedinis.

---

31 quod est] et **H** consequens **IPQ** // ut patet *om.* **BEFGKNO** // commune] consimile **CDQ**
simile **M** *om.* **BFN**   34 primum argumentum] probationem **JM** // consequentia] illatio
HIPQ   35–37   Socrates   . . .   tempus   *om.*   **HIPQ**   39 fine]   A   *add.*
BEFGIJKNOPQR   40 respondendum est] dico **ABK** dicendum est **HIPQ** // ut] prius *add.*
MQ   41 videlicet *om.* **HQ**   42 deficiet] desinet **EQ**   43 Socrates *om.* **ABJKM** // ita
. . . erit] ne sit **IPQ**   44 erit[2]] est **HJQ**   46 Licet] Sed **H** *om.* **CD** // tamen *om.* **HIPQ** //
hoc[2]] sequenti **MR**

2 intendebatur] intendatur **ABDGHJKMNPQR**   3 praecise *om.* **HN** 6 sic] quia **IPQ** quia
add. **H**   8 omni *om.* **JMR**   9 aget] agit **DNP** 9–10 B . . . consequens] igitur
GMR   10 et ultra *om.* **GMR**

(d) Ad oppositum arguitur sic. Aliquid egit B gradum albedinis; igitur aliquid prius egit B gradum albedinis. Consequentia patet, quia isti duo termini convertuntur – 'egit' et 'prius egit' – et cetera sunt paria. Et sequitur 'Aliquid prius egit B gradum albedinis; igitur B gradus albedinis 15 prius fuit actus' – quod est falsum, quia B gradus albedinis numquam prius fuit.

(e) Item, si aliquid egit B gradum albedinis et illud non semper egit B gradum albedinis, igitur aliquando incepit agere B gradum albedinis. Sit igitur quod in C instanti incepit agere B gradum albedinis. Tunc inter hoc 20 instans et C fuit aliquod tempus medium; igitur in tempore medio inter C et hoc instans fuit Plato albus B gradu albedinis. Igitur prius fuit B gradus albedinis.

(f) Et per idem argumentum potest probari in praecedenti sophismate quod ante A Socrates erit in duplo albior quam Plato erit albus in A, casu 25 ibidem supposito. Quia si Socrates viveret in A instanti, tunc in A instanti foret haec propositio vera: 'Aliquid causavit gradum albedinis in Socrate duplum ad gradum albedinis qui nunc est in Platone', ut patet per argumentum praecedens. Et per consequens nunc est verum quod ante A erit gradus albedinis in Socrate duplus ad gradum albedinis qui erit in 30 Platone in A.

(g) Ad sophisma dicitur quod est falsum.

(h) Ad probationem dico quod non sequitur 'B gradus albedinis est actus ab aliquo, igitur aliquid egit, agit, vel aget B gradum albedinis'. Et causa est quia B gradus albedinis est indivisibilis, et in talibus indivisibilibus non 35 valet consequentia. Ut, verbi gratia, posito quod aliquod dividens approximetur alicui superficiei corporis dividendi, quae superficies sit B, et dividat

---

12 arguitur . . . albedinis] si sophisma **IPQ** // Aliquid . . . albedinis] si sophisma esset verum
H // Aliquid] A **CD**   13 aliquid] A **D** *om.* **C** // prius *om.* **HQ** // duo *om.* **HI** 13–14 duo
termini]non **P**   14 termini] non *add.* **I**   15 Aliquid] A **CDK**   16 actus] factus **HIPQ** //
quod] consequens **PQ** *om.* **H**   17 fuit] actus *add.* **DO** factum *add.* **G** Sed nunc primo est
add. **M**   18 aliquid . . . albedinis] sophisma esset verum **H** sophisma **PQ** // aliquid] A
CD   19 aliquando] illud **BO** A **CD** istud **EIPQ** *om.* **AGKMR** // incepit] incipiet
MQ   20 incepit] incipit **ACE** incipiet **Q**   21 instans] praesens *add.* **HIPQ** // igitur] et tunc
F tunc **J** quia **K**   23 albedinis] inductus **G** inductus *add.* **CDMR** *om.*
BEHIJKNPQ   24 in . . . sophismate *om.* **BK**   26 ibidem] eodem **CFP** // supposito]
scilicet *add.* **ABFK** // Quia] quod **ABEFIKOP** // si *om.* **BFKP** // viveret] vivet **B** vivat
HNPQ   27 foret] fuit **ABEFGO** fieret **H** sit **K** erit **NP** // causavit] **B** *add.* **GMR**   28 qui
nunc] ergo in A instanti **P** // nunc] in A instanti **HQ**   29 nunc est] tunc erit **HPQ** // verum]
dicere *add.* **HIPQ**   30 erit[1]] erat **PQ** // erit[2]] est **BHIN**   31 A] instanti *add.*
JMQR   32 falsum] Et ego dico quod est verum *add. sup. lin.* **O**   33 probationem]
argumentum in oppositum **ABCDEFGHIKMNOPQ** argumentum in contrarium **J** 33–34 B . . .
albedinis *om.* **IP**   34 aliquo] A **CD** A agente **M** ipso A agente **R** agente *add.* **G** // aliquid] A
CD   35 indivisibilis] divisibilis **C** // indivisibilibus] divisibilibus **C**   36 consequentia] talis
illatio **IP** illatio **Q** // Ut *om.* **FHIJMPQR** // posito] pono **IJMOPR**

istud agens illud corpus cui approximatur, in quo est B superficies. Tunc
sine medio post hoc erit B superficies divisa ab isto agente, et tamen illud
40 agens numquam dividet B superficiem. Et sine medio erit haec propositio
vera 'B superficies est divisa ab aliquo agente', et tamen non sequitur
'igitur aliquod agens dividebat B superficiem'.

(i) Simile huic est hoc sophisma in parte.

Sophisma 12

(a) SOCRATES PERTRANSIVIT A SPATIUM.

(b) Posito isto casu, quod A spatium pertranseatur a Socrate. Tunc
capiatur primum instans in quo Socrates attinget ad finem A spatii, et sit
nunc illud instans, gratia exempli.

5 (c) Tunc probatur sophisma sic. A spatium est pertransitum a Socrate;
igitur Socrates pertransivit A spatium.

(d) Item, Socrates movebatur per aliquod tempus continue ante hoc
instans; igitur Socrates aliquid praecise pertransivit ante hoc instans. Et
nihil praecise nisi A; igitur Socrates pertransivit A spatium.

10 (e) Ad oppositum arguitur sicut in praecedenti sophismate sic. Socrates
pertransivit A spatium, et non semper pertransivit A spatium; igitur
Socrates incepit pertransivisse A spatium – quod est falsum, quia tunc ante
hoc instans fuisset A spatium pertransitum, quod est contra casum.

(f) Item, si Socrates pertransivit A spatium, igitur Socrates prius per-
15 transivit A spatium. Et confirmatur istud argumentum sic. Si Socrates
pertransivit A spatium et Socrates non pertransivit A spatium quando

38 B superficies] superficies quae vocetur B **HIPQ**   39 post hoc] instans *add.*
HIMP   41 sequitur] tunc *add.* **ABC**   43 Simile . . . parte *om.* **DH** // in parte *om.* **ANQR**

3 attinget] attingit **BCGO** // ad *om.* **HJKMN**   4 gratia exempli *om.*
GJMR   7 continue] continuum **ABCEIJMNO** continuum et continue **HPQ** alias continuus
in marg. **R**   8 aliquid] A spatium **I** aliquod spatium **PQ**   9 nihil] nullum **HIPQ** //
praecise] pertransivit **AJ** pertransivit *add.* **CGMR** // Socrates . . . spatium] sophisma verum
est **H** sophisma **IP** *om.* **Q** // spatium] Contra *add.* **IP**   10 sicut] fuit argumentum *add.* **HQ** //
praecedenti] praesenti **IP**   10–11 Socrates . . . spatium[1]] sophisma **IP**   11 semper *om.*
AQ   12 incepit] incipit **EI** incipiet **Q** // pertransivisse] pertransire **CDEFGHIJKMNOPQR**
// tunc] iam **CDR**   13 fuisset] fuit **ABK**   14 Socrates[1] . . . spatium] sophisma esset
verum **H** sophisma **IPQ** // Socrates[2] *om.* **JMR**   15 spatium] quia istae duo convertuntur
add. **ABK** // istud] idem **ABK** // Si *om.* **KPQ**   16 A[1]] hoc **EN**

Socrates est, igitur Socrates pertransivit A spatium quando Socrates fuit.
Et per consequens Socrates prius pertransivit A spatium – quod fuit
probandum.

(g) Ad sophisma dicitur quod est falsum. Quia si Socrates pertransivit A   20
spatium et nullam aliam partem B spatii Socrates pertransivit, ut suppono –
sit B quoddam totum spatium cuius medietas est A spatium – igitur
Socrates desinebat moveri super A spatium – quod est falsum.

(h) Ad probationem dicitur quod non valet illa consequentia: 'A spatium est pertransitum a Socrate; igitur Socrates pertransivit A spatium'.   25
Sed bene sequitur 'A spatium est pertransitum a Socrate; igitur Socrates
pertransivit A spatium vel incipit pertransivisse A spatium'.

(i) Sed contra istam responsionem arguo sic. Et probo quod per istam
responsionem non sit possibile quod aliquid moveatur uniformiter per
aliquod tempus. Quia suppono, gratia exempli, quod A spatium sit   30
medietas B spatii et quod Socrates, si sit possibile, pertranseat totum B
spatium uniformiter in die; et sit nunc instans medium illius diei. Tunc per
responsionem datam Socrates non pertransivit A spatium – quod est
medietas B spatii – in prima medietate huius diei, et in toto die Socrates
pertransiet totum B spatium; igitur in secunda medietate huius diei Socrates   35
pertransiet plus quam unam medietatem B spatii. Et, ultra, igitur Socrates
movebitur velocius in secunda medietate quam in prima. Igitur per diem
Socrates non movebitur uniformiter – quod est probandum.

(j) Vel potest argui sic, et brevius. Socrates solum pertransiet in secunda
medietate huius diei secundam medietatem B spatii, et in prima medietate   40
non pertransivit primam medietatem eiusdem; igitur in toto die non
pertransiet Socrates totum B – quod est contra positum.

---

17 Socrates[1]] non **Q** non *add.* **FI** *om.* **A** // est] fuit **HIPQ** // Socrates[2] . . . spatium *om.*
IPQ   18 per consequens] tamen Socrates non fuit modo sed prius; igitur **HQ** cum Socrates
non fuerit modo sed prius, igitur **P** 20–22 si . . . spatium[2]] plus **P**   20 A] B **A**   21 aliam
om. **EFGHIJMOQR** // B] A **JR** // suppono] quod *add.* **CK**   22 sit . . . spatium[2] *om.*
EFGHIJMNOQR   24 Ad] primam *add.* **IPQ** // dicitur . . . illa] neganda est **HIPQ** 24–25 A
. . . spatium[1] *om.* **HIPQ**   27 pertransivit . . . vel *om.* **CD** // incipit] incepit **HP** incipiet **J** //
pertransivisse] pertransire **ABGHIKNPQ** 28–29 Et . . . responsionem] quia ex ipsa sequitur
quod **HIPQ** // per . . . responsionem] si ista responsio est bona quod **F**   31 spatii]
uniformiter pertranseundum *add.* **D** pertranseundi uniformiter *add.* **MR** // totum *om.*
BJ   35 pertransiet] pertransivit **BCG** pertransibit **DMNR** pertransiebat **H** pertransit **I** //
totum *om.* **DEFGHINOPQ**   36 pertransiet] pertransivit **C** pertransibit **DGMR** pertransiebat **H**   37 movebitur] movetur **GN** movebatur **H** // medietate] diei *add.* **DEO** huius diei
add. **GJMR** // per] totum *add.* **CDF**   38 probandum] contra casum **JM**   39 et *om.*
CDEFGHIJNOPQ // pertransiet] pertransit **C** pertransibit **DMR** pertransiebat **H** vel pertransibit *add.* **B** // secunda *om.* **PQ**   41 pertransivit] pertransiet **ADEFGIJKNOQ** pertransiebat
H pertranseat **P** pertransibit **R** pertransivit vel pertransibit **B**   42 pertransiet] pertransivit **C**
pertransibit **GMR** pertransiebat **H** vel pertransibit *add.* **B** // B] uniformiter *add.* **D**

(k) Ad ista dicendum est quod sicut Socrates non pertransivit A, quod est una medietas B spatii, ita Socrates non pertransiet aliam medietatem B
45 spatii, quia numquam antequam Socrates erit in fine B spatii pertransiet Socrates secundam medietatem B spatii. Nec cum Socrates fuerit in fine B spatii pertransibit secundam medietatem B spatii, quia tunc non movebitur Socrates. Et per consequens tunc non pertransibit, cum pertransire sit moveri.

50 (l) Aliter tamen dicunt quidam concedendo quod Socrates pertransivit A spatium. Et ulterius, quando arguitur 'Socrates pertransivit A spatium; igitur Socrates prius pertransivit A spatium', concedunt conclusionem. Et ulterius concedunt quod Socrates incepit pertransivisse A spatium quando Socrates incepit moveri super A spatium, et quod per totum tempus quo
55 Socrates movebatur super A spatium fuit haec propositio vera: 'Socrates pertransivit A spatium'.

(m) Sed contra istam responsionem arguitur breviter supponendo quod aliquid dicatur pertransivisse aliquod spatium quando complete pertransivit illud spatium et quamlibet partem eius. Et fiat argumentum primum.

60 (n) Item, si in quolibet instanti praedicti temporis fuit haec propositio vera – 'Socrates pertransivit A spatium' – vel igitur determinate vera vel indeterminate vera. Non indeterminate vera, quia est propositio vera de praeterito; nec determinate vera, quod probo. Quia posito quod Socrates quiescat et moriatur antequam totum A sit pertransitum. Tunc haec
65 propositio est falsa: 'Socrates pertransivit A spatium', quia Socrates non pertransivit secundam medietatem A spatii.

43 ista] istam **AR** istud **BHIJPQ** // quod[1] *om.* **ACN** // pertransivit] pertransit **GJ** pertransibit **R**   44 pertransiet] pertransivit **C** pertransibit **DMR** vel pertransibit *add.* **B**   45 numquam] nunc **HQ** non **IP** // erit] fuit **H** fuerit **IPQ** sit **J** // B *om.* **HIPQ** // pertransiet] pertransibit **BDEGJKMNOR** pertransivit **C** pertransiebat **H** aliter pertransibit *in marg.* **A**   46 fuerit] fuit **HJ** 46–47 B spatii[1] *om.* **BH**   47 pertransibit . . . spatii[2] *om.* **CD** // movebitur] movetur **EFN** movebatur **R**   48 tunc *om.* **BCFKR** // pertransibit] pertransivit **CH** vel pertransivit *add.* **BK** // pertransire] pertransiri **GN** // sit] movere vel *add.* **BK**   49 moveri] movere **CDFGJMNOR**   50 tamen *om.* **ABK** // pertransivit] pertransibit **AFG** *corr. ex* pertransibit **M** 51–52 ulterius . . . igitur] etiam istud, quod ex hoc insequitur – scilicet, quod **H** in istud, quod in hoc infertur – scilicet, quod **P** etiam istud, quod ex quo infertur – scilicet, quod **Q**   52 concedunt conclusionem *om.* **HPQ** // conclusionem] consequentiam **GI** consequentiam *add.* **K** et consequentiam *add.* **M** *om.* **CD**   53 incepit] incipit **ABFGHIJNQR** // pertransivisse **scripsimus** pertransire **ABCDEFGHIJKMNOQR** *om.* **P**   54 incepit] incipit **JQR** // moveri] movere **BFGMNOR**   55 movebatur] movebitur **AJK** moveatur **CN** movetur **G**   57 breviter] sic **BCM** dupliciter **D** brevius **HQ** primo sic **R** *om.* **AJKM**   58 pertransivisse] pertransire **HQ** // aliquod] A **CQ**   59 Et] tunc *add.* **HIPQ**   60 si *om.* **GHJPQ** // praedicti temporis] praecedenti tempore **AB**   61 vel *om.* **CD** // igitur] est *add.* **AR** *om.* **GK**   62 indeterminate[2]] secundo modo **HIPQ** // vera[3] *om.* **HJ**   64 quiescat et *om.* **ABJKR** // et] vel **HIMPQ** *om.* **G** // moriatur] moveatur **AHIKR** moveri **G** // totum *om.* **BFK** // A] spatium *add.* **FR**   65 pertransivit] totum *add.* **H**

(o) Item, ex ista responsione sequitur quod Socrates non prius pertransivit partem A spatii quam totum A spatium, ponendo quod totum A sit pertransitum a Socrate.

(p) Item, supposito quod Socrates pertranseat in uno die centum leucas 70 per unum motum continuum. Tunc cum fuerit unum minimum sensibile illius totius spatii pertransitum, erit haec propositio vera: 'Socrates pertransivit centum leucas'. Et ita sequitur quod Socrates tantum pertransivit de spatio in isto instanti quantum in isto die pertransibit de spatio – quod videtur inconveniens.   75

(q) Item, ex ista responsione sequitur quod si Socrates pertransivit aliquod spatium, quod infinities pertransivit illud spatium. Consequentia patet. Quia capio totum tempus per quod Socrates movebatur super A spatium; et sit dies. Tunc in prima parte proportionali huius diei Socrates pertransivit A spatium, et in secunda parte proportionali huius diei 80 Socrates pertransivit A spatium, et sic in infinitum. Igitur infinities Socrates pertransivit A spatium – quod est falsum.

(r) Ideo ponatur prima responsio, quae videtur verior.

(s) Aliter tamen posset dici, salvando modos loquendi, distinguendo istam: 'Socrates pertransivit A spatium'; eo quod iste terminus 'pertran- 85 sivit' per communem modum loquendi potest exponi tribus modis.

(t) Uno modo dicitur aliquid pertransivisse aliquod spatium quando illud pertransiens fuit in pertranseundo illud spatium. Et sic loquendo posset concedi quod Socrates infinities pertransivit A spatium, quia Socrates infinities fuit in pertranseundo A spatium; et etiam quod Socrates infinities 90

68 ponendo . . . A *om.* **PQ**   69 a Socrate] cras **ABK**   70 pertranseat] pertransiet **FG** pertransivit **R**   71 minimum] continuum **CIP** minime **O** // sensibile] divisibile **ABK**   73 ita *om.* **CJM**   74 isto die] uno instanti **B** ista parte diei **C** uno minimo sensibili in uno **D** medietate diei **F** illo instanti **JMR** // die] pertransito uno parvo specie? hoc *add.* **H** pertransito uno parvo sensibili illius spatii **IPQ** // quantum] sicut **ABEFGHIJKNOQR** sic **P** // pertransibit] pertransivit **CHJKM**   76 pertransivit] pertransibit **D** pertransiat **FN** A spatium vel *add.* **O**   77 aliquod] A **E** // spatium] vel A spatium *add.* **GR** // pertransivit] pertransibit **DR** pertransiat **F** pertransiet **J**   78 movebatur] movebitur **CDEFGHOQ** movetur **N**   80 pertransivit] pertransibit **AJR** pertransiet **F**   81 pertransivit] pertransibit **AJK**   82 pertransivit] pertransibit **AJR**   83 quae videtur] tamquam **HIP** *om.* **Q** // quae . . . verior *om.* **JM**   84 modos] modum **ABCHJKM** modum communem **IPQ**   86 potest . . . modis] accipitur dupliciter **J** // tribus modis] dupliciter **H** // tribus] duobus **CEFGIKM-NOPQR**   87 modo *om.* **IJP** // pertransivisse] pertransibile **F** pertransire **HIPQR** // quando] quia **ABK**   88 fuit] sit **F** // est **HIPQ** // illud] aliquod **ADEFIKNO** // illud spatium *om.* **JM**   89 infinities] complete *add.* **AB** // spatium] probo, quia Socrates fuit infinities in pertranseundo A spatium *add.* **GR**   90 pertranseundo] complete *add.* **AGJR**   90–92 et . . . spatium *om.* **ABGJPR**   90 etiam] ita **M** *om.* **DHQ**

complete pertransivit A spatium, quia infinities fuit Socrates in pertranseundo complete A spatium. Et consimiliter concedendum est secundum
hanc expositionem quod Socrates infinities pertransibit A spatium, quia in
infinitis instantibus erit Socrates in pertranseundo A spatium.

95 (u) Alio modo exponitur iste terminus 'pertransivit' per verbum passivum sic: 'Socrates pertransivit A spatium' – id est, 'A spatium est
pertransitum a Socrate'. Et sic exponendo istum terminum 'pertransivit'
non sequitur 'Socrates pertransivit A spatium; igitur Socrates prius pertransivit A spatium'; quia non sequitur 'A spatium est pertransitum a
100 Socrate; igitur A spatium est prius pertransitum a Socrate'.

(v) Tertio modo exponitur iste terminus 'pertransivit' sic: 'Socrates
pertransivit A spatium' – id est, 'A spatium fuit prius pertransitum a
Socrate'. Et sic est sophisma falsum, illo casu posito.

(w) Et per hoc respondetur ad opposita utriusque partis.

105 (x) Et simile huic est hoc sophisma.

Sophisma 13

(a) SOCRATES PERTRANSIBIT A SPATIUM.

(b) Posito quod A spatium erit pertransitum a Socrate. Tunc sit C
primum instans in quo Socrates erit in termino vel in fine A spatii.

(c) Tunc probatur sophisma sic. A spatium erit pertransitum a Socrate;
5 igitur Socrates pertransibit A spatium.

(d) Item, si Socrates non pertransibit A spatium, igitur eadem ratione
Socrates non pertransibit aliquod aliud spatium, nec esset possibile
Socratem pertransire aliquod spatium – quod est falsum.

---

91 pertransivit] pertransiet **F** pertransit **IQ**   92 complete *om.* **DE**   93 infinities *om.*
BCK // pertransibit] pertransivit **AFGHMNOR** 93–94 in infinitis] infinities in **HQ**   94 erit]
fuit **ANR**   97 Socrate] igitur aliquis pertransivit A spatium *add.* **G** // istum . . . pertransivit
om. **GJM**   101–103 Tertio . . . Socrate *om.* **M**   102 id est] igitur **CJ**   103 illo] in
ABIM in isto **N**   104 Et] sic *add.* **DJ** // opposita] obiecta **B** argumenta **CJ** oppositum **F**
responsiones **G** oppositam **H** omnia **I** omnia argumenta **M** sophisma **Q** argumenta *add.* **R** //
partis *om.* **DJ**   105 hoc] sequens **MR**

1 PERTRANSIBIT] PERTRANSIET **ABEFGHINOPQ** PERTRANSIVIT **R**   2 spatium *om.* **ABK** // Tunc] sic *add.* **ABK** *om.* **IJ**   5 pertransibit] pertransiet **FG** pertransivit
H   6 pertransibit] pertransiet **F** pertransivit **H**   7 pertransibit] pertransivit **H** // aliud
om. **HPQ** // esset] est **C** erit **DF** posset esse **K** 7–8 nec . . . spatium *om.* **HR** // nec . . . falsum
om. **Q**   8 aliquod] aliud *add.* **BFM** // falsum] inconveniens **HIMP**

(e) Ad oppositum arguitur sic. Et ponatur quod B sit terminus A spatii et C ultimum instans totius temporis per quod Socrates movebitur super A spatium. Tunc si Socrates pertransibit A spatium, vel igitur ante C pertransibit A spatium, vel in C, vel post C. Si ante C pertransibit A spatium et non ante C tanget Socrates B terminum, igitur prius pertransibit Socrates A spatium et complete quam Socrates deveniet ad terminum ultimum A spatii – quod videtur falsum.

(f) Sed forte dicitur quod in quolibet instanti in quo Socrates movebitur super A spatium pertransibit A spatium, et ita verum est quod Socrates prius pertransibit A spatium quam tanget B. Et causa est quia Socrates prius erit in pertranseundo complete A spatium quam tanget B.

(g) Contra, tunc sequitur quod in infinitis instantibus pertransibit Socrates A spatium et, per consequens, infinities pertransibit Socrates A spatium.

(h) Ad sophisma dicitur distinguendo de isto termino 'pertransibit'. Uno modo sic exponitur: 'Socrates pertransibit A spatium' – id est, 'Socrates erit in pertranseundo A spatium'. Et sic est sophisma verum. Et ulterius conceditur conclusio ultima, quod infinities isto modo pertransibit Socrates A spatium, quia infinities erit Socrates in pertranseundo A spatium. Alio modo potest sophisma exponi sic: 'Socrates pertransibit A spatium' – id est, 'A spatium erit pertransitum a Socrate'. Et ita loquendo, ante C non pertransibit Socrates A spatium.

(i) Et per ista patet responsio ad hoc sophisma.

10 C] sit **HINPQ** // totius *om.* **ABK** // movebitur] movetur **AEFHIOPQ** moveatur **J** 11 Tunc] sic *add.* **CD** arguo sic *add.* **P** 12 pertransibit[1]] pertransivit **H** attingit **R** 13 tanget] tangit **ABGHNR** attingat **M** attinget **P** 14 et *om.* **IMPR** // quam] antequam **HJNOQ** 16 dicitur] dicetur **ABIJMPQ** // in quo *om.* **FP** 18 prius *om.* **AEGM** // quam] antequam **EGMR** // tanget] tangit **BGK** tangat **MR** 19 prius *om.* **JN** // tanget] tangat **MR** // B *om.* **HK** 23 Uno] enim *add.* **IP** 24 Socrates[2] *om.* **ABC-DEFGJKMNPR** 25 ulterius] sic loquendo *add.* **HIPQ** 26 conclusio] consequentia **JMR** // ultima] et conceditur *add.* **J** et conclusio *add.* **M** // isto modo *om.* **HPQ** *scrips. et del.* **C** 28 sophisma *om.* **ABFHK** 29 ita] isto modo **ABK** 31 per ista] ita **DE** ex hoc **HQ** ex isto **IP**

Sophisma 14

(a) SOCRATES INCIPIET PERTRANSIRE A SPATIUM, ET SOCRATES INCIPIET PERTRANSIVISSE A SPATIUM, ET NON PRIUS INCIPIET PERTRANSIRE A SPATIUM QUAM INCIPIET PERTRANSIVISSE A SPATIUM.

5 (b) Et hoc probatur per expositionem istorum terminorum 'pertransire' et 'pertransivisse'. Nam non prius incipiet Socrates esse in pertranseundo A spatium quam incipiet fuisse in pertranseundo A spatium; quia sine tempore medio postquam Socrates incipiet moveri super A spatium erit in pertranseundo A spatium, et sine medio postquam Socrates incipiet
10 moveri erit verum quod Socrates fuit in pertranseundo A spatium. Ideo in hoc sensu et secundum hanc expositionem concedendum est sophisma.

(c) Sed alio modo exponendo eosdem terminos sophisma est falsum. Quia prius incipiet A spatium esse pertransitum quam debet fuisse pertransitum, quia prius erit verum A spatium esse pertransitum quam A
15 spatium fuisse pertransitum. Quod patet quia in primo instanti in quo motor deveniet ad B terminum A spatii erit haec propositio vera: 'A est pertransitum', et tunc non erit haec propositio vera: 'A fuit pertransitum' – posito quod A non erit pertransitum nisi semel ante C instans. Unde licet concedenda sit haec propositio 'Prius incipiet A spatium esse pertransitum
20 quam debet fuisse pertransitum', haec tamen propositio est neganda: 'Prius incipiet A spatium esse pertransitum quam incipiet fuisse pertransitum'. Quia in C incipiet A spatium esse pertransitum, exponendo li 'incipit' per positionem de praesenti et remotionem de praeterito; et in C incipiet A spatium fuisse pertransitum, alio tamen modo exponendo li

1 SOCRATES . . . ET *om.* F // INCIPIET] INCIPIT K   1–2 SPATIUM . . . SPATIUM
om. I // ET . . . SPATIUM *om.* HPQ *add. marg.* G   2 PERTRANSIVISSE] PERTRAN-
SIRE R   3 PRIUS] PLUS E // INCIPIET] SOCRATES *add.* ABEGHIKNOQ // PER-
TRANSIRE] PERTRANSIVISSE H PERTRANSIVISSE *corr. ex* PERTRANSIRE Q //
INCIPIET] DEBET BIKO DEBEBIT E DEBUIT N VEL DEBET *add.* M *alia littera*
DESINEBAT *in marg.* G *om.* CF   4 PERTRANSIVISSE] PERTRANSIRE
HIMPQR   5 terminorum] nominum EGKO   6 pertransivisse] Nam uno modo
exponendo istos terminos est sophisma verum *add.* HIPQ // non *om.* HPQ   7 quam . . .
spatium *om.* HP 7–8 in . . . erit *om.* HP   10 pertranseundo] super *add.* CDEFNO   11 et
om. DGKR   12 Sed *om.* JK // est] erit ABK   13 pertransitum] a Socrate *add.* HIPQ //
debet] A spatium CD *om.* HJR *add. sup. lin.* M   14 verum] dicere *add.* HQ   16 motor]
mobile BDK Socrates HIPQ motus J   17 erit] est HNQ   18 erit] sit G fuit JR *corr. ex* sit
M // semel] solum CHJ   20 debet] incipiet CDFJR incipiet *scrips. et del.?* debet *sup. lin.*
M   21–22 pertransitum] alio modo exponendo li 'incipit' *add.* GMR. CD alio modo exponendo ly
'incipit' *add.* GMR   22 C] instanti *add.* ABK   23 incipit] incipiet ABOQ // praeterito]
quia aliter non potest in proposito exponi *add.* ABK   24 tamen *om.* AKMR   24–25 li
'incipit' *om.* HQ

'incipit' – scilicet, per remotionem de praesenti et positionem de futuro.   25

(d) Sed forte arguitur sic. Si prius debet A spatium esse pertransitum quam debet fuisse pertransitum, igitur facilius est facere A spatium esse pertransitum quam facere A spatium fuisse pertransitum. Et per consequens facilius est incipere facere A spatium esse pertransitum quam incipere facere A spatium fuisse pertransitum.   30

(e) Item, si facilius sit facere A spatium esse pertransitum quam A fuisse pertransitum, igitur aliquid vel aliqua potentia potest facere A esse pertransitum quod non potest facere A fuisse pertransitum – quod est falsum, quia semper post illud instans in quo A erit primo pertransitum debet A fuisse pertransitum.   35

(f) Ad quae respondendum est distinguendo primum consequens – scilicet, 'Facilius est facere A esse pertransitum quam facere A fuisse pertransitum'. Quia facilius uno modo est illud quod a minori potentia potest fieri, et sic loquendo falsum est quod facilius est facere A esse pertransitum quam facere A fuisse pertransitum. Alio modo potest intelligi   40
sic: 'Facilius – id est, citius – potest aliquid facere A esse pertransitum quam A fuisse pertransitum'. Et sic prima consequentia est bona et consequens verum. Sed primo modo intelligendo consequens secundum est falsum et consequentia non valet. Unde primo modo exponendo li 'facilius' non valet secunda consequentia haec – scilicet, 'Facilius est facere A esse   45
pertransitum quam, etc.; igitur facilius est incipere facere, etc.' – qualitercumque exponatur iste terminus 'facilius' in consequente. Et sic respondendum est ad secundam formam quod haec consequentia non valet: 'Facilius est facere A esse pertransitum, etc.; igitur aliqua potentia potest facere A esse pertransitum quae non potest facere A fuisse   50
pertransitum'. Et istud magis tractabitur in sequentibus.

(g) Simile huic in parte est hoc sophisma.

25 incipit] incipiet G incipiet corr. ex incipit O // scilicet om. AEHJMNOR // futuro] quia aliter non posset exponi in proposito add. ABK   26 forte] contra hoc add. HIPQR // debet] incipiet CDR debet scrips. sup. incipiet M // debet . . . esse] A spatium erit G   27 debet] incipiet DR debet scrips. sup. incipiat M om. CF   28 facere om. CDEFGN   29 incipere facere] facere incipere CD // facere om. FGK   30 incipere facere] facere incipere CD om. G // facere om. FKP   31 A] om. IMPR   32 aliquid vel om. HIPQ   33 quod] quando HIPQ quae CR quam K vel quae add. AB   34 erit] est ABK // primo] prius EJ   35 debet] incipiet CDR debet scrips. sub incipiet M   36 quae] quod FGK hoc HIQ   37 facere² om. GJNR add. marg. M   39 facere om. EH   40 quam . . . pertransitum om. GN   41 sic om. DHJ // Facilius] est add. MR // potest . . . facere] faciet aliquis ABEGKNO faciet aliquid CD faciet F 43–44 consequens¹ . . . facilius om. HQ   45 secunda om. CDFGR // scilicet] Si hoc H Si Q haec add. P   47 sic] etiam add. IP   48 quod] quia GMPQR   52 Simile . . . sophisma om. H // huic . . . parte om. IP // hoc sophisma om. FI // sophisma om. PQ

Sophisma 15

(a) A SPATIUM INCIPIT ESSE PERTRANSITUM.

(b) Posito quod A spatium dicatur pertransitum quando maior pars eius
fuerit pertransita, et sit A spatium non pertransitum quando maior pars
eius fuerit non pertransita. Et ponatur quod aliquid incipiat moveri super
5 A spatium.

(c) Tunc probatur sophisma sic. A spatium non est pertransitum et erit
pertransitum, et nullum tempus erit antequam A spatium erit pertransitum; igitur A spatium incipit esse pertransitum. Consequentia patet et
maior similiter. Et minorem probo; quia si aliquod tempus erit antequam
10 A spatium erit pertransitum, sit igitur, gratia exempli, quod hora erit
antequam A spatium erit pertransitum. Sed probo quod non; quia lapsa
medietate illius horae, verum erit quod A est pertransitum. Quod probo;
quia lapsa medietate illius horae, verum erit quod aliqua pars A est
pertransita. Sit igitur quod B pars tunc sit pertransita. Tunc sic. B est
15 pertransitum, et B est plus quam medietas C; igitur per casum C tunc erit
pertransitum – posito quod C sit unum compositum ex B et alia parte A
aequali medietati B. Et per consimile argumentum D erit tunc pertransitum – posito quod D sit duplum ad B. Et sic arguendo, sequitur quod
lapsa medietate illius horae praedictae, totum A erit pertransitum.
20   (d) Ad oppositum sophismatis arguitur sic. A incipit esse pertransitum,
et A sine medio erit non pertransitum; igitur A simul erit pertransitum et
non pertransitum. Minor patet, quia nullum tempus erit antequam A erit
non pertransitum – quod probatur sicut sophisma. Et arguitur sic. Aliqua
pars A sine medio erit totaliter non pertransita – quod patet, quia aliqua
25 pars est in A a qua mobile nunc distat, et per tempus adhuc distabit ab ista.

1 INCIPIT] INCIPIET **ABGO**   2 A] aliquod **MR**   3 fuerit] est **G** fuit **HJ** sit **R** // A
om. **MR**   4 eius *om.* **CFGJ** // aliquid] aliquod mobile **F**   6 sophisma *om.* **HK** 6–7 et . . .
pertransitum *om.* **KO**   8 incipit] incipiet **O** *corr. ex* incipiet **J** 8–9 et . . . similiter *om.*
GMR   10 igitur *om.* **IJMQR** // quod] in *add.* **HPQ**   11 antequam *om.* **HPQ** // erit] erat **P**
om. **HQ**   12 erit] est **AEGJKMNOR** erat **P** dicere *add.* **HIMPQR**   13 lapsa] prima *add.*
N // erit] est **ABEJKM** dicere *add.* **R** // A *om.* **ACJ** // est] erit **EHIQ** erat **P**   14 quod *om.*
FGHMQR // tunc[1]] A **IP** ista **Q** quae **R** *om.* **JM** // sit . . . sic *om.* **GH** // sit] erit **ABEKNO** *om.*
FM // pertransita] terminata **A** // est] erit tunc **IP**   15 tunc *om.* **CDFGJMNR**   16 et] ex
add. **GMR** // parte] ipsius *add.* **BHIPQ** // A] spatii inaequali ipsi B ut *add.* **ABK** *om.*
CR   17 medietati] ipsius *add.* **ABK** // tunc *om.* **ABGKOR**   18 D *om.* **EH** // B] et iterum
E erit tunc pertransitum – posito quod E sit sesquialterum ad D *add.* **ABDK**   21 sine . . .
erit[1]] incipit esse **D** non incipit esse **R** // non *om.* **R** // A[2]] sine medio non *add.* **H** sine medio
add. **IPQ** *om.* **CFJ** // simul *om.* **HQ**   22 Minor] Maior **EK** // patet *om.* **BH**   23 sophisma]
praecedens *add.* **HIPQ** // arguitur] aliter **INO** *om.* **CG**   24 totaliter . . . pertransita]
pertransita sive pertranseunda totaliter **M** pertranseunda totaliter **GJ** // totaliter] pertranseunda *add.* **ABK** // non *om.* **CFHQ** // non pertransita] pertranseunda **DEINOPR**   25 in
om. **HIPQR** // nunc] tunc **ABK** non **FH**

Sit igitur ista pars B. Tunc B sine medio erit non pertransita. Igitur, per argumentum prius factum, compositum ex B et alia aequali medietati B – quod est pars A – erit sine medio non pertransitum. Et sic arguatur ulterius quod totum A sine medio erit non pertransitum – quod est probandum.

(e) Et quia prima consequentia non est formalis qua arguitur ad 30 oppositum sophismatis, ut patebit in proximo sophismate, ideo arguitur aliter sic. A incipit esse pertransitum, et per tempus aliquod immediatum huic instanti et per quodlibet instans illius temporis A erit non pertransitum; igitur A erit simul pertransitum et non pertransitum. Et minor patet; quia accepto aliquo tempore per quod mobile distabit a secunda 35 medietate in A, patet quod per illud tempus et per quamlibet partem illius A erit non pertransitum, per argumentum prius factum ad oppositum.

(f) Ad sophisma dicitur quod casus est impossibilis per modum quo ponitur, quia una parte A pertransita, arguitur per casum A esse pertransitum. Et etiam ex hoc quod aliqua pars est non pertransita de A arguitur 40 quod totum A est non pertransitum; et tamen simul potest una pars A esse pertransita quando alia pars erit non pertransita. Ideo sequitur quod A potest simul esse pertransitum et non pertransitum.

(g) Si tamen intelligatur casus quod aliquid sit pertransitum quando maior pars illius sit pertransita, secundum se et secundum quamlibet sui 45 partem, et etiam quod istud sit non pertransitum cuius aliqua pars maior quam sua medietas sit non pertransita secundum se et secundum quamlibet sui partem, tunc est casus possibilis. Et tunc faciliter respondetur probationi, concedendo primo quod A non incipit esse pertransitum, et ulterius concedendo totum usque ibi quod B est pertransitum, et ulterius 50 concedendo, gratia exempli, quod C est pertransitum. Sed ulterius non sequitur quod D est pertransitum; quia licet plus quam medietas D sit pertransitum, tamen illius medietatis non quaelibet pars est pertransita –

27 alia] aliquo **ABDEFKMNOR** A G parte ipsius A *add.* **HIPQ**   28 quod . . . A *om.* **HIPQ** 28–29 Et . . . pertransitum *om.* **CK** *add. marg.* **M**   29 totum *om.* **GR** // A] B **DEFGHIJMOPQR** // quod . . . probandum *om.* **HPQ**   30 Et] Tamen **PQ** // prima *om.* **GIJKOPR** *add. sup. lin.* **M** // est] bona neque *add.* **C**   32 aliter *om.* **CFJP**   33 instanti] C *add.* **ABK** // et *om.* **AK** // per . . . instans] pro quolibet instanti **JR** // erit] est **ABK**   34 erit] est **ABK**   35 quia accepto] ex quo movebitur mobile huiusmodi **HPQ** // quod] tempus *add.* **ABK**   36 illius] et per quodlibet instans illius *add.* **M**   39 per casum] totum **E** *om.* **JM**   40 etiam] non esse pertransitum **J** A non esse pertransitum quia **M** quia **R** *om.* **HKQ** // A] etiam *add.* **HQ** et *add.* **IP**   41 tamen] cum **GIP**   42 quando] et **HJ** // erit] est **FJN** // Ideo] igitur **JM** *om.* **CDEFGHIOPQR**   43 potest . . . esse] esset simul **H** simul erit **R**   44 aliquid sit] A dicetur **J** A dicatur **M**   45 illius *om.* **JMR** // sit] erit **CDINP** fuerit **M** 48–49 probationi *om.* **JKM**   49 concedendo *om.* **HP**   50 quod *om.* **IJM**   52 plus quam *om.* **JM** // medietas] ipsius *add.* **ABK** // D] B A *om.* **GR**   53 pertransitum] et plus *add.* **JM** // medietatis] pluralitatis **HP** plus Q *om.* **JM**

posito, gratia exempli, quod nihil sit complete pertransitum de D nisi B.
55   (h) Sophisma tamen non est negandum propter primum argumentum
factum ad partem oppositam, sed propter secundum. Quia non sequitur 'A
incipit esse pertransitum, et A incipit esse non pertransitum; igitur A simul
erit pertransitum et non pertransitum', quia consequentia similis illi non
valet, ut patebit in hoc sophismate.

Sophisma 16

   (a) A INCIPIT ESSE VERUM.
   (b) Posito quod A sit ista propositio 'B tangit C'. Et ulterius ponatur
quod B sit unum corpus sphaericum et moveatur super aliquod planum,
quod sit E. Et tunc suppono quod 'C' sit nomen commune primae parti
5 proportionali in E, et tertiae parti proportionali, et quintae, et septimae, et
sic in infinitum. Et sit 'D' nomen commune secundae parti, et quartae, et
sextae, et octavae, et sic in infinitum de partibus proportionalibus in E.
Tunc suppono quod prima medietas E spatii vocetur prima pars proportionalis E spatii, et prima medietas secundae medietatis E vocetur secunda
10 pars proportionalis E spatii, et prima medietas partis relictae vocetur tertia
pars proportionalis in E, et sic in infinitum. Et incipiat B moveri in termino
E spatii versus primam partem proportionalem E spatii.
   (c) Tunc probatur sophisma sic. A non est verum, et A erit verum, et
nullum tempus erit antequam A erit verum; igitur A incipit esse verum.
15 Consequentia patet per modum communem exponendi hoc verbum
'incipit'. Quod A non est verum patet, quia B non tangit aliquod C, quia B
a quolibet C distat. Et quod nullum tempus erit antequam A erit verum

54 D nisi *om.* **AH**   55 primum *om.* **AK** // primum argumentum] argumentum prius
FGR   56 partem oppositam] oppositum **FH** // Quia] Quod **ABCH**   58 erit] est **FJ** incipit
esse **MN** // consequentia . . . illi] consequenter **C** // illi *om.* **DM**   59 patebit] patet **JMN**

    3 et moveatur] movens **ABEFNO** motum **GHIPQ** // planum] spatium **CDJR** spatium
planum **M**   4 E] C **ABCFHJKPQR** // tunc . . . quod *om.* **HIPQ**   5 in E *om.*
GHJMNPR   6 in infinitum] alterno modo *add.* **M**   7 E] C **CHJR**   8 Tunc] Et **CDH**
// suppono] sumo **FG** // E] C **CHJR** A D   9 E¹] C **CHR**   10 medietas] pars **FGH** //
relictae] tertiae **IM** // vocetur *om.* **HJ**   11 E] C **CR** // in infinitum] deinceps
HIPQ   12 E¹]C **CHJR** // E²] C **CDHR**   13 A¹ . . . et *om.* **ABEGHIKNOPQR** // A² . . .
verum²] et modo non est verum *add.* **HIPQ** *om.* **FM**   15 patet *om.* **BG**   16 Quod]
autem *add.* **ABH** ante *add.* **KPQ** // A] antecedens **J** modo *add.* **HPQ** // non¹ *om.* **J** // B] modo
add. **HIPQ** // tangit] tanget **DEK**   17 quolibet] quocumque **HIP**

probo; quia si aliquod tempus erit antequam A erit verum, sit igitur quod
hora erit antequam A erit verum. Sed probo quod non; quia in aliquo
instanti ante finem horae B tanget aliquod C, et quandocumque ita erit, A   20
erit verum. Igitur in aliquo instanti ante finem horae datae A erit verum.
Prima pars antecedentis patet; quia sit nunc, gratia exempli, instans
medium horae datae. Tunc arguo sic. B pertransivit aliquam partem E
spatii, et quaelibet pars E spatii terminata ad punctum a quo incepit B
moveri in E spatio continet in se infinita C; igitur B pertransivit infinita C et   25
tetigit infinita C. Et per consequens ante hoc instans fuit A verum. Igitur
non labetur tota hora data antequam A erit verum.

(d) Ad oppositum sophismatis arguitur sic. A incipit esse verum, et A
immediate post hoc erit non verum; igitur A immediate post hoc erit verum
et non verum. Et quod A immediate post hoc erit non verum probatur ut   30
sophisma: A erit non verum, et nullum tempus erit antequam A erit non
verum; igitur A immediate post hoc erit non verum. Maior patet, quia B
tanget D quando non tanget C, et quandocumque ita erit, A erit non
verum; igitur A erit non verum. Et secunda pars primi antecedentis patet;
quia nullum tempus erit antequam B tanget D in puncto medio, ut   35
probatur per idem argumentum per quod probatur quod nullum tempus
erit antequam B tanget C. Et tunc arguitur sic. Quandocumque B tanget D
in puncto medio, tunc A erit non verum; sed nullum tempus erit antequam
B tanget D in puncto medio; igitur nullum tempus erit antequam A erit
non verum.   40

18 probo *om*. **GN**   19 erit[1] . . . verum *om*. **GJMR**   20 horae] datae *add*. **FIP** datae A
erit verum et ante finem horae in instanti *add*. **H** datae A erit verum quia ante finem horae in
instanti *add*. **Q** // B . . . erit *om*. **FP** // tanget] tangit **CDEGR**   23 E] C **BCHK** B
G   24 E] C **BCDHK** // spatii] est *add*. **CHO** // a] A in C in J // incepit] incipit
GHIJOPQR   25 in . . . spatio *om*. **KN** // E] C **BCFHIR** // in se] instantia **M** *om*. **HJNR** //
C[1]] instantia **F** contenta *add*. **G** cum in E spatio sunt infinita C contenta *add*. **N** // pertransivit]
pertransit **CK** pertransibit **G** // C[2]] instantia **F**   26 C] instantia **F** *om*. **ABKP**   27 labetur]
requiritur **GR**   29 hoc[1]] instans *add*. **HIPQ** // hoc[2]] instans *add*. **HQ**   30 ut] praecedens
add. **HR**   31 sophisma] quia *add*. **HIPQ**   32 hoc] instans *add*. **IP** // Maior patet] Igitur A
incipiet esse verum et non verum. Consequens falsum. Et quod A erit non verum probatur **H**
Igitur A incipiet esse verum et non verum. Et ultra, igitur A incipit esse verum et non verum.
Consequens impossibile. Igitur, etc. Et quod A erit non verum probo **IP** Maiorem probo **JM**
Igitur A incipit esse verum et non verum. Consequens impossibile. Igitur, etc. Et quod A erit
non verum probo **Q**   33 tanget[1]] tangit **CHR** *corr*. *ex* tangit **O** // tanget[2]] tangit
DHR   34 Et . . . patet] probatur **H** Et quod nullum tempus erit antequam A erat non
verum **P** Et quod nullum tempus erit antequam A erit non verum probo **Q**   35 B] A **HQ** //
tanget] tangit *corr*. *ex* tanget **G** tangit **H** tangeret **P** tangat **R**   37 tanget[1]] tangit *corr*. *ex*
tanget **G** tangit **H** tangeret **P** tangat **R** // tanget[2]] tangit **GR** // D] C **FPQ**   38 puncto *om*.
ABEFGNO   39 tanget] tangit **G** tangat **R** // puncto *om*. **ABEFGKNO**

(e) Item, si A immediate post hoc erit verum, igitur eadem ratione et per idem argumentum F immediate post hoc erit verum – sit F contradictorium A. Igitur A et F immediate post hoc erunt vera. Et per consequens contradictoria immediate post hoc erunt vera. Et confirmatur idem argu-
45 mentum sic. A et F erunt vera, ut probatum est, et nullum tempus erit antequam A et F erunt vera; igitur A et F incipiunt esse vera. Et minor probatur per argumentum primum. Ideo forte conceditur conclusio quod A et F incipiunt esse vera, et quod contradictoria incipiunt esse vera, sicut videtur argumentum probare.
50 (f) Contra, si A et F incipiunt esse vera et neque A neque F est verum, igitur non citius erit A verum quam F. Igitur aeque cito erunt A et F vera. Et, ultra, igitur A et F erunt simul vera – quod est impossibile.

(g) Item, arguitur aliter sic. A et F erunt vera; vel igitur A et F erunt simul vera – quod est impossibile, ut prius – vel A et F erunt successive
55 vera, et tunc sequitur quod prius erit A verum quam F vel econtra. Et ita non incipiunt esse vera – quod est falsum, ut prius probatum est.

(h) Item, si A incipit esse verum, igitur F desinit esse verum – quod est falsum, ut probo. Quia F sine medio post hoc erit verum, ut patet per argumentum consimile primo.
60 (i) Ad sophisma dicitur quod est verum, ut probant argumenta.

(j) Ad argumentum in oppositum conceditur similiter quod A immediate post hoc erit verum et quod A immediate post hoc erit non verum, propter idem argumentum. Et ulterius negatur consequentia 'igitur A incipit esse verum et non verum', intelligendo consequens in sensu
65 composito. Nec etiam sequitur quod A erit simul verum et non verum. Et causa est quia ex hoc quod A incipit esse verum non sequitur quod per

---

41 hoc] instans *add.* **HIQ** consequens[1] *add.* **P** // erit] non *add.* **JMR** // eadem] pari **HIPQ** 42 F[1]] factum **HQ** scilicet **I** // hoc] instans *add.* **HIPQ** // verum] Et ita sequitur quod immediate post hoc erit verum et non verum. Et ita sequitur quod immediate post hoc contradictoria erunt simul vera, quia *add.* **J** Et ita sequitur immediate quod post hoc contradictoria erunt simul vera, quia si contradictorium A, F, igitur immediate vera *scrips. et del.* **M** 43 A[1] *om.* **FHQ** // hoc] instans **H** instans *add.* **IPQ** *om.* **R** 43–44 Et[2] . . . vera *om.* **AHPQ** *add. marg.* **M** 44 idem] hoc **I** illud **J** istud **PQ** *om.* **FH** 44–45 idem argumentum *om.* **ABK** 46 incipiunt] incipient **BK** // vera] ut probatum est **HPQ** 47 probatur] patet **ABDEK** *om.* **H** // Ideo]Etsi **HIPQ** 50 Contra] Sed contra **JMNQR** 52 Et ultra *om.* **CQ** 53–54 Item . . . impossibile *om.* **ABFK** 53 aliter *om.* **CHOPQ** 54 ut prius] sicut patet **B** ut probatum **I** sicut prius patet **K** *om.* **A** 55 vel] et **ADH** // ita] ista **CE** 56 non] simul *add.* **M** // incipiunt] simul *add.* **GR** 57 igitur F] et **H** // igitur *om.* **JN** // verum] et simul incipit et desinit esse verum et desinit esse verum *add.* **H** igitur simul incipit esse verum et desinit esse verum *add.* **IPQ** 58 hoc] instans *add.* **HIPQ** // patet *om.* **EFM** 59 primo] probatur **F** probatur de alio **H** ut prius **M** 61 Ad] primum *add.* **HIPQ** // similiter *om.* **DGR** 62 hoc[1]] instans *add.* **HIPQ** // verum[1] . . . erit[2] *om.* **EHINOPQ** // et] conceditur similiter *add.* **BK** 65 erit simul] simul erit **EGIJMOPR** simul est **HQ** 66 per *om.* **CHR**

aliquod tempus immediatum huic instanti et per quodlibet instans illius
temporis erit A verum – quod tamen requireretur si valeret consequentia
prima. Et quod per nullum tempus et quodlibet instans illius temporis
immediatum huic instanti erit A verum patet, quia nullum C est propin- 70
quissimum termino a quo incipit B moveri, et sic nullum C primo tanget; et
eadem ratione nullum D primo tanget. Et ita numquam primo erit haec
propositio vera: 'B tangit C' vel 'B tangit D'. Et ita quocumque tempore
accepto immediato huic instanti A erit infinities verum et infinities falsum,
et F similiter erit infinities verum et infinities falsum. Et per consequens per 75
nullum tempus continuum immediatum huic instanti erit A verum. Et
sciendum est quod A et F incipiunt esse vera, et quod contradictoria
incipiunt esse vera, et tamen non incipiunt A et F esse simul vera. Et
quando arguitur 'A et F erunt vera; vel igitur erunt simul vera – et habetur
propositum – vel unum erit prius verum reliquo – quod est prius improba- 80
tum', ad quod dicendum est quod A et F erunt vera successive, et neutrum
erit prius verum reliquo.

(k) Ad aliam formam concedenda est haec consequentia 'A incipit esse
verum; igitur F desinit esse verum'. Et conceditur consequens quia F nunc
est verum et sine medio erit non verum. Nec repugnant ista duo: 'F sine 85
medio erit verum' et 'F sine medio erit non verum'.

(l) Sed contra illud arguitur; et probatur quod ex ista responsione
sequitur quod aliqua consequentia est bona et formalis simpliciter, et
antecedens immediate post hoc erit verum, et consequens immediate post
hoc erit falsum. Quod probo sic; quia haec consequentia est bona et 90
formalis: 'B tangit C in puncto medio ipsius C, et B non tangit simul in
eodem instanti C in puncto medio C et D in puncto medio D; igitur B non

---

67 tempus] immediate post hoc seu *add.* **ABK**   67–70 et . . . instanti *om.* **A**   67 et]
quod *add.* **GR** // per . . . instans] pro quolibet instanti **N** 68–69 erit . . . temporis *om.*
P   68–70 verum . . . verum *om.* **R**   68 tamen *om.* **GJM** 69–70 Et . . . verum *om.*
M   69 quodlibet instans] quamlibet partem **G**   70 quia] quod **FQR** // C] tempus **H** *corr.*
ex tempus **M** // est] erit **KOP**   71 tanget] tangit **FR**   71–72 et . . . tanget *om.*
FP   72 tanget] tangit **R** // numquam] post hoc *add.* **F** post hoc instans *add.* **JMR** // primo]
prius **CN** *om.* **DFJR** *add. sup. lin.* **O**   73 tangit[1]] tanget **CDFIJKNQ** *corr. ex* tanget **M** //
tangit[2]] tanget **CDEHIJKNQ**   73–74 quocumque . . . immediato] quacumque parte
accepta immediate **C**   74 immediato] immediate **EM**   75 et F *om.* **HI** // F] sic C B **G**
falsum **O** *om.* **R** // erit . . . falsum *om.* **CN** // erit *om.* **HIPQR** // infinities[2] *om.* **QR** // falsum]
non verum **HPQ**   76 tempus] post hoc *add.* **GR**   77 sciendum] concedendum **CD** //
incipiunt] simul *add.* **H**   78 vera[1]] et tamen incipiunt A et F simul esse vera *add.* **D** // et . . .
vera[2] *om.* **PR** // vera[2] *om.* **BN** // et . . . vera *om.* **DH**   79 vel] successive *add.*
HIPQ   80–81 quod . . . quod[1] *om.* **PQ**   81 et[2]] tamen *add.* **IP**   82 erit] est
GH   84 quia] quod **ACEFMOR**   87 illud . . . quod *om.* **JM** // illud] istam responsionem
CD   88 simpliciter *om.* **CDGN**   89 post[1]] ante Q // hoc] instans *add.* **HIPQ**   90 hoc]
instans *add.* **HIPQ** // Quod] Et **DFN** Quia **P** // quia] quod **DNP**   91 tangit[1]] tanget **CFJNQ** //
tangit[2]] tanget **DJNQ** // simul] et semel *add.* **DR** et *add.* **EG**

tangit D'. Et illud antecedens erit verum immediate post hoc, et immediate
post hoc erit consequens falsum.

95   (m) Et illud concedendum est, ut probat argumentum. Et per idem
argumentum probatur quod aliqua consequentia est bona et formalis, et
antecedens incipit esse verum, et consequens incipit esse falsum. Nam haec
consequentia est bona: 'B tangit C vel D, et B non tangit C; igitur B tangit
D'. Et antecedens totum incipit esse verum, et consequens incipit esse
100 falsum.

(n) Aliter tamen dicunt quidam – quod A non incipit esse verum, quia
iste terminus 'incipit' sic exponitur in sophismate: 'A non est verum, et in
quolibet instanti alicuius temporis immediati huic instanti A erit verum'. Et
sic loquendo sophisma est falsum.

105   (o) Sed sic dicentes solum mutant significationem huius termini 'incipit'.
Et sic dicentes, dicendo communiter, habent dicere quod aliqua propositio
erit immediate post hoc, et tamen ista nec erit vera immediate post hoc nec
falsa – sicut est de A – quod videtur inconveniens.

(p) Sed forte arguitur sic: Si A et F erunt vera, igitur, eadem ratione –

---

93 tangit] tanget **CDJNQ** // D] in puncto medio *add.* **C** // illud] idem **IJM** *om.* **GR** // erit] est
ABFHIKNP *corr. ex* est **E** // post] ante **Q** // hoc] instans *add.* **IMPQ** // et] tamen *add.*
CIPQ   93–94 immediate post hoc *om.* **JM**   94 hoc] instans *add.* **HIPQ** // erit] est
AB   95 illud *om.* **HQ**   96 consequentia] non *add.* **K** // bona et *om.* **AEHI JKMNOPQ** //
et²] tamen *add.* **HIPQ**   97 incipit esse *om.* **HQ** 97–108 Nam . . . inconveniens *om.*
P   97–100 Nam . . . falsum *om.* **A**   98 bona] et formalis *add.* **FR** // tangit] tanget
CDIJNQ *corr. ex* tanget **M** // tangit²] tanget **CDIJNQ** *corr. ex* tanget **M** // tangit³] tanget **CDIN**
om. **Q**   100 falsum] Huic respondetur concedendo conclusionem *add. marg.*
J   101 tamen *om.* **JKO**   102 in sophismate *om.* **HIQ**   102–103 in² . . . instanti¹] in
aliqua parte **ABK** in aliquo instanti **CF** in B instanti **HQ** *om.* **IM**   103 quolibet instanti *om.*
ENO // alicuius] huius **BK** aliquo **O** *om.* **AHQ** // temporis] tempore **O** *om.* **H** // immediati]
immediata **ABK** immediate **CO** immediatum **FHIJQ** mediati **R** // instanti] et in quolibet eius
instanti *add.* **ABK** in quolibet instanti *add.* **EIN** quodlibet instans *add.* **FHO** quolibet instanti
add. **MQ**   104 sophisma *om.* **JM**   105 termini] dictionis **ABK** verbi **HQ**   106 Et]
Similiter **JM** // dicendo *om.* **ABCDHIJKQ**   107 ista nec] nec ista nec contradictoria **ABK**
nec A nec F **CD** nec vera nec falsa **H** ista propositio non **M**   108 falsa] immediate post hoc
add. **EGNO** // sicut . . . A *om.* **CD** // inconveniens] Sequitur aliud sophisma **D***   109 Sed
. . . sic *om.* **H**** // sic *om.* **AG** // igitur *om.* **FJM** // eadem ratione] A et B erunt vera **K** A et B
erunt vera, quod est sophisma *add.* **J** B et A erunt vera, quod est sequens sophisma *add.* **M** A
et B erunt vera, quod est sequens sophisma. Et sic sit dictum ad sophisma *add.* **R**

---

* This scribe takes S17 to begin with the words 'Sed forte . . .'.
** This scribe takes S17 to begin with the words 'Si A et F . . .'.

Sophisma 17

(a) A ET B ERUNT VERA.

(b) Supponatur quod A sit ista propositio 'Rex sedet' et B ista 'Rex currit', et quod rex neque sedeat neque currat nunc, et quod sedebit et curret.

(c) Tunc probatur sophisma sic. A erit verum, et B erit verum; igitur A 5
et B erunt vera.

(d) Item, si A et B non erunt vera, tunc hoc esset quia in nullo instanti erunt A et B vera. Et ita, eadem ratione, haec foret falsa 'Duo instantia fuerunt', quia in nullo instanti duo instantia fuerunt; et haec foret falsa: 'Adam et Noe fuerunt', et 'Tu vixisti per duos dies', et consimilia. 10

(e) Ad oppositum arguitur sic. A et B erunt vera, et A et B non sunt vera; igitur A et B incipiunt vel incipient esse vera. Sed hoc est falsum, qualitercumque exponatur iste terminus 'incipiunt'. Nam haec est falsa: 'A et B sunt vera, et numquam prius fuerunt vera', per casum. Et haec similiter est falsa: 'A et B non sunt vera, et immediate post hoc erunt vera'. 15
Et ita, ut videtur, qualitercumque exponendo istum terminum 'incipiunt', utraque exponens est falsa.

(f) Ad sophisma dicitur concedendo.

(g) Ad argumentum in oppositum conceditur totum usque ibi: 'A et B incipient esse vera'. Et hoc probatur sic; quia sit C instans in quo A incipiet 20
esse verum, et D instans in quo B incipiet esse verum. Tunc arguitur sic. In C instanti A incipiet esse verum, et in D instanti B incipiet esse verum; igitur in C et D instantibus A et B incipient esse vera. Unde sicut non

---

2 Supponatur] iste casus *add.* **ABEGHKNOQR**   3 sedeat] nunc *add.* **BIKO** // nunc *om.*
GR // et²] sed **HMR** // quod² *om.* **MR**   7 tunc . . . esset] et haec erit falsa **C** // esset] erit si
oportet esse **D** // quia] quod **DIP**   9 quia . . . fuerunt *om.* **HN** *marg.* **C** // et] quod *add.*
ABCEGIKMOPQ similiter *add.* **H** similiter sequeretur eadem ratione *add.* **I** sic eadem ratione
sequeretur *add.* **P** similiter eadem ratione sequitur *add.* **Q**   10 et²] vel haec etiam esset
falsa **Q** similiter haec *add.* **CHR** haec *add.* **D** similiter *add.* **IP**   12 vera²] in aliquo instanti
add. **CD** // est] videtur esse **IPQ** *om.* **H** // falsum] quia *add.* **ABCDEJO**   13 exponatur] illud
verbum sive *add.* **MR** // 'incipiunt'] 'incipit' est falsum **ABCDGJ** 'incipit' **K** 'incipit' vel
'incipiet' **Q** est falsum *add.* **EO** vel 'incipient' *add.* **H** vel iste terminus 'incipient' *add.* **IP** //
Nam] quoad primum *add.* **HIPQ**   14 B] nunc *add.* **DMR** // per casum *om.* **HJ** 14–15 Et . . .
vera² *om.* **JN**   15 B] nunc *add.* **DGQ** // hoc] A et B *add.* **ABCDEFKO**   16 Et ita] Eodem
modo **PQ** // ut] non **AR** // qualitercumque] quomodocumque **A** quocumque modo **BK** *om.*
CDEGHIJNOPQ // incipiunt] incipient **CDEGNOP** incipit **J** incipiet **Q** vel incipient *add.*
MR   19 ibi] quod *add.* **ABCDEGKMNO**   20 incipient] incipiunt **ABHIPQR** // vera]
Negatur tamen quod in aliquo uno instanti A et B incipient esse vera *add.* **ABDK** quia
concedendum quod *add.* **H** quod concedendum est *add.* **IPQ** Igitur in aliquo instanti incipient
esse vera *add. marg.* **J** // Et . . . sic *om.* **R** // Et hoc *om.* **H** // quia *om.* **AJ**   23 igitur] et
tamen non sequitur quod **ABJK** // et¹ *om.* **ABCEFGKOQ** // incipient] incipiunt **CHNQ**

sequitur 'A et B erunt vera; igitur in aliquo instanti A et B erunt vera', sic
25 non sequitur 'A et B incipient esse vera; igitur in aliquo instanti A et B
incipient esse vera'. Et causa quare consequentia non valet est quia
arguitur cum verbo de futuro in numero plurali. Si tamen argueretur in
numero singulari, argumentum bene valeret, sic arguendo: 'A incipiet esse
verum; igitur in aliquo instanti A incipiet esse verum'. Et, similiter, si
30 argueretur cum verbo de praesenti, consequentia esset bona. Quia sequitur
'A et B incipiunt esse vera; igitur in aliquo instanti A et B incipiunt esse
vera'.

(h) Et quando arguitur quod qualitercumque exponatur iste terminus
'incipient', falsum est quod A et B incipient esse vera, et per consequens A
35 et B non incipient esse vera, ad quod dicitur, sicut ex praedictis patet, quod
iste terminus 'incipient' non exponitur per unum instans sic quod in aliquo
instanti erunt A et B vera et immediate ante istud instans non erunt A et B
vera; nec aliquo modo valet quod in aliquo instanti A et B non erunt vera
et immediate post illud instans erunt A et B vera. Sed sufficit quod iste
40 terminus 'incipient' exponatur per duo instantia, ita quod A in uno instanti
incipiet esse verum et B in alio instanti incipiet esse verum.

(i) Iuxta istam materiam sumitur hoc sophisma.

Sophisma 18

(a) A MOVEBATUR CONTINUE PER ALIQUOD TEMPUS POST
B, ET A NON MOVETUR.

24 B¹] non *add.* **PQ** // erunt] non *add.* **H** // A et B² *om.* **CDJM** // B²] non *add.*
HPQ   25 incipient] incipiunt **CHQ**   26 incipient] incipiunt **CQ**   28 argumentum]
consequentia **CDJM** // valeret] et similiter *add.* **G** ut probatur *add.* **I** ut pote *add.* **P** ut puta
add. **Q** // incipiet] incipit **CGHJQ**   29 incipiet] incipit **CQ** // verum] B incipiet esse verum;
igitur in aliquo instanti B incipiet esse verum *add.* **CD** // similiter *om.* **ABK** // si *om.*
JMR   30 argueretur *om.* **GMR** // praesenti] etiam *add.* **ABK** in numero plurali *add.* **HIQ**
etiam in numero plurali *add.* **P** // bona] et haec est in plurali numero *add.* **G** adhuc in plurali
numero *add.* **MR** // Quia] bene *add.* **HIPQR**   34 incipient¹] incipiet **ADHIN** incipiunt **FQ**
incipit **GJKMR** // incipient²] incipiunt **FNQ** *sed corr.* **M** 34–35 et² . . . quod¹ *om.* **HJPQ** // et²
. . . vera *om.* **A**   34 et . . . consequens] igitur **GMR**   35 incipient] incipiunt **I** // sicut . . .
patet *om.* **GJM** // quod²] quia **EN** *om.* **HIPQ**   36 incipient] incipit **FM** // exponitur] debet
exponi **HIPQ**   37 ante] post **EFIJNO** // instans *om.* **ABFHK** // erunt] erant **ABDP** fuerunt
G   38 modo *om.* **CQ** // valet] neque **AMR** videlicet **JPQ** // quod] quia **MO** // non *om.*
BG   39 instans] non *add.* **G**   40 incipient] incipit **M** incipiet **Q** *om.* **P** // ita] et **J** *om.*
HQ   41 incipiet¹] incipit **E** incipiat **FHJO**

1 MOVEBATUR] MOVETUR **N** // ALIQUOD] INSTANS *add.* **I** 1–2 POST B *om.* **P** // B]
INSTANS *add.* **H** // A *om.* **P**   2 MOVETUR] MOVEBATUR **J** *corr. ex* MOVEBITUR
M

(b) Supposito isto casu, quod B sit hoc instans praesens, et A sit unum movens voluntarium quod nunc incipit moveri per aliquod tempus continuum immediatum B instanti praesenti, et in quolibet instanti futuro potest 5 cessare a suo motu.

(c) Tunc sophisma est falsum, ut constat, et potest esse verum, et nullum tempus erit lapsum antequam sophisma potest esse verum; igitur nunc potest sophisma incipere esse verum.

(d) Sed contra – ponatur igitur quod sophisma incipiat esse verum. Tunc 10 arguitur sic. Hoc sophisma incipit esse verum, et prima pars huius sophismatis non est vera; igitur prima pars huius sophismatis incipit esse vera. Et per consequens haec incipit esse vera: 'A movebatur per aliquod tempus continuum immediatum B instanti'; et per consequens nunc est verum quod A movebitur per aliquod tempus continuum immediatum huic 15 instanti. Sit igitur, gratia exempli, quod A movebitur per unam horam immediatam B instanti. Tunc per horam post B movebitur A; igitur per totam horam post B erit haec falsa: 'A non movetur'. Igitur immediate post hoc erit secunda pars copulativae quae est sophisma falsa. Igitur immediate post hoc erit sophisma falsum, quod est probandum. 20

(e) Sed forte dicitur quod non sine medio post B potest sophisma esse verum, sed quod aliquod tempus erit antequam sophisma erit verum.

(f) Contra – sit hora, gratia exempli, antequam sophisma potest esse verum. Et probo quod non; quia si A moveatur usque ad instans medium illius horae et non ultra, tunc in instanti medio illius horae datae erit verum 25 quod A movebatur per aliquod tempus continue post B, quia per medietatem horae movebatur post B et continue; et in eodem instanti erit verum

---

3 isto *om.* **HQ** // isto casu *om.* **JP** // B] non *add.* **R** // A *om.* **CHP**   4 voluntarium] et *add.* **NO** // nunc] non **H**   5 et] quod **EHNOQ** quod *add.* **DFGIJMR**   7 Tunc] sic *add.* **CD** probatur sophisma *add.* **R**   8 lapsum] elapsum **ABGHJKMR** // nunc *om.* **JR**   10 Sed contra *om.* **ABEFHJKNOQR** // igitur *om.* **CM** // quod] hoc *add.* **GM** nunc *add.* **H** // sophisma *om.* **EJ**   11 incipit] potest **F** incipiet **MNR**   13 Et . . . vera *om.* **R** *marg.* **M** // movebatur] movetur **FN** movebitur **P**   14 B] huic **AI** 14–16 et . . . instanti *om.* **HQ**   14 nunc] non **FP**   15 movebitur] movebatur **ABGIJKO** movetur **EFN** *corr. ex* movebatur **M** // continuum *om.* **EJ** // immediatum *om.* **AC** // huic] B **CDM**   16 igitur *om.* **AJN** // movebitur] movebatur **ABHIJKMOQ** movetur **EN** *om.* **F** // unam] aliquam **H** *om.* **ABEFIJKOPQ**   17 B¹ *om.* **AD** // per¹] unam *add.* **DGMR** // horam] prius B movebatur et *add.* **H** immediatam B *add.* **R** // movebitur] movetur **FN** movebatur **J** *om.* **H**   18 movetur] movebitur **JO**   19 hoc] instans *add.* **HIPQ** // quae . . . sophisma *om.* **ABK** // falsa] quae est 'A non movetur' *add.* **ABK** si movetur *add.* **C** scilicet, 'A non movetur' *add.* **D**   20 falsum] igitur haec est impossibilis: 'Sophisma incipit esse verum' *add.* **R**   21 sine medio] immediate **ABK** // B] hoc **ABCEFGK**   22 quod *om.* **ABHIK** // erit] esse **DM** possit esse **IP**   23 Contra] Sed contra **IQ** // sit] igitur *add.* **IQ**   25 et . . . horae *om.* **A** *marg.* **J**   26 movebatur] movebitur **K** movetur **N** // continue] continuum **CHQ** 26–27 medietatem] medium **JM**   27 movebatur] movebitur **AFKQ** movetur **N** // et continue *om.* **CDQ** 27–28 et² . . . est *om.* **ABK**

quod A non movetur, quia A tunc desinit moveri – ut positum est. Igitur in
isto instanti medio horae datae erit hoc sophisma verum. Et antecedens est
30 possibile; igitur consequens. Et si hoc, igitur hora non requiritur antequam
sophisma potest esse verum.

(g) Aliter forte dicitur, et bene, quod ista consequentia prima non valet:
'Hoc sophisma est falsum, et potest esse verum, et nullum tempus erit
antequam poterit esse verum; igitur hoc sophisma nunc potest incipere esse
35 verum'. Sed bene sequitur quod illud sophisma nunc incipit posse esse
verum; et hoc est concedendum.

(h) Sed contra hoc arguitur sic. Sit C hoc sophisma. Tunc sic. Sine medio
tempore potest C esse verum; igitur C potest sine medio esse verum.
Ponatur igitur quod C sine medio sit verum, et sequitur argumentum
40 primum.

(i) Et iterum arguitur sic. Si sine medio potest C esse verum, ponatur
igitur quod C sit ita cito verum sicut potest esse verum. Tunc nullum
tempus erit antequam C erit verum, et ita C sine medio erit verum; et
sequitur argumentum.

45 (j) Item, sit D haec propositio 'Socrates movetur', et ponatur quod
Socrates non moveatur nunc sed quod possit sine medio tempore moveri.
Tunc arguitur sic. C et D possunt esse vera, et per nullum tempus potest D
prius esse verum quam potest C esse verum, nec econtra; igitur aeque cito
potest C esse verum sicut potest D esse verum. Et cum D potest esse verum
50 immediate post hoc, sequitur quod C potest esse verum immediate post
hoc. Ponatur tunc, sicut prius, quod C erit verum immediate post hoc, et
fiat argumentum primum.

28 quia A tunc] sed **HPQ** // desinit] desinet **EJNOP** debuit **G**   30 igitur[1]] et **H** et *add.*
KMR   31 sophisma *om.* **PQ**   32 Aliter] tamen *add.* **GO** // prima *om.* **HJR**   33 Hoc
om. **FHJ** // est falsum] non est verum **CD**   34 poterit] possit **G** potest **N** // nunc] non **AR**
om. **HK** // potest] poterit **DHPQ**   35 quod] igitur **JM** // nunc *om.* **HINPQ** // incipit] incipiet
AQR   38 tempore] post hoc *add.* **CD** *om.* **ABFK** // potest[2] . . . medio] sine medio potest
IQR sine medio tempore potest **J** // sine . . . verum[2]] esse verum sine medio **H** esse sine medio
verum **O**   39 igitur *om.* **EO** // sit] potest esse **FH**   41 Et iterum] Item **CDMR** // Si] non
add. **G** *om.* **ABJKOR** // C] A **ABFGJKO**   42 C] A **ABFGJKO**   43 C[1]] A **ABFGJKO** //
C[2]] A **ABFGJKO** // et[2]] sic *add.* **HMR**   44 argumentum] secundum *add.* **C** primum *add.*
R   45 Socrates] non *add.* **K**   46 nunc *om.* **FG** // sine . . . moveri] moveri sine tempore
medio **GHJMQR**   47 possunt] simul *add.* **D**   48 prius] post **HK** // nec] et **AF** // aeque] ita
CDO   49 esse verum[1] *om.* **ABH** // cum] tamen **FHM**   50 hoc] instans *add.* **HIPQ** igitur
add. **M** instans igitur *add.* **R** // sequitur] etiam *add.* **CD** // hoc[1]] instans *add.* **IPQ**   51 sicut
prius *om.* **HIJMPQR** // hoc[2]] instans *add.* **HIPQ**   52 primum] prius **GM** ut prius **R**

(k) Ad sophisma dicitur quod est falsum.

(l) Et concedendum est ulterius quod C potest esse verum, et quod sine medio potest C esse verum. Et negatur consequentia prima – haec, scilicet: 55 'C potest esse verum, et nullum tempus labetur antequam C potest esse verum; igitur C potest incipere esse verum'. Sed bene sequitur quod C incipit posse esse verum.

(m) Et ulterius concedendum est quod sine medio potest C esse verum. Et quando arguitur 'Sine medio potest C esse verum; igitur C potest sine 60 medio esse verum', neganda est haec consequentia, et praecipue cum hoc verbo 'potest'. Si tamen argueretur sine hoc verbo 'potest', consequentia esset bona si 'C' sit terminus singularis – et hoc est positum. Unde bene sequitur 'Sine medio tempore erit C verum; igitur C erit verum sine medio tempore'; tamen cum hoc verbum 'potest' non valet consequentia. Nec 65 sequitur 'Sine medio potest C esse verum; igitur potest poni quod sine medio C erit verum'. Quia ad hoc quod C erit verum requiritur tempus, sed nullum tempus requiritur antequam C potest esse verum. Et per hoc dicendum est quod per nullum tempus potest D prius esse verum quam C potest esse verum, et tamen si C et D erunt vera, necessario erit D prius 70 verum quam C erit verum. Et ideo ulterius neganda est haec consequentia 'C et D possunt esse vera, et per nullum tempus potest D prius esse verum quam potest C esse verum; igitur aeque cito potest C esse verum sicut potest D esse verum', quia citius per tempus potest D esse verum quam potest C esse verum, sed per nullum tempus citius potest D esse verum 75 quam potest C esse verum.

(n) Et ex hac materia oritur hoc sophisma.

55 C] D H *om.* ABJK // prima *om.* AGMR   56 labetur] erit GR erit lapsum M // potest[2]] incipit posse K   57 igitur] nunc *add.* HIPQ 57–58 Sed . . . verum *om.* H *marg.* Q   57 C[2]] B CIP   59 ulterius *om.* HIPQ   60 Et . . . arguitur] Sed cum ultra H Sed cum arguitur I Sed cum ultra arguetur P Sed cum ultra arguitur Q // Sine . . . verum *om.* HPQ 60–61 C[2] . . . medio] sine medio potest C A C sine medio potest BDFGHKR potest C sine medio N   61 neganda est] non valet CD // praecipue] praecise ABFHIKPR   62 Si *om.* CDE // tamen] non H // argueretur *om.* CDE // sine] cum ABCDEFHJK // potest] est ABEFK erit CD   63 esset bona] valet CD // si] tamen *add.* HPQ // C *om.* CDHNPQ // positum] propositum ABIK notum C   68 potest esse] erit ABCDEFGHKNOPR potest erit[1] I est[2] *corr. ex* potest esse J *om.* Q   69 per *om.* DP // potest] erit J // esse *om.* J 70–73 potest . . . verum[1]] Et non sequitur P Et tamen non sequitur Q *om.* H   70 potest . . . verum *om.* GJR potest esse] erit N // si] non simul G   73 verum[1]] nec econtra *add.* GR 75–76 sed . . . verum *om.* EJO   76 quam . . . verum *om.* HIPQ // quam] quod NR

Sophisma 19

(a) SOCRATES   ITA   CITO   DESINET   MOVERI   SICUT MOVEBITUR.

(b) Posito quod Socrates incipiat moveri per horam, et quod in quolibet instanti illius horae possit desinere moveri.

5   (c) Tunc probatur sophisma sic. Socrates potest ita cito desinere moveri sicut movebitur. Ponatur igitur quod Socrates ita cito desinat moveri sicut movebitur, et patet veritas sophismatis. Et probo quod Socrates potest ita cito desinere moveri sicut movebitur, et arguo sic. Immediate post hoc potest Socrates desinere moveri, et non prius quam immediate post hoc
10   Socrates movebitur, quia nunc incipit Socrates moveri; igitur non prius potest Socrates moveri quam potest desinere moveri. Et per consequens ita cito potest Socrates desinere moveri sicut Socrates movebitur – quod fuit probandum.

(d) Ad oppositum arguitur sic. Si Socrates ita cito desinet moveri sicut
15   movebitur et Socrates immediate post hoc movebitur, igitur immediate post hoc desinet moveri. Et, ultra, igitur per nullum tempus continuum immediatum huic instanti Socrates movebitur – quod est falsum.

(e) Ad sophisma dicitur quod est falsum.

(f) Et ulterius neganda est haec propositio 'Socrates potest ita cito
20   desinere moveri sicut movebitur'. Et quando arguitur quod immediate post hoc potest Socrates desinere moveri, concedo quod in quolibet instanti illius horae immediatae huic instanti potest Socrates desinere moveri, et ita nullum tempus erit antequam Socrates potest desinere moveri, et per consequens immediate post hoc potest Socrates desinere moveri. Haec
25   tamen propositio est neganda 'Socrates potest desinere moveri immediate post hoc'. Unde, sicut in praecedenti sophismate dictum est, non sequitur

---

1 DESINET] DESINIT **DKQR**   2 MOVEBITUR] MOVEBATUR **E** MOVETUR **N**   4 possit] posset **AFKN**   6 igitur *om.* **EFG** 6–7 quod . . . movebitur] verum esse **IP**   8 desinere *om.* **IP** // et . . . sic] quia **JR** // et arguo *om.* **IP** // sic] quia *add.* **HIP**   10 nunc] tunc **HK**   11 quam] quod **OR**   13 probandum] Sed Socrates immediate post hoc movebitur; igitur immediate post hoc desinet moveri. Et ultra, ergo per nullum instans continuum huic instanti Socrates movebitur, quod est falsum *add.* **J**   14 desinet] desinat **DJN**   15 movebitur[1]] igitur quantum cito movebitur desinet moveri *add.* **ABK** // et] sed **ABEFGNO**   16 post hoc *om.* **OQ** // Et ultra *om.* **HI**   17 immediatum] immediate **FG** // huic instanti] post hoc instans **G** // instanti *om.* **HK**   19 ulterius *om.* **BK** // neganda . . . propositio] dicitur negando hanc propositionem **AJ**   20 arguitur] accipiatur **B** accipitur **EIP** accipiatur *add.* **A**   21 potest . . . desinere] Socrates desinet **F**   22 ita *om.* **DF** 23–24 et . . . moveri *om.* **JK** 24–25 Haec . . . Socrates] Non tamen **B** Et tamen non **K**   26 sicut *om.* **CJK** // praecedenti] praesenti **NP**

'Immediate post hoc potest Socrates desinere moveri; igitur potest poni
quod sine medio post hoc – vel immediate post hoc, quod idem est – Socrates
desinet moveri'. Et quando arguitur sic – 'Immediate post hoc potest
Socrates desinere moveri, et non prius quam immediate post hoc potest   30
Socrates moveri; igitur non prius potest Socrates moveri quam desinere
moveri' – consequentia non valet. Bene tamen sequitur quod per nullum
tempus prius potest Socrates moveri quam potest desinere moveri. Et hoc
est verum, sed ex hoc non sequitur prior conclusio. Vel si sic argueretur –
'Socrates potest desinere moveri immediate post hoc, et Socrates non prius 35
quam immediate post hoc potest moveri; igitur non prius potest Socrates
moveri quam potest desinere moveri' – tunc ista consequentia est bona, et
prima propositio accepta est falsa, ut patet per praedicta.

(g) Sed forte arguitur sic. Socrates potest desinere moveri. Ponatur
igitur quod desinat moveri ita cito sicut potest desinere moveri. Et quaero   40
utrum Socrates desinet moveri immediate post hoc vel non. Si sic, habetur
propositum et sequitur argumentum. Si non, igitur aliquod tempus erit
antequam Socrates desinet moveri. Sed hoc est falsum. Quia si aliquod
tempus erit, etc., sit igitur quod hora erit, etc. Contra, in instanti medio
illius horae Socrates potest desinere moveri – per casum – et Socrates ita   45
cito desinet moveri sicut potest; igitur in instanti medio illius horae
Socrates desinet moveri. Et per consequens ante finem Socrates desinet
moveri – quod fuit probandum.

(h) Ad hoc dicitur quod Socrates non potest ita cito desinere moveri
sicut Socrates potest desinere moveri. Sed quantumcumque cito potest   50
Socrates desinere moveri, ita cito potest desinere moveri. Ex hoc tamen

27 hoc] instans *add.* **HQ**   28 vel . . . est] Socrates potest desinere moveri et non prius
quam immediate post hoc, et idem est **H** *om.* **AIJQ**   29 moveri] et non prius quam
immediate post hoc, quod idem est, Socrates potest desinere moveri *add.* **Q**   31 potest . . .
moveri] movebitur **GR**   33 potest[2] *om.* **CDHIPQR**   34 sed] et **ABEGKNOR** quia **F**
prior] prima **HIPQ** // conclusio] consequentia **AJMOR** Et ratio est quia haec est vera: 'Prius
per tempus Socrates movebitur vel potest moveri antequam Socrates potest desinere moveri'
add. **R** // Vel] Sed **D** Ut **F** Et similiter **HIPQ** Et **N** Tamen **R**   36 potest[2] *om.*
ACDGHIJMPQR   37 tunc ista *om.* **HPQ** // ista *om.* **CDI** // consequentia] talis *add.* **IPQ** //
est] esset **AJ** 37–38 et . . . propositio] sed propositio prius **CD**   37 et] tamen **HIQ** tamen
add. **P**   38 prima . . . accepta] maior **GMR** // accepta] scilicet maior *add.* **D** *om.* **HK** // est]
esset **A** // praedicta] praedictam **ABDFGHNQ**   40 igitur *om.* **GH**   41 desinet] desinat
AFHJKMQR debeat **G**   42 et . . . argumentum *om.* **CGH** // Si] Socrates **AEFIJNOPQ** //
non] desinit moveri immediate post hoc *add.* **AMNPR** desinit *corr. ex* desinet moveri . . . hoc
add. **J** desinet . . . hoc *add.* **EIO** desinat . . . hoc *add.* **FQ**   43 desinet] desinat **AFG-
HIKMQR** desinit **JN**   44 tempus *om.* **IKQ** // etc.[1] *om.* **CGI** // erit, etc.[2] *om.*
GH   45 potest] posset **BDGNO**   46 potest] moveri *add.* **A** desinere moveri *add.* **MR**
add. marg. **J** // in . . . medio] ante instans medium **ABCEFGHIJMNOPQ** *om.*
K   47 moveri] quia ita cito desinet moveri sicut potest moveri, per casum *add.* **M** quia ita
cito desinet moveri sicut potest desinere moveri, per casum *add.* **R** 47–48 Et . . . moveri *om.*
HPQ   50 Sed] tamen *add.* **HIQ** cum *add.* **P**

non potest poni quod ita cito desinat Socrates moveri sicut potest desinere moveri.

(i) Et per hoc respondendum est multis sophismatibus. Verbi gratia,
55 ponatur quod Socrates possit elicere duos actos subitos voluntarios, sicut A et B, unum post alium. Tunc ponatur quod Socrates eliciat B post A ita cito sicut potest. Et sic sequitur quod instans in quo Socrates volet B erit immediatum instanti in quo volet A – quod est impossibile. Ideo dicendum est ad hoc et ad similia quod Socrates non potest velle B post A ita cito
60 sicut potest. Et consimiliter fuisset et est dicendum in sophismate praecedenti quod C non potest ita cito esse verum sicut potest esse verum, quia tunc C foret verum immediate post hoc – quod est impossibile.

(j) Huic sophismati multum simile est hoc sophisma.

Sophisma 20

(a) SOCRATES ITA CITO ERIT CORRUPTUS SICUT IPSEMET ERIT GENERATUS.

(b) Sit B unum instans nunc ad unum annum, et sit Socrates unum indeterminate futurum, sicut Antichristus, qui in B primo erit generatus, et
5 qui post vel ante B potest generari, et etiam qui in B vel ante B posset corrumpi.

(c) Tunc probatur sophisma sic. Socrates potest ita cito esse corruptus sicut ipsemet erit generatus. Ponatur igitur quod Socrates erit ita cito corruptus sicut ipsemet erit generatus, et patet veritas sophismatis. Et

52 poni] probari **ACD** // desinat] desinet **CH**   54 respondendum est] potest responderi **CD** in *add.* **AH**   55 possit] posset **FHNO** // voluntarios] voluntatis **ABEFG²J²KMOR** volitionis **C**   56 A] et *add.* **AJMR**   57 Et sic] posito quo **I** quo posito **PQ** *om.* **H**   58 immediatum] huic *add.* **BEFGNOPQ**   60 potest] Quamvis haec sit concedenda: 'Socrates ita cito potest velle B post A sicut potest velle B post A'. Et ex hoc non sequitur quod posset poni inesse, licet ex prima sequatur *add.* **R** // fuisset et *om.* **CDEGR** // et est *om.* **AHPQ**   61 C *om.* **HQ**   62 C *om.* **GJ** // verum *om.* **AFN**   63 multum *om.* **ADFIMPQ**

1 ITA . . . ERIT¹] ERIT ITA CITO **BK**   2 ERIT *om.* **HQ**   3 Sit B] Posito quod B sit **ACDJMR** // instans] vel *add.* **KR** vel unum *add.* **M** // nunc] hodie **GN** et hoc **H** hinc **I** hic **PQ** hodie *add.* **MR** *om.* **BCDEKO** // unum *om.* **AFGJ** // Socrates] C **AJ** *om.* **F**   5 post] in **GH** prius **R** // etiam *om.* **CGJ** *sup. lin.* **M** // qui² *om.* **FHJ** // posset] possit **CI** potest **DFGJPR**   8 igitur *om.* **GN** // erit] sit **ACJ** est **K** *om.* **DGMR** // corruptus] corrumpatur **CDR** corrumpitur G corrumpetur **M**   9 ipsemet *om.* **GH** // erit *om.* **GHQ** // et] ut **IP** // Et] Sed **ACDJMR**

quod Socrates potest ita cito esse corruptus sicut ipsemet erit generatus 10
probo. Quia Socrates potest esse corruptus in B instanti – per casum – et
non prius generabitur quam in B, et etiam in B erit Socrates primo
generatus; igitur ita cito potest Socrates esse corruptus sicut ipsemet erit
generatus – quod fuit probandum.

(d) Item, posito quod Plato primo erit generatus in B instanti. Tunc 15
arguo sic. Socrates potest ita cito esse corruptus sicut Plato erit generatus –
quod patet, nam haec est possibilis: 'Socrates erit ita cito corruptus sicut
Plato generabitur', et etiam de Socrate est possibile quod ita cito corrumpatur sicut Plato generabitur. Tunc arguo sic. Socrates potest ita cito
corrumpi sicut Plato generabitur et Socrates et Plato aeque cito genera- 20
buntur; igitur Socrates potest ita cito corrumpi sicut Socrates generabitur.

(e) Ad oppositum sophismatis arguitur sic. Socrates ita cito erit corruptus sicut ipsemet erit generatus; igitur Socrates simul erit generatus et
corruptus.

(f) Ad sophisma dicitur quod est falsum. 25

(g) Et ad antecedens assumptum – videlicet, quod Socrates potest ita
cito esse corruptus sicut ipsemet erit generatus – neganda est haec
propositio. Et ulterius ad eius probationem neganda est haec consequentia: 'Socrates generabitur in B instanti, et in B instanti potest Socrates
esse corruptus; igitur Socrates potest ita cito esse corruptus sicut ipsemet 30
erit generatus'. Sed bene sequitur quod Socrates potest esse corruptus in B
instanti et in B instanti Socrates generabitur, et ulterius non sequitur 'igitur
Socrates potest esse corruptus in B instanti, in quo generabitur'.

(h) Et si arguitur sic – 'Socrates potest corrumpi in B instanti, et pro
nunc isti termini "B instans" et "B instans in quo Socrates generabitur" 35

10 ipsemet *om*. **GH** // erit *om*. **GHQ** 11 Quia] Quod **NP** 12 etiam *om*. **AGH-
IJMOPQR** 13 ipsemet *om*. **ACDEFJMN** // erit* generatus] generabitur **ACDEFJN** // erit
om. **HMQ** 15 erit generatus] generatur **GH** generetur **M** // B] A **HPQ** 16 erit] potest
esse **D** *om*. **HQ** 18 generabitur] generatus **CHQ** erit generatus **IMP** // et] conclusio *add*. **H**
// etiam] inde **GP** idem **M** *om*. **ACDK** 18–19 etiam . . . generabitur] ita cito Socrates erit
corruptus sicut ipsemet erit generatus et est possibile **J** 18 de . . . possibile] dum Socrates
est, possibile est **ABCK** 19 generabitur] erit generatus **IPQ** ita cito sicut Plato generabitur,
ita cito Socrates erit corruptus sicut ipsemet erit generatus etiam est possibile **A** 19–20 Tunc
. . . generabitur *om*. **DGHNPQ** 20 corrumpi] esse corruptus **IO** // generabitur] erit
generatus **M** // et¹] sed **CDM** 21 corrumpi] esse corruptus **H** // Socrates] ipsemet **CDHM**
Plato **K** // generabitur] generatus **H** erit generatus **IP** 22 erit] potest esse **H** 23–24 erit² . . .
corruptus] potest corrumpi et generari **H** 24 corruptus] quod est impossibile *add*. **B** quod
est falsum et impossibile *add*. **K** 26 ad *om*. **ACDGHJKMNPQ** // antecedens *om*. **ACEJ** //
assumptum] negatur *add*. **AJ** // videlicet, quod] similiter quod hoc **C** similiter, scilicet, hoc
D 27 erit *om*. **HQ** 27–28 neganda . . . propositio *om*. **AJ** 30 esse corruptus]
corrumpi **HPQ** 31 erit generatus] generabitur **BFHIKNOP** 31–32 Sed . . . generabitur *om*.
HQ 35 nunc] instanti *add*. **EHPQ** *scrips. et del*. **I** // termini] convertuntur – scilicet *add*.
ABK convertuntur *add*. **JM** // instans¹] in quo potest Socrates corrumpi *add*. **H**

convertuntur; igitur Socrates potest corrumpi in B instanti, in quo generabitur' – ad quod dicendum est quod consequentia non valet. Nam non
sequitur 'Socrates potest currere in Bellomonte, et isti duo termini "currens
in Bellomonte" et "Plato" convertuntur – posito quod solus Plato currat in
40 Bellomonte; igitur Socrates potest esse Plato'. Et ideo, cum consimilis sit
consequentia in proposito, patet quod consequentia non valet.

(i) Ad aliam formam dicitur quod haec consequentia non valet:
'Socrates potest ita cito corrumpi sicut Plato generabitur, et Socrates et
Plato aeque cito generabuntur; igitur Socrates potest ita cito corrumpi sicut
45 ipsemet generabitur'. Sed bene sequitur quod Socrates potest esse corruptus in isto instanti in quo Plato primo erit generatus. Et ulterius, sicut prius
dictum est in consimili, non sequitur 'Socrates potest esse corruptus in isto
instanti in quo Plato primo erit generatus, et idem erit instans in quo
Socrates erit generatus et in quo Plato erit generatus; igitur Socrates potest
50 esse generatus in isto instanti in quo Socrates primo erit generatus'. Et
causa est quia licet isti duo termini convertantur – 'instans in quo Socrates
generabitur' et 'instans in quo Plato generabitur' – non tamen convertuntur
simpliciter sed solum ut nunc. Et ideo consequentia non valet, neque ut
nunc, neque simpliciter, et praecipue cum isto termino 'potest'.
55 (j) Et huic sophismati simile est hoc sophisma.

Sophisma 21

(a) A INCIPIT INTENDERE ALBEDINEM IN ALIQUA PARTE B,
ET QUAELIBET PARS PROPORTIONALIS IN B SINE MEDIO
REMITTETUR.

---

36 convertuntur *om.* **ABJKM**   37 Nam] Sicut **GM**   38 Bellomonte] necessitate **A**
velocitate **BK** // currens *om.* **HI**   39 Bellomonte] necessitate **A** velocitate **BK** bello *corr. ex*
Bellomonte **G** // Plato *om.* **DH**   40 Bellomonte] necessitate **A** velocitate **BK** monte bello **Q**
40–41 cum . . . valet] non valet haec consequentia, et consimilis in proposito **A** consequentia
valet in proposito **H** non valet haec consequentia in proposito **J**   40 cum] nec
PQ   41 patet . . . valet *om.* **Q** // patet . . . non *om.* **P** // patet quod *om.* **I** // consequentia
om. **CD**   45–46 esse corruptus] corrumpi **HIPQ**   46 primo *om.* **DFHINPQ** // erit
generatus] generabitur **HNQ** erit generabitur! **M**   47 isto] aliquo **HQ**   48 primo *om.*
FHKPQ // erit[1]] potest esse **Q** // erit generatus] generabitur **N**   49 Socrates] Plato
HK   50 Socrates] ipsemet **HM** Plato **I** *corr. ex* Plato **Q** // primo *om.* **GHIMPQ**   51 licet
om. **HIPQ**   53 solum] totum **E** *om.* **AB**   54 neque] ut *add.* **CDINQ**

* With this word '*erit*' R breaks off (f. 114rb).

1 INTENDERE] TENDERE **P** // ALBEDINEM *om.* **Q** // ALIQUA PARTE] ALIQUAM
PARTEM **AQ** IN *add.* **MQ** 2–3 ET . . . REMITTETUR *om.* **I**   2 B] A **H** // SINE
MEDIO] IMMEDIATE **C** POST HOC *add.* **BC** *om.* **M**   3 REMITTETUR] REMITTI-
TUR **H**

(b) Posito quod C sit unum nigrefaciens, aequale B et suprapositum ipsi B, sic quod C per magnum tempus egit in B, remittendo eius albedinem 5 secundum se et secundum quamlibet sui partem. Et pono quod C incipiat recedere a B per partem ante partem; et sicut C recedit, ita insequatur A secundum eandem superficiem, et albefaciat A continue partes in B quibus applicatur. Tunc capiantur partes proportionales in B secundum talem progressionem ita quod prima medietas in B versus cuius extremum 10 movetur C sit prima pars proportionalis, et sic continue progrediendo versus illud extremum in quo A incipit moveri super B. Et incipiat nunc C recedere a B et incipiat A insequi C.

(c) Tunc probatur sophisma sic, primo quoad eius primam partem. Et probo quod A incipit albefacere aliquam partem proportionalem in B, et 15 arguo sic. A non albefacit aliquam partem proportionalem in B – quia A nunc non applicatur alicui parti proportionali in B, per casum – et immediate post hoc A applicabitur alicui parti proportionali in B; igitur immediate post hoc, per casum, A albefaciet aliquam partem propor-tionalem in B. Igitur, per expositionem huius termini 'incipit', A incipit 20 albefacere aliquam partem proportionalem in B. Et probatur secunda pars sophismatis – videlicet, quod quaelibet pars proportionalis in B immediate post hoc remittetur – quia si non, igitur aliqua pars proportionalis in B non immediate post hoc remittetur. Sit igitur decima pars proportionalis quae non immediate post hoc remittetur. Contra, per aliquod tempus immedia- 25 tum huic instanti supraponetur C decimae parti proportionali in B; igitur

---

4 C] B **OQ** // B] C O *om.* **H**   5 egit] agit **AP** agat C erit **H**   7 recedit] recedet **AK** // insequatur] sequatur **CD** transeatur **E**   8 superficiem] versam ad C *add.* **HQ** A versam ad C *add.* **P**   9 applicatur] approximatur **HP**   10 ita] scilicet *add.* **IPQ** // B] nectitur? *add.* **A** vocetur *add.* **BK** // cuius] illud **HIPQ** // extremum] ad quod *add.* **HIPQ**   11 continue *om.* **FH**   12 in] a **HIPQ** // A] C **HPQ** *om.* **BGK** // nunc] tunc **AEJ**   13 insequi] sequi **CJ** *om.* **H** // C] B **BCDEFHIKMOPQ** *om.* **N**   14 primo *om.* **FHKPQ** 14–16 Et . . . sic *om.* **HPQ**   15 probo *om.* **ABKNPQ** // DF 15–16 et . . . B *om.* **FGN** *marg.* **CJ**   17 applicatur] est applicatum **HJ** // per casum *om.* **AB**   18 A] B D *om.* **ABFGN** // applicabitur] applicatur **CEFG**   19 per casum *om.* **IJ**   20 B] Et ultra *add.* **IP** // Igitur] ultra *add.* **Q** // per . . . incipit[1] *om.* **HPQ**   21 albefacere] intendere **CG** // Et] per consequens intendere albedinem in eadem *add.* **HI** per consequens intendetur albedinem in eadem *add.* **PQ**   22 sophismatis] sic *add.* **AI** sic ista *add.* **PQ**   23 quia . . . non[1] *om.* **NP** // non[1]] sic *add.* **ABKNPQ** // aliqua pars] quod sit decima **A** quod sit quarta pars **BPQ** quod sit quarta pars **K** quod sit decima pars **N** // B] quae *add.* **ABKNPQ**   24 remittetur] quod est falsum. Probo, quia quaelibet pars – scilicet, prima pars proportionalis immediate post hoc remittetur, et secunda, et tertia, et sic de singulis. Quia si non *add.* **C** Quod est falsum probo. Quaelibet pars B, prima pars proportionalis, immediate post hoc remittetur, et secunda, tertia, et sic de singulis. Quia si non *add.* **D** 24–25 Sit . . . remittetur *om.* **ABHKNPQ**   24 igitur] quod sit *add.* **EIO**   25 Contra] hoc arguitur sic *add.* **C** hoc arguo sic *add.* **D**   26 supraponetur] supponere **A** proponitur **C** supponitur **GH** supponetur **JMP** // C *om.* **AG** // decimae] quartae **BDIPQ** isti **F** secundae **H**

per totum tempus immediatum huic instanti C remittet decimam partem proportionalem in B; igitur immediate post hoc decima pars proportionalis in B remittetur per C. Et quod per aliquod tempus C supraponetur
30 decimae parti proportionali in B probo. Quia C supraponetur illi quousque A incipiat supraponi eidem vel alicui suae parti, sed A per aliquam distantiam distat a decima parte proportionali in B; igitur per aliquod tempus distabit A ab eadem decima parte proportionali in B. Et per consequens per aliquod tempus supraponetur C decimae parti propor-
35 tionali in B – quod fuit probandum.

(d) Ad oppositum sophismatis arguitur sic. A incipit intendere aliquam partem proportionalem in B, et quaelibet pars proportionalis in B immediate post hoc remittetur; igitur immediate post hoc aliqua pars proportionalis in B intendetur et remittetur – quod est impossibile.

40 (e) Item, arguitur sic. Quaelibet pars proportionalis in B immediate post hoc remittetur; igitur non immediate post hoc aliqua pars proportionalis in B intendetur – quod est contra positum et probatum, quia nunc incipit aliqua pars proportionalis in B albefieri.

(f) Ad sophisma, conceditur.

45 (g) Ad argumentum in oppositum dicitur negando istam consequentiam: 'A incipit albefacere aliquam partem proportionalem in B, et quaelibet pars proportionalis in B immediate post hoc remittetur; igitur immediate post hoc aliqua pars proportionalis in B intendetur et remittetur'. Et causa est quia licet quaelibet pars proportionalis in B immediate post hoc

---

27 tempus] istud *add.* **ABGLJMNO** idem *add.* **E** // decimam] istam **ACDF** quartam **BHIKQ** 28 decima] quarta **BDHIKQ** aliqua **F** 29 supraponetur] supponere **A** supponatur **C** supponitur **G** supponetur **HIJM** 30 decimae] quartae **DHIKQ** *om.* **GP** // Quia] Quod **DH** // supraponetur] supponere **A** supponetur **CGHIJMNP** // illi] parti *add.* **CDF** 31 supraponi] supponere **A** supponi **CFHJMP** suppositionem **G** contraponi **I** // vel *om.* **CH** // sed] modo *add.* **HPQ** // A *om.* **CJ** 32 distat] deficit **HPQ** // decima] quarta **BIKPQ** ista **F** *om.* **H** // B] vel per aliquod tempus *add.* **F** et per aliquod tempus *add.* **H** // decima] quarta **BIKPQ** *om.* **CFGHO** 33 tempus] per quod A movetur versus decimam partem *add.* **D** 34 supraponetur] supponere **A** supponetur **CJMPQ** superponitur **H** // decimae] quartae **BIKPQ** illi **F** *om.* **H** 34–35 proportionali *om.* **CF** 35 fuit probandum] erat assumptum **I** erat assumptum. Et ulterius sequitur quod per totum illud tempus immediatum huic instanti C remittet quartam partem proportionalem in B; igitur immediate post hoc quarta pars proportionalis in B remittetur per C, quod erat probandum *add.* **HPQ** 38–39 proportionalis *om.* **BFGK** 39 quod est impossibile *om.* **BFK** 40 arguitur sic *om.* **AHJ** // in* 41 proportionalis *om.* **JL** 42 contra] prius *add.* **HIPQ** // positum et *om.* **GHIJLMOPQ** // et probatum *om.* **CEFN** // probatum] Patet conclusio *add.* **A** Patet consequens *add.* **B** Patet consequentia *add.* **CK** Et consequentia prima probatur *add.* **D** // quia] quod **AH** 43 proportionalis in B *om.* **FH** // albefieri] igitur incipit nunc aliqua pars non remitti *add.* **ABK** igitur incipit nunc aliqua pars remitti *add.* **C** igitur incipit nunc aliqua pars B non remitti *add.* **D** 45 argumentum] primum *add.* **HIPQ** 47 remittetur] intendetur **FL** 48 proportionalis *om.* **FHIK** // causa] in hoc *add.* **IP** 49 licet *om.* **FL**

remittetur, per nullum tamen tempus immediatum huic instanti quaelibet 50
pars proportionalis in B remittetur. Et ideo nullum erit tempus minimum
per quod C applicabitur alicui parti proportionali in B et per quod C aget in
aliquam partem proportionalem in B. Et ideo bene stant simul quod
quaelibet pars proportionalis in B immediate post hoc remittetur, et tamen
non immediate post hoc remittetur quaelibet pars proportionalis in B; quia 55
in nullo instanti post hoc approximabitur C cuilibet parti proportionali in
B. Unde si sic argueretur, consequentia foret bona: 'A incipit albefacere
aliquam partem proportionalem in B, et per aliquod tempus immediatum
huic instanti quaelibet pars proportionalis in B remittetur; igitur immediate
post hoc aliqua pars proportionalis in B albefiet et remittetur'. Sed tunc 60
foret minor falsa, ut dictum est, quia quaelibet pars proportionalis in B
immediate post hoc remittetur, et tamen haec est falsa: 'Immediate post
hoc remittetur quaelibet pars proportionalis in B'.

(h) Ad secundam formam dicitur consimiliter quod haec consequentia
non valet: 'Quaelibet pars proportionalis in B immediate post hoc remitte- 65
tur; igitur non immediate post hoc aliqua pars proportionalis in B albefiet'.
Sed bene sequitur quod nulla pars proportionalis in B immediate post hoc
albefiet.

(i) Sed ex his dictis sequitur unum aliud sophisma.

---

51 tempus] immediatum *add.* J *add. marg.* M // minimum] immediatum D immediatum huic
instanti **HIPQ** medium **O**   52 applicabitur] applicatur **FGHJ** applicetur **L** // alicui] cuilibet
DHPQ // per *om.* **HQ** // aget] agat **CD** agit **H**   53 aliquam] quamlibet **DHPQ** // bene] haec
CD ista **F**   54 tamen] quod *add.* **HPQ** *add. marg.* **I**   56 approximabitur] applicabitur **A**
approximatur **CI** applicatur **N**   57 Unde] Sed **HIPQ**   60 albefiet] intendetur **G** // tunc]
tamen **FG**   64 secundam] aliam **BK** 65–66 Quaelibet . . . albefiet *om.* **HIPQ**   66 non
om. **ABD** // in . . . albefiet] intendetur **CD** // albefiet] intendetur **G**   68 albefiet] intendetur
CDG intendetur *sub* albefiet **M**   69 ex *om.* **ABEFJLN** // sophisma] tale *add.* **AK** quod est
hoc *add.* **EGNOPQ** quod est tale *add.* **L** quod est verum *add.* **M**

* With this word '*in*' L resumes the text after omitting everything from line 5 in the Praefatio
to this point. (See the note following the apparatus for the Praefatio.) The transition from the
middle of the Praefatio to the middle of S21 occurs in the middle of a line in L with no sign of a
break of any kind.

Sophisma 22

(a) A INCIPIT ALBEFACERE ALIQUAM PARTEM IN B, ET NULLA PARS IN B ERIT ALBIOR QUAM NUNC EST ALBA.

(b) Et hoc sophisma probatur posito casu praecedenti cum uno alio – videlicet, quod A continue post hoc insequatur C, sed quod C continue
5 magis remittat praecedendo A quam A albefaciat insequendo.

(c) Tunc probatur sophisma sic. Nulla pars proportionalis in B erit tantum albefacta per A sicut post hoc erit remissa per C, ex casu; igitur quaelibet pars proportionalis in B continue post hoc erit minus alba quam nunc est. Et A incipit albefacere aliquam partem proportionalem in B, per
10 argumentum factum in proximo sophismate; igitur, etc. Et, per idem argumentum, si nulla pars proportionalis in B erit magis alba quam nunc est, etc., sed quaelibet pars continue erit minus alba, igitur eadem ratione quaelibet pars in B erit minus alba quam nunc est, et nulla pars in B erit albior quam nunc est, et patet veritas sophismatis.

15 (d) Ad oppositum sophismatis arguitur sic. Albefacere aliquam partem proprie est intendere albedinem in ista parte vel remittere nigredinem in eadem parte. Igitur, si A incipit albefacere aliquam partem in B, sequitur quod incipit intendere albedinem in ista parte vel remittere nigredinem. Sed si A incipiat intendere aliquam albedinem in aliquo corpore, incipit
20 causare intensiorem albedinem in illo corpore quam nunc est. Sed A incipit intendere aliquam albedinem in B corpore; igitur A incipit causare albedinem intensiorem in aliqua parte quam nunc est – quod est oppositum secundae partis sophismatis.

1 INCIPIT] INCIPIET **J** // PARTEM] PROPORTIONALEM *add.* **CD** PROPOR-TIONALEM **C** *add. marg.* **M** // IN *om.* **H** *scrips. et del.* **Q**   2 NULLA] ILLA **H** // IN *om.* **H** // ERIT] EST **A** // EST] ERIT **I** // ALBA *om.* **GJ**   3 uno alio] hoc supposito **C** hoc **FJ**   4 post hoc *om.* **JL** *marg.* **F** // C^1 *om.* **FL**   5 remittat] remittatur **FKL** // quam] quod **FQ** // albefaciat] albefiat **ACHJMQ** albefiet **BEK** albefaciet **GINOP**   6 erit] est **ABKM** erit *marg.* **M**   7 post] prius quando **F** prius **LP** per **O** // post hoc] prius **EG**   9 B] per casum et *add. marg.* **M**   10 argumentum] casum ut arguitur **J** prius *add.* **CD** // factum *om.* **AJ** // proximo] priori **CD** alio **H** praecedenti **O** 10–14 Et . . . sophismatis *om.* **HPQ** 10–12 Et . . . ratione] Tunc ultra **CD**   11 argumentum] sequitur quod *add.* **ABJK** // si *om.* **J** // si nulla] aliqua **ABK** // nulla] ista **N** // in B] non *add.* **K** *om.* **AJO** // etc. *om.* **AO**   13 pars^1] proportionalis *add.* **ABCDK** 13–14 et . . . est *om.* **AGK**   13 et] igitur **CD**   15 aliquam partem] in aliqua parte **CD** // partem] proportionalem *add.* **HP**   16 ista] tota illa **ABK** eadem **CD** // vel] et **CDJ** 16–17 in . . . parte *om.* **CD**   18 vel] et **CDHJ** // nigredinem] in illa parte *add.* **G** in eadem parte *add.* **I**   19 A] aliquid **DG** // aliquam *om.* **CDEHJ** // albedinem] partem albedinis **G** partem **HO**   20 est] Sed A incipit intendere albedinem in B; igitur incipit causare intensiorem albedinem in illo corpore quam nunc est *add.* **AJ**   21 aliquam *om.* **ABCDHJL**

(e) Ad sophisma conceditur, quia quamlibet partem proportionalem quam intendet A, prius remittet C. Sed, sicut in proximo sophismate 25 dictum est, ista stant simul: A incipit intendere vel albefacere aliquam partem proportionalem in B, et tamen quaelibet pars proportionalis in B immediate post hoc remittetur in albedine. Et ita, eadem ratione, ista stant simul: A incipit intendere vel albefacere aliquam partem in B, et nulla pars in B immediate post hoc erit intensior quam nunc est. Et per consequens 30 sophisma est possibile et, in casu, verum.

(f) Ad argumentum in oppositum negatur consequentia ista: 'A incipit intendere aliquam albedinem in B; igitur aliqua albedo in B erit intensior quam nunc est'. Quia cum hoc quod A incipit intendere albedinem in B, aliud agens – scilicet, C – quamlibet partem in B incipit remittere; et ideo 35 non valet consequentia. Et per hoc patet ad argumenta prius arguta. Nam licet intendere albedinem sit facere istam albedinem intensiorem quam prius, tamen incipere intendere albedinem non est facere albedinem intensiorem quam nunc est. Unde concedendum est quod A incipit intendere aliquam albedinem, nullam tamen albedinem incipit A intend- 40 ere; et hoc in isto casu, nisi dicatur albedinem intendi quando aliqua pars eius intenditur. Sic loquendo, concedendum est quod tota albedo in B incipit intendi per A, et etiam quod eadem albedo sine medio post hoc remittetur per C. Nec est inconveniens aliquam qualitatem secundum diversas partes intendi et remitti. 45

(g) Sed forte potest argui quod aliqua duo agentia incipiunt intendere duas albedines aequales in gradu, et aequaliter incipiunt intendere illas, et tamen una albedo fiet intensior quam nunc est per suum agens et reliqua albedo numquam erit intensior quam nunc est. Et istud est possibile. Ut,

24 conceditur] dicitur concedendo ipsum **BCDK** dicendum quod est verum **HIP** conceden- dum est quod verum est **Q** // quia] quod **ABEFJKLMNO** 25 intendet] intendit **ABFHIPQ** // prius] plus **CD** 26 ista . . . simul *om.* **CK** 27 tamen] quod *add.* **IP** 28 ita *om.* **CDL** 29 vel albefacere *om.* **A** *marg.* **J** // partem] proportionalem *add.* **CDFL** // et] tamen *add.* **ACDJ** // pars] proportionalis *add.* **AHJ** 31 et . . . verum *om.* **LN** 32 ista] prima **D** *om.* **JL** 32–33 incipit intendere] intendit **IP** 33 albedinem] partem proportionalem **C** *corr. ex* partem **D** 38–39 prius . . . quam *om.* **FHPQ** 39 Unde *om.* **HIPQ** // est] tamen *add.* **HIPQ** 41 nisi] non **KN** 42 intenditur] est in intendi **ABJ** intendetur **C** est intendi **EMO** est intensa **FN** est intendendo **H** erit in intendendo **IP** intuendi **L** est in intendendo **Q** // est] categorematice *add.* **J** // albedo] categorematice *add.* **ABEFGIKMNO** categorematice accipiendo tam[?] *add.* **C** categorematice loquendo *add.* **L** 43 hoc *om.* **CDEFINOPQ** *sup. lin.* **M** 44 qualitatem] quantitatem **CHIJMNPQ** partem **E** 46 Sed] Et **ABEFGHIJ- KLNP** Vel **Q** // forte] aliter *add.* **KLQ** // potest argui] arguitur sic **CD** arguitur post **F** // argui] dici **KL** posito casu priori *add.* **H** posito casu possibili *add.* **IPQ** sic *add.* **M** 49 numquam] non **CN** // erit . . . est[1] *om.* **CH** // erit] fiet **EN** // possibile] impossibile **AK** // Ut *om.* **CFGHIPQ**

50 verbi gratia, in casu posito A incipit intendere albedinem in B, et nulla
albedo in B erit intensior quam nunc est; et hoc est propter hoc quod
aliquod contrarium – scilicet, C – sine medio aget in B. Tunc si aliquod
aliud agens ageret, intendendo albedinem aequalem in gradu cum albedine
in B, et nullum contrarium ei simul ageret cum eo, tunc esset conclusio
55 prima impossibilis.

(h) Et in hac materia oritur hoc sophisma.

Sophisma 23

(a) A GENERABIT ALBEDINEM USQUE AD C PUNCTUM, ET
NULLA ALBEDO ERIT IMMEDIATA C PUNCTO.

(b) Supposito isto casu, quod B sit unum corpus nigrum, et quod A
moveatur super ipsum B per partem ante partem, continue generando
5   albedinem in B sicut movetur; et moveatur A super B, gratia exempli, per
unam horam uniformiter. Tunc pono quod cum A albefecerit primam
medietatem in B, quod D sit unum nigrefaciens et incipiat moveri super B,
continue nigrefaciendo, in duplo velocius quam A movetur albefaciendo.
Et sit C punctus terminans B.

10 (c) Tunc probatur sophisma sic. A pertransibit totum B usque ad C,
continue albefaciendo sicut movetur, per casum, et B est nigrum; igitur A
generabit albedinem usque ad C. Et nulla albedo erit immediata C puncto.
Probo; quia sit E ista hora in qua A movebitur super B; tunc numquam
ante finem E horae erit aliqua albedo generata usque ad C, quia continue
15 ante finem E horae A distabit a C. Nec in fine E horae erit aliqua albedo
immediata C puncto, quia in fine E horae totum B erit nigrefactum per D.

50 posito] primo **EJ** // et] tamen *add.* **HIPQ**   51 quod] quia **CG**   52 scilicet C] sic
BJKLN si C **HQ** // Tunc *om.* **HQ**   53 aliud *om.* **EH** // intendendo] aliquam *add.* **IPQ** // in
. . . albedine *om.* **H** *marg.* **P**   54 simul *om.* **CHI** // conclusio] consequentia **IM** *om.*
HP   55 prima] proposita **HPQ** // impossibilis] possibilis **ABCEGHKPQ** possibilis *corr. ex*
impossibilis **J**   56 Et . . . hoc] Sequitur aliud **CD** // in] ex **HIJ**

1–2 USQUE . . . NULLA *om.* **P**   1 PUNCTUM *om.* **A** // ET] TAMEN *add.*
A   5 movetur] movebitur **AJ**   6 pono quod *om.* **CG** // cum *om.* **HPQ** // albefecerit]
albefacit **A** albefaciat **BK** albefecit **C** albefaceret **DQ** albefieret **F** albedine fecerit **G** albefiat **J** //
primam] aliquam **HIPQ**   7 medietatem] partem **DEGHIPQ**   9 Et . . . B *om.*
ABEFGHIJKLMNOPQ   11 movetur] movebitur **AFJLMNO** videtur **PQ** // et . . . nigrum
om. **HPQ**   12 Et] quod *add.* **CIPQ**   13 quia] quod **DJN** *om.* **CF** // movebitur] movetur
CDEFGN

Igitur in fine E horae nulla albedo in B erit immediata C puncto. Et quod in
fine E horae totum B erit nigrefactum per D patet, quia in medietate
secunda E horae incipiet D moveri super B, et per totam illam medietatem
D movebitur in duplo velocius quam A; igitur in secunda medietate E   20
horae D pertransibit totum B. Et sicut D pertransibit B, sic continue
nigrefaciet ipsum. Igitur in secunda medietate E horae erit totum B
nigrefactum. Igitur in fine illius horae nulla albedo erit in B quae erit
immediata C puncto.

(d) Ad oppositum sophismatis arguitur sic. A generabit albedinem   25
usque ad C punctum; igitur aliqua albedo erit generata usque ad C
punctum; igitur aliqua albedo erit immediata C puncto. Et hoc est
oppositum secundae partis sophismatis.

(e) Ad sophisma dicitur quod iste terminus 'usque' vel iste terminus 'ad'
potest teneri inclusive vel exclusive, et hoc quando aliquis istorum   30
terminorum ponitur a parte subiecti alicuius propositionis. Sed a parte
praedicati solum tenetur inclusive. Et ideo in proposito negandum est
sophisma pro prima parte. Si tamen sumatur haec copulativa 'Usque ad C
punctum A generabit albedinem, et nulla erit albedo immediata C puncto',
tunc distinguenda est prima pars, eo quod iste terminus 'usque' potest   35
teneri inclusive. Et sic est prima pars falsa, quia per istam denotatur quod
aliquam albedinem quae erit immediata C puncto A generabit, et hoc est
falsum. Si exclusive, tunc prima pars est vera – 'Usque ad C punctum', etc.
– quia per istam denotatur quod ad quemlibet punctum citra C A generabit
albedinem, et hoc est verum sive iste terminus 'generabit' exponatur active   40
sive passive, ut dictum est in praecedentibus, quam distinctionem suppono
in praesenti.

(f) Per hoc respondendum est ad primum argumentum, quod probavit
primam partem sophismatis. Unde non sequitur 'A pertransibit totum B
usque ad C punctum, et sicut A pertransibit B, sic generabit albedinem;   45
igitur A generabit albedinem usque ad C punctum', quia antecedens est
verum et consequens falsum. Sed ex praedictis praemissis bene sequitur

19 secunda] prima **KL** *om.* **BC** // incipiet] incipit **ACFJ** // illam] secundam
ABJK   20 movebitur] movetur **EMN**   21 sicut . . . B *om.* **AJP** // pertransibit] totum
add. **FHK**   23 erit[1]] est **CK** // erit[2]] est **CDGQ** est *corr. ex* erit **M**   26 generata *om.*
ABEFGKNO // usque *om.* **EGNO**   30 teneri] dupliciter vel **H** dupliciter scilicet
IPQ   32 ideo *om.* **BK**   33 tamen] tunc *add.* **BK**   34 erit] est **GO** sit **K**   38 Si] Sed
AH   39 quod] usque *add.* **ABK**   41 praecedentibus] sophismatibus *add.* **AB** // distinc-
tionem] hic *add.* **IPQ**   42 in praesenti] in praecedenti **FL** *om.* **AHIPQ**   43 probavit]
probat **ACEFGHJLNQ** probat *corr. ex* probavit **M**   44 pertransibit] pertransivit
DKQ   45 pertransibit] pertransit **K**   47 praemissis *om.* **CD**

quod usque ad C, exclusive, A generabit albedinem in B; et hoc est verum.

(g) Argumentum in oppositum probat sophisma esse falsum – et ita est,
50 pro prima parte. Secunda tamen pars est vera, ut probavit argumentum.

(h) Sed per argumentum consimile illi, ut apparet, per quod probatur
secunda pars sophismatis sequitur haec conclusio, quod –

Sophisma 24

(a) D INCIPIET SIMUL ESSE DIVISUM ET NON DIVISUM – quae
propositio est aliud sophisma.

(b) Et supponatur iste casus, quod A sit unum dividens cuius acuties sit
superficies et non linea, et dividat A B, corpus pedalis quantitatis, gratia
5 exempli, in una hora uniformiter. Tunc cum A diviserit medietatem B,
pono quod C sit unum continuans incipiens continuare ubi A incepit
dividere. Et suppono quod C in duplo velocius continuet quam A dividet in
secunda medietate horae datae. Tunc sit D superficies terminans B in isto
extremo versus quod A dividet et C continuabit.

10 (c) Tunc A dividet totum B usque ad D; igitur B erit divisum ab A. Et
non ante finem horae datae erit divisum ab A; igitur in instanti terminante
horam datam incipiet B esse divisum. Et in eodem instanti D erit continua
superficies. Probo; quia in illo instanti terminante horam positam totum B
erit continuum per C continuans, sed impossibile est quod alicuius corporis
15 totum sit continuum et tamen una superficies divisa; igitur in illo instanti

48 usque *om.* **BCDEFGIJKLNO** *marg.* **M**   49 Argumentum] Ad argumentum
CHJLPQ Ad *add. sup. lin.* **M** autem *add.* **IP** oppositum] quod ipsum *add.* **C** quod *add.* **HL** //
esse] fore **AEMNOQ**   50 parte] sophismatis *add.* **ABK** // probavit] probat **CDGHMN** //
probavit argumentum] patet per argumentum probationis **L** argumenta probant
O   51 Sed] contra quod *add.* **H** contra quia *add.* **IQ** contra *add.* **P** // ut apparet *om.*
AJ   52 sequitur] probatur **HIQ** probabitur **P** // conclusio] sive propositio *add.* **IPQ** // quod]
scilicet, sophisma **G** quae est ad sophisma **HIPQ** quae est aliud sophisma **J** *om.* **FL**

1 D] B **FJK** *marg.* **I** A **GHLPQ** // INCIPIET] INCIPIT **ACH** // SIMUL *om.* **HIPQ** // ET]
VEL E 1–2 quae . . . sophisma *om.* **CGHIJPQ** // quae propositio] quod **ADF**   5 diviserit]
divisit **CDHIKLOQ**   6 incepit] incipit **CDL**   7 suppono *om.* **FHJQ** // quod *om.* **HQ** //
continuet] continuat **HQ** // dividet] dividat **AHKOQ**   9 continuabit] continuet
C   10 dividet] dividit **DGHQ** // totum *om.* **BK**   11 erit . . . A *om.* **JO** // ab A *om.*
AFN   12 incipiet . . . esse] erit **A** // B *om.* **DHQ** // erit continua] continuabit
HQ   14 alicuius corporis] aliquod corpus **HIPQ**   15 una] eius *add.* **A** ipsius *add.* **HIPQ**

dato D erit continua et non divisa. Igitur in illo instanti D erit divisa et non divisa. Et numquam ante illud instans erit D simul divisa et non divisa; igitur in illo instanti D incipiet simul esse divisum et non divisum. Et per consequens sophisma est verum.

(d) Ad oppositum arguitur sic. D incipiet simul esse divisum et non 20 divisum; igitur D simul erit divisum et non divisum – quod est impossibile.

(e) Ad sophisma dicitur quod est falsum.

(f) Et ad casum, quando ponitur quod si A dividat B uniformiter in una hora, tunc A dividens in fine horae intercipietur inter latera partium B, et ita – cum hoc impossibile est – quod C per secundam medietatem horae 25 datae continuet easdem partes quas dividet A in duplo velocius quam A dividet; quia tunc aliquae partes divisae per A vel dividendae per A forent continuae, A intercepto inter illas partes – quod est impossibile.

(g) Sed illud non vitat argumentum; quia ponatur quod divisio fiat ab intrinseco in ipso B uniformiter, et sit C continuans per modum prius 30 positum, et sequitur argumentum.

(h) Ad quod dicitur quod si fiat divisio ab intrinseco et C insequatur per modum positum, continuando in duplo velocius, dicendum quod usque ad D exclusive fiet divisio ab intrinseco, et non inclusive. Si tamen non insequatur aliquod continuans nec aliquod ei consimile, possibile esset 35 totum residuum de casu esse verum. Per hoc patet quod D non erit divisum; sed quaelibet superficies ex transverso corporis in B dividetur praeter D, et D non dividetur.

(i) Et iuxta casum huius sophismatis sequitur hoc sophisma.

16 continua . . . erit *om.* **AJ** // continua] continuum **GM** // non *om.* **DF** // divisa] divisum **GM** 16–17 Igitur . . . divisa[1] *om.* **DIL**   16 divisa[2]] divisum **GHM**   17 divisa[1]] divisum **GHM** simul *add.* **F** 17–18 Et . . . divisum[3] *om.* **HJ**   17 Et . . . divisa[2] *om.* **ADFKPQ** // divisa[2]] divisum **GM** // divisa[3]] divisum **GM**   18 D] B **IPQ** *om.* **A** // incipiet] incipit **EPQ** // divisum[1]] divisa **AF** // divisum[2]] divisa **AF** simul *add.* **D** 18–19 Et . . . consequens] quod **DQ**   19 verum] falsum **D**   20 sic *om.* **BF** // D] B **IPQ** B *corr. ex* D **H** // incipiet] incipit **HKPQ** // simul *om.* **BKQ** // divisum] divisa **F**   21 divisum[1]] divisa **F** // igitur . . . divisum[3] *om.* **FN** // D] B **HQ** B *corr. ex* D **I** // divisum[2]] divisa **FHIPQ** // divisum[3]] divisa **FHIPQ** // est] falsum et *add.* **N** // impossibile] falsum **CD**   23 si *om.* **HL**   24 intercipietur] intercipitur **BK**   25 cum] tamen **BC** // secundam] tertiam **K** primam **P**   26 dividet] dividit **AGIO** dividit *corr. ex* dividet **M**   27 aliquae . . . divisae] aliqua pars divisa **BK** // dividendae] dividendi **B** dividi **K** // forent] foret **BIKP**   28 continuae] continue continuum **BK** // illas] eius **BK** tres **G**   30 C *om.* **AGJL**   31 sequitur] sequetur **EO** stabit **HIPQ**   32 insequatur] sequatur **ACDN**   33 modum] prius *add.* **AGJLMQ** // dicendum *om.* **CGP**   34 fiet] fiat **CDFLQ**   35 insequatur] sequitur **CDF** sequatur **N** // possibile esset] posset **CD** // esset] erit **ILPQ**   36 D *om.* **CL**   37 divisum] divisa **HIP** // dividetur] dividet **BK**   38 praeter] partes **BK** per **CDF** // D[1]] B C A **DL** // D[2] *om.* **HL**

Sophisma 25

(a) A INCIPIET ESSE DIVISUM A B.

(b) Supposito isto casu, quod A et B sint duae medietates alicuius continui, et quod C sit unum dividens ita longum sicut A vel B, cuius acuties sit superficies et non linea, et incipiat C dividere A a B per partem
5 ante partem quousque A sit divisum a B.

(c) Tunc probatur sophisma sic. A erit divisum a B, et A non est divisum a B; igitur A incipiet esse divisum a B. Totum antecedens patet ex casu.

(d) Ad oppositum arguitur sic. Si A incipiet esse divisum a B, vel igitur sit quod aliquod erit primum instans in quo A erit divisum a B vel ultimum
10 instans in quo A non erit divisum a B. Si primo modo, sit igitur, gratia exempli, quod nunc sit primum instans in quo A est divisum a B. Tunc sic: A est divisum a B; igitur, per casum, nunc primo intercipitur C totaliter inter A et B. Igitur, cum acuties ipsius C sit superficies, A et B distant. Et sequitur 'A et B distant; igitur per aliquam distantiam distant'. Igitur per
15 medietatem illius distantiae A et B prius distabant. Et quandocumque A et B distabant, A fuit divisum a B; igitur ante hoc fuit A divisum a B. Igitur A non incipiet esse divisum a B – quod est oppositum sophismatis.

(e) Ad sophisma, conceditur.

(f) Et ad argumentum in oppositum conceditur totum usque ibi, quod A
20 et B distant; et hoc similiter est verum. Et ulterius concedendum est quod per aliquam distantiam distant. Sed ulterius neganda est consequentia:

1 A *om.* H // INCIPIET] INCIPIT **CHIPQ** // ESSE DIVISUM] DIVIDI F // A B *om.*
H   3 continui] corporis **HIPQ** // dividens] continuum **AJ** *om.* **C** // vel] et **FHKL** *om.*
C   4 incipiat] incipiet **DIM** // a *om.* **ABCHJKQ**   6 est] erit **AI** *sed corr.* **M**   7 a B *om.*
HQ   8 Si *om.* **ACH** *sup. lin.* **J** // A] incipit vel *add.* **HIPQ** // a B *om.* **HQ**   9 sit] sic **IJMP**
// erit[1]] sit **BDKL** // a B *om.* **HL**   10 erit . . . B[2] *om.* **AGHJ** // igitur *om.*
AGIJNO   11 est] erit **DILNO** *sed corr.* **M** 11–12 Tunc . . . B *om.* **EL**   12 a B *om.* **AJ** //
intercipitur] intercipietur **HIJQ**   13 superficies] igitur *add.* **BK** // A[2] . . . distant *om.* **GM**
13–14 Et . . . distant[1] *om.* **ACE**   14 A . . . distant[1] *om.* **J**   16 igitur . . . B[3] *om.* **CPQ** //
ante . . . A[2]] A nunc non habet esse H // Igitur] Et C ante hoc *add.* **GIJ** // A[3]] nunc *add.*
CPQ   17 non] nec P *om.* **GIJ** // incipiet] incipit **ACEFHLN?OPQ** incepit **GI** fuit *corr. ex*
incipit M // B] et per consequens non incipiet esse divisum in hoc instanti ab B *add.* G et per
consequens non incepit in hoc instanti esse divisum a B *add. marg.* **M**   18 conceditur]
dicitur concedendo ipsum **G** dicitur concedendo ipsum *corr. ex* conceditur M   19 argu-
mentum] in oppositum conceditur totum *scrips. et del.* D Si detur ultimum instans idem[1]
(*recte*, in quo) non, contra: sit nunc illud instans, gratia exempli. Item arguo sic. A nunc
ultimo non est divisum a B; igitur immediate post hoc A erit divisum a B, et non nisi per
tantam distantiam quanta est distantia dividentis. Igitur post[1] (*recte*, prius) quam immediate
post B?[1] (*recte*, hoc) A erit divisum a B. Et per consequens non est ultimum. Igitur A non erit
divisum a B, quod est contra positum quando? (*scrips. et del.*) in oppositum conceditur totum
add. **D** // totum *om.* **HK** // quod *om.* **AJ**   20 similiter] simpliciter? **MN** // verum] et hoc
similiter conceditur *add.* **A** // ulterius concedendum est *om.* **CD**   21 distant *om.* **AJ**

'igitur prius per medietatem illius distantiae distabant A et B'. Et causa est quia A et B non distant per motus locales a seinvicem, sed solum per divisionem.

(g) Aliter tamen dicunt quidam quod A et B distant per aliquam 25 distantiam, sed per nullam distantiam distant A et B – credentes istum terminum 'distare' confundere terminum sequentem.

(h) Sed ista responsio nulla est; quia si A et B distant et nulla distantia foret inter A et B, sequeretur quod duo distata per unam pedalem quantitatem in infinitum magis distarent quam A et B; quia talia duo in 30 duplo plus distarent quam A et B, et in triplo plus distarent, et sic in infinitum.

(i) Aliter arguitur contra illud sic. Per casum, in fine horae praedictae A et B distabunt per tantam distantiam quanta est latitudo acutiei C dividentis. 35

(j) Aliter tamen forte quidam dicerent quod illud compositum cuius A et B sunt medietates non potest dividi nisi multae partes corrumpantur in illo composito. Et ita istae duae non distabunt, quia in fine horae non erunt.

(k) Ista responsio nulla est; quia una aqua potest dividere aliam aquam, et tamen nihil complete corrumpet de ista aqua; quia nihil corrumpit sibi 40 simile.

(l) Item, cultellus dividens aerem, si corrumperet multas partes aeris, vel igitur in aerem vel in cultellum. Si in aerem, aliquid corrumperetur in sibi simile. Si in cultellum, igitur cultellus per multas tales posset augeri ad quantitatem duplam illi quam habet – quod est impossibile. 45

(m) Huic sophismati simile est hoc sophisma.

---

23 motus locales] motum localem **AE** modum localem **L** 25 Aliter] Alii **BK** // tamen *om.* **BHK** // quidam] aliqui **H** concedendo *add.* **CD** *om.* **BK** 27 distare] distant **CDLM** A et B **H** 28 nulla est] non est bona **C** non valet **F** 28–29 A . . . B] per nullam distantiam distarent **H** 28 distant] distarent **IPQ** 29 duo distata] duae distantiae **CD** // distata *correximus ex* distantia **ABEGHIJKMNOPQ** distant **F** instantia⁷ **L** solum *add.* **K** 30 quantitatem] solum *add.* **B** // quia] et **FHO** // duo *om.* **IPQ** 31 quam *om.* **CH** // triplo] et in quadruplo *add.* **BK** // plus distarent *om.* **BGKL** 33 Aliter . . . illud] Item contra illud arguitur aliter **P** // Aliter] Similiter **BK** Item **HQ** Sed **J** // Per casum] Quia **H** 34 distabunt] distabant **FGIKNO** distant **H** // tantam] totam **AF** // latitudo acutiei] acuties superficiei **A** // C] et **N** *om.* **AD** 35 dividentis] igitur per aliquam **C** igitur per aliquam distantiam, etc. **D** et ista est superficies *add.* **B** et ista ita est superficies *add.* **K** igitur, etc. *add.* **M** 36–45 Aliter . . . impossibile *om.* **HPQ** 36 forte *om.* **BCK** 37 corrumpantur] corrumpant **BJ** 38 distabunt] distabant **FK** 39 Ista] etiam *add.* **CDMNO** enim *add.* **E** tamen *add.* **F** autem *add.* **G** quae *add.* **I** 40 complete *om.* **BDK** // corrumpet] corrumpitur **FK** // corrumpit] corrumpet **CDEJLMN** // sibi] suum **N** *om.* **ACGJ** 42 Item] Et hic **G** Tunc **M** Iste **N** // corrumperet] corrumpet **BCDEFGLM** tunc *add.* **BK** 43–44 vel . . . igitur] corrumpet. Et quaero in quid corrumpentur, quia vel in aeremmet – et tunc aliquid (aliud *add.* **K**) corrumperet in (*om.* **B**) sibi simile – vel corrumperetur in cultellum – et tunc **BK** 43 Si] Non **J** // aerem²] tunc *add.* **CD** quia tunc *add.* **J** // corrumperetur] corrumpitur **CDF** corrumpetur **EGMO** corrumperet **L** 44 tales] partes **CGL** divisiones *add.* **A** acquisitiones *add.* **I** partes *add. marg.* **M** // augeri] augmentari **EJLMO** // ad *om.* **DN** 45 illi . . . habet] etc. **BK** // quam] nunc *add.* **ADIN** non *add.* **G** modo *add.* **J**

Sophisma 26

(a) A INCIPIET ESSE PER SE ALBIUS B.

(b) Posito quod nihil sit per se album quod est album secundum suam partem et propter hoc quod sua pars est alba, sicut dicit Aristoteles in consimili, quinto *Physicorum* in principio. Tunc pono quod A sit unum
5 nigrum quod debet albefieri per C per partem ante partem. Tunc sit B secunda medietas ipsius A quae magis distans est a C agente.

(c) Tunc probatur sophisma sic. A erit albius B, et A non est albius B; igitur A incipit vel incipiet esse albius B. Sed A non incipit esse albius B; igitur A incipiet esse albius B. Et probo quod A erit albius B; quia A erit
10 unum album difforme cuius B erit medietas remissior in albedine; igitur A erit albius B. Antecedens patet per casum.

(d) Ad oppositum arguitur sic. Si A incipiet esse per se albius B, tunc hoc esset quando A et B essent primo alba. Pono, igitur, quod nunc sit primum instans in quo A et B sunt alba. Tunc arguo sic. A est albius B;
15 igitur per aliquem excessum albedinis A est albius B. Sit igitur iste excessus albedinis per quem A est albius B D. Tunc arguo sic. Per D excessum A est albius quam B, et D excessus fuit acquisitus successive et non subito; igitur per medietatem D excessus A prius fuit albius quam B. Igitur A non incipit esse albius quam B – exponendo li 'incipit' per positionem de praesenti et
20 remotionem de praeterito. Et loquamur semper de per se albo.

(e) Sed forte dicitur quod nullum erit primum instans in quo A et B erunt alba. Sed hoc est falsum, quia aliquod erit primum instans in quo

1 INCIPIET] INCIPIT **BQ** // PER SE] PARTE (*et infra in S26*) **L** // ALBIUS] ALBIOR **F**
// B *om.* **H**   2 album¹] sed omne *add.* **A** sed dicatur album *add.* **D** sed quod omne *add.* **G**
nisi maior eius pars sit alba (*add. marg.*), sed omne *add.* **J** vel albius *add.* **P** vel albius factum
add. **Q** // album²] totum **HPQ** // secundum] maiorem *add. sup. lin.* **J** // suam] unam **BK** sui
DI   3 partem] sit album *add.* **AG** solum *add.* **D** est sic album *add.* **J** id est *add.* **PQ** // sua]
maior *add. marg.* **J** // alba] ipsum album *add.* **AJ** ipsum sit album *add.* **G**   4 consimili] casu
add. **AG** distinguendo per se contra partem *add.* **BK** in *add.* **CN** // quinto] quarto **H** primo **J**
secundo **K** tertio **L** // unum] corpus *add.* **CD**   5 C] se **FK** se a C agente **O** agens *add.* **CD** //
partem²] et hoc continue remissius quam ante *add.* **HIPQ** // B *om.* **HN**   6 quae] quod
EFGNO *sed corr.* **M** *om.* **BK**   8 incipit²] incipiet **HO**   9 esse . . . B¹ *om.* **ACDGJ** //
incipiet] incipit **LOP** *sed corr.* **M** // quod] quia **AG** *sed corr.* **J**   11 casum] argumentum
AFG   12 incipiet] incipiat **BEFKMO** // per se *om.* **GQ**   13 esset] erit **D** foret **HIPQ** //
essent] erunt **ABDEGIJMOPQ** // primo *om.* **AGJ**   14 sunt] primo *add.* **EN** *add. sup. lin.* **M**
// est] erit **AGJ** *sed corr.* **M**   15 albedinis] albius **IP** *om.* **HL**   16 albedinis . . . B *om.*
AGHJK // albedinis] albius **P** *om.* **CDIM** // per . . . B *om.* **B** // est²] erit **AG**   18 Igitur] per
medietatem albedinis *add.* **K** // A²] in isto instanti **J** // incipit] incipiet **IKL**   20 loquamur]
loquitur **CFGL** loquant' **D** loquor **EHINPQ** loquendo **JM** loquatur **O** // semper de *om.* **EF** //
per se] parte **CL** // albo] alba **C** albedine **HPQ** albiori **I** albius **L**   22 quia] quod **CE** // erit]
est **DF**

haec propositio erit vera si erit continue: 'Quaelibet pars A est alba', et
tunc A primo erit album. Igitur, etc.

(f) Ad sophisma dicitur quod casu ibidem supposito sophisma est verum.   25

(g) Ad argumentum in oppositum conceditur quod A incipiet esse albius
quam B ita quod aliquod erit primum instans in quo A erit albius B. Et
tunc conceditur totum usque ibi, quod per D excessum A est albius quam
B. Sed ulterius neganda est haec consequentia: 'Per D excessum A est
albius quam B, et D excessus non fuit acquisitus subito; igitur per   30
medietatem D excessus A prius fuit albius quam B', posito quod illud
dicatur album quod est per se album. Et causa quare consequentia non
valet est quia licet D excessus non acquirebatur subito, D tamen excessus
acquiritur esse excessus subito respectu B albi. Si tamen intelligatur aliquid
esse album in quo plus est de albedine quam de nigredine – ut mos est   35
modernorum loqui – concedendum foret quod nullum erit primum instans
in quo A erit albius B.

(h) Et ad istum priorem modum loquendi supponebatur casus primi
sophismatis, sed ad secundum modum loquendi est processus Aristotelis in
principio quinti *Physicorum*.   40

(i) Huic sophismati simile est hoc sophisma in parte.

Sophisma 27

(a) SOCRATES INCIPIET POSSE PERTRANSIRE A SPATIUM.

23 erit²] A CD *om.* AGJ *scrips. et del.* M A *add. marg.* M // continue] albefiat *add.* ACDGJ
albefiet *add. marg.* M // est] erit AH   24 erit] est BHK // Igitur, etc. *om.* AHJ   25 quod]
retento IQ retento *add.* HP isto *add.* L in *add.* M // ibidem] eodem F eius N *om.*
CHIL   26 incipiet]   incipit AGJ   *om.*   H   27 ita]   et   HN   28 est]   erit
GHILNQ   29 est²] erit DILPQ   30 subito] ut suppono *add.* L igitur successive *add.*
O   31 A] non *add.* G // illud] solum *add.* HIPQ   32 album¹] albius EF   33 acquireba-
tur] acquiratur AGHJLM   34 Si] Sed CP // aliquid] aliquod CEJL *sed corr.* M *om.*
GHK   35 mos] mox AJ modus DF *om.* BK   36 loqui *om.* AGJN // erit] esse AGJ *om.*
HQ   37 erit] esset AGJ // B] C G *om.* AJ   38 priorem] primum DH *om.*
ABCEFGJKLMNO // supponebatur] prius iste *add.* H iste *add.* N // primi] primus I proximi L
prioris Q *om.* H   39 sed] et CP et *corr. ex* sed M // secundum] primum AGJ istum C //
loquendi] non *add.* HPQ *om.* AJ 39–40 in principio] sicut est ad primum HIP sicut est ad
primum *add.* Q *om.* MO   40 quinti] quarto AI quinto BDKMOP secundo H   41 Huic
. . . parte] Sequitur aliud sophisma non simile isti A Aliud sophisma D Per hanc aliud
sophisma G Hoc confirmatur sophisma sequens H Sequitur aliud sophisma J // in parte *om.*
BCN

1 INCIPIET] INCIPIT BHKQ // POSSE] ESSE E // PERTRANSIRE] TRANSIRE P

(b) Posito quod sit A unum spatium pertranseundum quod Socrates non potest pertransire, et augmentetur sua potentia quousque Socrates possit pertransire A spatium complete, et non ultra augmentetur potentia
5 Socratis.

(c) Tunc probatur sophisma sic. Socrates non potest pertransire A spatium, nec Socrates incipit adhuc posse pertransire A spatium – ut suppono – et Socrates poterit pertransire A spatium; igitur Socrates incipiet posse pertransire A spatium.

10 (d) Ad oppositum arguitur sic. Si Socrates incipiet, etc., vel igitur sic quod aliquod erit primum instans in quo Socrates habebit potentiam ad pertranseundum A spatium, vel sic quod aliquod erit ultimum instans in quo non habebit potentiam ad pertranseundum A spatium. Si primo modo, sit igitur, gratia exempli, quod nunc sit illud instans et quod in hoc instanti
15 primo habeat Socrates potentiam ad pertranseundum A spatium. Tunc arguo sic. Socrates potest pertransire A spatium; igitur potentia motiva Socratis in pertranseundo A spatium est maior quam tota potentia resistiva vel impeditiva A spatii. Igitur per aliquid potentia motiva Socratis, etc., est maior quam tota potentia resistiva vel impeditiva A spatii. Sit igitur quod
20 per B excessum potentia motiva Socratis est maior, etc. Tunc arguo sic. Per B excessum potentia motiva Socratis est maior quam resistentia vel impedimentum A spatii, et B potentia vel excessus non fuit subito acquisitus Socrati; igitur prius per medietatem B potentiae fuit potentia motiva Socratis maior quam resistentia vel impedimentum A spatii. Igitur
25 ante hoc habuit Socrates potentiam maiorem ad pertranseundum A spatium quam fuit impedimentum vel resistentia in A spatio ne Socrates pertransiret ipsum. Igitur ante hoc potuit Socrates pertransire A spatium.

---

3 augmentetur] augeatur **AQ**   6 probatur sophisma] arguitur **HJ**   7 incipit . . . posse] potest adhuc **B** // posse *om.* **HKO**   9 incipiet] incipit **LP** *sed corr.* **M**   10 incipiet] incipit **HK** 10–11 sic quod *om.* **DHJ**   12 sic quod aliquod *om.* **BHK** // sic quod *om.* **J**   13 quo] primo *add.* **O** // habebit . . . spatium *om.* **AG** *marg.* **J** // habebit] primo *add.* **EFLM**   14 igitur *om.* **IJLP** // illud] primum *add.* **BKL** *add. marg.* **M** // instans] in quo Socrates non habebit potentiam *add.* **IP** in quo Socrates (*aliquid del.*) habebit potentiam *add.* **Q** // et quod] in quo **AH** // et] ita **BK**   15 primo *om.* **CDH** // habeat Socrates] Socrates non habeat **H**   17 in pertranseundo] ad pertranseundum **CD** // resistiva] vel resistentia **A** passiva **Q**   18 impeditiva] impedimentum **AN** // etc. *om.* **IPQ**   19 tota *om.* **LNQ** // potentia resistiva] resistentia **EMO** // vel] et **JM** // impeditiva] impedimentum **EMO**   20 B *om.* **AN** // motiva *om.* **ABG** *sup. lin.* **J** // etc. *om.* **HKL**   21 resistentia] potentia resistiva **LNQ** 21–22 vel impedimentum *om.* **BHKQ**   22 impedimentum] impeditiva **LN** // potentia vel *om.* **ACGHIJQ** // subito *om.* **AH**   23 prius *om.* **HPQ** // potentiae] bene A excessus **BCHI** *om.* **Q**   24 motiva *om.* **CDH** // resistentia] resistiva **BHKLQ** potentia impeditiva **CD** potentia resistiva **N** // vel impedimentum *om.* **CFHQ** // impedimentum] resistentia **D** impeditiva **LN** medii seu *add.* **BK**   25 hoc] **B** AJ B instans G instans *add.* **M** // potentiam] motivam *add.* **IP** passivam *add.* **Q**   26 fuit . . . spatio] A impedimentum in A spatio fuerit **A** A impedimentum in A spatio fuit **GJ** // fuit] sit **HPQ** // impedimentum vel *om.* **BHK** // vel resistentia *om.* **DQ** // in *om.* **HQ**   27 pertransiret] pertranseat **PQ**

Igitur nunc non incipit Socrates posse pertransire A spatium – quod est falsum, quia prius positum est quod nunc sit istud instans, gratia exempli, in quo Socrates incipiet posse pertransire A spatium.   30

(e) Si dicatur propter hoc quod aliquod erit ultimum instans in quo Socrates non habebit potentiam ad pertranseundum A spatium, sit igitur, gratia exempli, nunc illud instans. Et pono quod Socrates pertranseat tantum quantum potest de A spatio; et quaero utrum totum A erit pertransitum vel aliqua pars ipsius A erit non pertransita. Si primo modo,   35 habetur propositum. Si aliqua pars erit non pertransita a Socrate et ad quamlibet partem pertranseundam requiritur aliqua potentia certa, igitur non immediate post hoc habebit Socrates potentiam ad pertranseundum totum A spatium – quod est falsum.

(f) Ad sophisma dicitur quod est falsum de virtute sermonis; quia   40 Socrates potest nunc pertransire A spatium, quia Socrates potest habere potentiam ad pertranseundum A spatium. Si tamen intelligatur iste terminus 'posse' magis stricte pro eo quod habet in actu potentiam, sic dicitur quod sophisma est verum.

(g) Et ad argumentum in oppositum conceditur totum usque ibi, quod   45 potentia motiva Socratis in pertranseundo A spatium est maior quam tota potentia impeditiva A spatii ne Socrates pertranseat ipsum; et hoc est verum. Et ulterius potest concedi quod per B excessum potentia motiva Socratis est maior, etc., quia Socrates non solum impeditur in movendo per A spatium propter resistentiam in spatio sed etiam a partibus intrinsecis in   50 Socrate.

(h) Sed ponatur propter hoc quod C sit totum impedimentum quod

28 nunc *om.* **HL**   29 istud] primum **CD** *om.* **HIPQ** // gratia exempli *om.* **ACDGHJ**   30 posse *om.* **DN** 31–33 dicatur . . . instans] secundo modo fit, etc.?, instans D **H**   31 dicatur . . . hoc] detur alia pars – scilicet **IP** detur alia pars secundum **Q** // propter hoc *om.* **F** *scrips. et del.* **M**   32 igitur *om.* **ABLNO**   33 exempli] quod *add.* **CDFIPQ** // nunc] sit *add.* **CDFIPQ** *add. marg.* **M**   34 tantum] totam **F** totum **N** *om.* **EO** // quantum] quantitatem **F** // potest] pertransire *add.* **CD** // et] tunc **F** tunc *add.* **E** // totum *om.* **CFN** // erit] sit **CDGH**   35 vel] non sed *add.* **PQ** // erit] sit **CD**   36 Si] secundo – videlicet, quod *add.* **ABK** // erit] sit **CD** est **FK**   37 requiritur] requirebatur **HPQ**   38 non *om.* **AF** // hoc] non *add.* **FH** *om.* **IPQ**   39 est falsum] erat probandum **PQ**   40 quia] quod **BJN** si *add.* **HIPQ**   41 nunc pertransire] habere potentiam ad pertranseundum **HIPQ** // quia *om.* **HIPQ** // Socrates] nunc *add.* **HIQ** non *add.* **P** 41–42 habere . . . pertranseundum] pertransire **HIPQ**   45 in oppositum *om.* **ABEFGHIJKLNOPQ** *marg.* **M**   47 potentia *om.* **HO** // impeditiva] resistiva **GHJ**   49 est maior *om.* **LO** // per] super **CD**   50 propter . . . spatio] id est, A spatio **K** *om.* **ABCEFHILNOPQ** *marg.* **M** // etiam *om.* **ABEFGJKLNO** // intrinsecis] extrinsecis **Q** extrinsecis *corr. ex* intrinsecis **H** // in] a **FK**

impediat Socratem in pertranseundo A spatium, et unum impedimentum aggregatum ex omnibus impedimentis. Et fiat argumentum quod potentia
55 motiva Socratis ad pertranseundum A spatium est maior quam C sit impedimentum respectu illius actionis. Et tunc potest dici rationabiliter quod potentia motiva Socratis est maior, etc., et tamen per nihil praecise est maior quam C sit impedimentum respectu actionis illius nisi per seipsam. Et causa est quia Socrates nunc primo potest pertransire A
60 spatium, et ideo nunc primo habet Socrates maiorem potentiam ad pertranseundum A spatium quam C sit impedimentum respectu actionis illius. Et sicut non sequitur 'Socrates nunc potest pertransire A spatium; igitur prius potuit pertransire A spatium', sic non sequitur 'Potentia Socratis ad pertranseundum A spatium est maior quam C sit impedi-
65 mentum; igitur potentia Socratis ad pertranseundum A spatium prius fuit maior quam fuit C impedimentum respectu illius actionis'. Et exponatur iste terminus 'pertransire' passive, ut iste sit sensus: 'Socrates incipiet posse pertransire A spatium' – id est, 'Socrates incipiet habere potentiam ut A spatium sit pertransitum per ipsum'.

70   (i) Et per istud patet quod haec consequentia non valet: 'Potentia Socratis est minor ad pertranseundum A spatium quam sit C impedi-mentum, et ista potentia erit maior illo impedimento; ergo potentia Socratis erit aequalis C impedimento'. Et causa est quia potentia Socratis et C impedimentum non sunt eiusdem speciei.

75   (j) Aliter tamen potest dici quod quando Socrates incipiet posse pertran-sire A spatium, tunc potentia Socratis ad pertranseundum A spatium erit aequalis C impedimento vel C resistentiae. Et quando arguitur quod potentia motiva est maior quam sua resistentia, verum est ubi resistentia manebit aequalis et una per aliquod tempus in actione. Ut si Socrates

53 impediat] impediet **EFGOP** impediet *corr. ex* impediat **I** impedit **ABCDK** // spatium] totum *add.* **IP**   54 aggregatum] congregatum **ABELMNO** // congregatis **P**   55 sit *om.* **HK**   57 etc. *om.* **HL**   58 C *om.* **ABCK** // sit *om.* **CFHM** 58–59 respectu . . . seipsam] illius ne pertranseatur **GJ**   58 respectu . . . nisi] nihil **A** // respectu *om.* **BCDEFKLNO** *marg.* **M** // actionis *om.* **BEFKMNO**   59 seipsam] seipsum **AKNQ**   60 ideo *om.* **CDF**   61 respectu *om.* **OP** // actionis *om.* **ABCEFGJKLMNO**   62 sicut] sic **DF** // nunc] non **F** primo *add.* **GJL** *add. sup. lin.* **M** // pertransire A spatium *om.* **CD**   63 sic] sicut **D** et sicut **H** // Potentia] motiva *add.* **F** *add. marg.* **M**   66 quam] prius *add.* **FILNOPQ** // fuit *om.* **CD**   67 pertransire] ad pertranseundum **D** // incipiet] incipit **ADHKL** incipit *corr. ex* incipiet **M** // posse *om.* **EFIJLMOQ**   68 id est] igitur **DHK** et **FLPQ** // Socrates] habet potentiam vel *add.* **M** // incipiet] incipit **DHK** incipiat **Q**   69 sit pertransitum] pertranseatur **CD**   70 istud] ista **FGJ** // ista *add.* **EHKQ**   71 minor] maior **ABFGHIJKLNP**   72 erit] est **EFKLPQ**   73 erit] est **ABFHKLN** // C] isto **FH** illi **IPQ** omni **K** *om.* **J**   74 eiusdem] rationis sive *add.* **IPQ**   75 tamen *om.* **HL** // potest] posset **ABDEIKNOQ** // incipiet] incipit **DF**   76 erit] est **ABEFGHKMNO** sit **D**   77 vel] et **GJ**   78 est] erit **EJO** *sed corr.* **M** debet esse **HIP** // ubi] et si **E** si **F** ut **H** sua *add.* **IP**

debeat movere lapidem, oportet quod potentia Socratis sit maior quam   80
impedimentum illius lapidis in impediendo.

(k) Aliter potest dici quod per aliquid erit potentia Socratis ad inchoan-
dum motum – et hoc in casu istius sophismatis – maior quam erit C
impedimentum ne Socrates inchoet motum, et hoc sufficit.

(l) Et iuxta hanc materiam oritur hoc sophisma.   85

Sophisma 28

(a) A SPATIUM INCIPIET ESSE PERTRANSITUM A SOCRATE.

(b) Posito quod Socrates moveatur per A spatium in uno die praecise,
pertranseundo A complete, et sit B iste dies in quo pertransietur complete
A spatium.

(c) Tunc probatur sophisma sic. A spatium erit pertransitum a Socrate,   5
et A non incipit esse pertransitum a Socrate, nec A est pertransitum a
Socrate; igitur A incipiet esse pertransitum a Socrate.

(d) Ad oppositum arguitur sic. A spatium incipiet esse pertransitum a
Socrate, et A spatium non incipiet esse pertransitum a Socrate ante C
instans nec post C instans; igitur in C instanti A spatium incipiet esse   10
pertransitum a Socrate – posito quod C sit ultimum instans B diei.
Antecedens patet – videlicet, quod A non incipiet esse pertransitum ante C
instans – quia semper ante C instans A erit impertransiri a Socrate, sed non
simul erit A impertransiri a Socrate et pertransitum a Socrate; igitur non
ante C erit A pertransitum a Socrate. Et alia pars antecedentis satis patet –   15

---

80 potentia] motiva *add.* **L** *add. marg.* **M**   81 impedimentum] resistentia **CDH** // illius
om. **DFGIJM** // in impediendo] impedimentiva **C** impediente **L** impedimento **KN** impedi-
menti **P** *om.* **GJ**   82 Aliter] tamen *add.* **C** adhuc *add.* **HIPQ** // per *om.* **HIP**   83 motum]
motus **EFHQ** *om.* **IP** // hoc *om.* **FP** // istius] isto **BEGHIJOPQ** // quam] quod **AN** est
impedimentum quod *add.* **CD** // erit] sit **ABIKNPQ** est **CD**   84 ne] ut **C** cum **EF** // inchoet]
incipiet **G** inchoat **H** incipiat **J**

1 SPATIUM *om.* **K** // INCIPIET] INCIPIT **FKL** *sed corr.* **D** // A SOCRATE *om.*
K   2 per] super **CFGHJQ** 3–4 in . . . spatium *om.* **GJ**   3 pertransietur] pertransitur
CDHIMPQ   6 incipit esse] est **CDJK** // incipit] incipiet **FIL** 6–7 nec . . . Socrate[1] *om.*
ABCDEGHJK   10 nec . . . instans[2] *om.* **CO** 11–12 a . . . pertransitum] Probatur quod non
AB // posito . . . pertransitum] Probatur quod **K**   12 Antecedens] Prima pars antecedentis
CD 12–13 videlicet . . . instans[1] *om.* **CD**   13 impertransiri] impertransitum **DF** *sed corr.* **I**
non pertransitum **H** in pertranseundo **K** pertransitum **LP**   14 impertransiri] impertran-
situm **D** pertransitum **FHL** in pertranseundo **K** // et] non inesse *add.* **J** non *add.* **L** esse *add.* **M**
// pertransitum] impertransitum **FHQ** 14–15 igitur . . . Socrate *om.* **JP**   14 non *om.*
HKL   15 erit A] A non erit **L** // satis *om.* **CDHKLM**

scilicet, quod post C A non incipiet esse pertransitum a Socrate. Et per consequens in C A incipiet esse pertransitum a Socrate. Tunc arguo sic. Ante C A erit pertransitum a Socrate, et non ante C A incipiet esse pertransitum a Socrate; igitur prius erit A pertransitum a Socrate quam

20 incipiet esse pertransitum a Socrate – quod est impossibile. Et probo quod ante C A erit pertransitum a Socrate, et arguo sic. A erit pertransitum a Socrate, et A non erit subito pertransitum a Socrate; igitur in aliquo tempore praecise erit A pertransitum a Socrate. Et non in alio quam in B; igitur in B erit A pertransitum a Socrate. Et tunc arguo sic. In B erit A

25 pertransitum a Socrate, et B tempus totaliter erit ante C instans, cum C sit terminus B; igitur ante C erit A pertransitum a Socrate. Et consimiliter arguitur quod A erit pertransitum a Socrate antequam A incipiet esse pertransitum a Socrate.

(e) Ad sophisma dicitur concedendo ipsum.

30 (f) Ad argumentum in oppositum conceditur totum usque ibi, quod prius erit A pertransitum quam incipiet esse pertransitum. Et ad eius probationem negandum est assumptum illud – videlicet, quod ante C A erit pertransitum. Et quando accipitur quod A non erit subito pertransitum a Socrate, dicendum est quod iste terminus 'subito' secundum unum modum

35 loquendi potest sumi in proposito pro primo instanti in quo A erit pertransitum. Et sic concedendum est quod A subito erit pertransitum, quia in C instanti primo erit pertransitum. Alio modo potest iste terminus 'subito' sic exponi, quod A erit subito pertransitum – id est, nullum tempus erit antequam A erit pertransitum. Et sic neganda est ista propositio 'A erit

40 subito pertransitum', quia B tempus labetur antequam A erit pertransitum. Et sic exponendo istum terminum 'subito' neganda est haec consequentia: 'A non erit subito pertransitum; igitur in aliquo tempore praecise erit A pertransitum'. Sed bene sequitur quod per aliquod tempus praecise erit A impertransiri a Socrate; et hoc est verum.

45 (g) Et consimile sophisma in hac materia est hoc.

---

16 non *om.* **EH** // A] non *add.* **H** // incipiet] incipit **FQ** 18 Ante] In **HLQ** // erit] incipiet esse **H** // non . . . C] nunc **C** ante C non **D** 19–20 igitur . . . Socrate *om.* **AJN** 21 ante C] antequam **AB** // sic] Ante C *add.* **HIPQ** 22 erit *om.* **CD** // pertransitum . . . Socrate *om.* **CD** 24 igitur . . . B[1] *om.* **CDG** 25 cum] quia **CD** tunc **K** 25–26 sit terminus] est finis **CD** 26 terminus] vel finis *add.* **M** 27 incipiet esse] erit **HPQ** 30 in oppositum *om.* **HK** 31 pertransitum[2]] Hoc negatur *add.* **ABK** 33 accipitur] arguitur **CDEFHIKLMO** // erit] est **LP** 33–34 a Socrate *om.* **CQ** 36 subito erit] erit subito **ACDLN** est subito **H** 37 primo erit] erit primo **ABK** complete *add.* **ABK** 38 id est] et **AN** 39 erit] est **GJ** 44 impertransiri] pertransitum **BCFHKL** impertransitum **D**

Sophisma 29

(a) SOCRATES MOVEBITUR SUPER ALIQUOD SPATIUM QUANDO NON HABEBIT POTENTIAM AD MOVENDUM SUPER ILLUD SPATIUM.

(b) Supposito isto casu, quod nunc habeat Socrates potentiam ad pertranseundum medietatem A spatii praecise, et quod Socrates per 5 potentiam quam nunc habet in isto medio, et cum aliis paribus, non possit moveri ultra punctum medium A spatii. Tunc pono quod cum Socrates pertransiverit primam medietatem A spatii quod potentia Socratis incipiat augmentari quousque Socrates habuerit potentiam ad pertranseundum secundam medietatem A spatii. 10

(c) Tunc probatur sophisma sic. Pertransita prima medietate A spatii a Socrate et nulla parte secundae medietatis A spatii pertransita a Socrate, Socrates movebitur super A spatium. Et tunc non habebit Socrates aliquam potentiam ad movendum super illud spatium. Igitur Socrates movebitur super aliquod spatium quando non habebit potentiam ad 15 movendum super illud spatium.

(d) Et quod Socrates movebitur cum fuerit prima medietas A spatii pertransita probo; quia continue per totum A spatium movebitur Socrates. Quod patet, quia in nullis duobus instantibus erit Socrates in eodem situ A spatii praecise, et spatium super quod movebitur Socrates continue 20 quiescet – ut suppono – et cetera sunt paria; igitur continue per totum A spatium movebitur Socrates. Item, haec consequentia est bona: 'Socrates immediate ante hoc movebatur et immediate post hoc movebitur; igitur Socrates movetur'. Et continue quousque totum A erit pertransitum erit antecedens verum; igitur continue erit consequens verum quousque A erit 25

---

1 MOVEBITUR] MOVETUR **H** // ALIQUOD] A *corr. ex* ALIQUOD **J** 2 NON *om.* **N** // AD MOVENDUM] MOVENDI **H** // MOVENDUM] MOVERE **L** 3 SPATIUM *om.* **H** 4 nunc] non **CHPQ** non *add.* **M** 6 in . . . medio *om.* **HPQ** // paribus] partibus **CFKLMN** proibet! **P** 8 pertransiverit] pertransiret **EFH⁷N** pertranseat **O** // primam] primo **ABIMNO** *om.* **HPQ** 9 augmentari] augeri **ABCEI** augere **H** // habuerit] habeat **HIPQ** 11 prima *om.* **ABDEHLOP** 13 movebitur] movetur **DF** 14 aliquam] aliam **C⁷LNO** *om.* **EFH** 15 aliquod] A **ABEGHIJLMNOPQ** 16 illud] A **ABEF-GIJLMNOPQ** A *add.* **D** aliquod **C** // spatium] quia tunc non habebit potentiam aliquam ad movendum super illud spatium *add.* **G** 18 probo] patet **CDK** // quia] quod **EL** conceditur quod *add.* **C** // totum *om.* **CDK** // movebitur] movetur **EN** 19 nullis] illis **HJ** 20 spatii] nec in uno situ A spatii *add.* **I** // movebitur] movetur **CE** 21 quiescet] quiescit **DHKLOP** 23 hoc¹] instans *add.* **HIPQ** // movebatur] movebitur **IP** // movebitur] movebatur **I** 24 movetur] movebitur **FGHJKQ** // Et *om.* **ABCEJM** // continue] sed *add.* **AB** *add.* *sup. lin.* **J** // erit¹] sit **GLN** est **M** // erit²] est **CDGHIKL** 25 continue erit] et **CK** hoc *add.* **AB** *om.* **D** // erit¹] est **HP** // consequens] antecedens **FH** 25–26 verum . . . pertransitum *om.* **CDK** 25 quousque] totum *add.* **GJN** // erit²] totum *add.* **ABH**

pertransitum. Et per consequens Socrates movebitur continue per totum A
spatium – quod fuit probandum.

(e) Ideo forte conceditur conclusio quod continue per totum A spatium
Socrates movebitur. Contra, sit tunc B instans in quo medietas A spatii
30 primo erit pertransita a Socrate, et sit nunc B instans, gratia exempli. Tunc
arguo sic. Socrates movetur super A spatium, et non habet potentiam ad
movendum super A; igitur sophisma est verum. Per eandem rationem
quod Socrates non habet potentiam ad movendum super A probo; quia
tota potentia quam habuit Socrates ad movendum corrupta est per motum
35 Socratis super primam medietatem A spatii, nec in hoc instanti est aliqua
nova potentia sibi tributa; igitur in hoc instanti non habet Socrates
potentiam ad movendum super A spatium. Nec potest dici quod Socrates
nunc movetur per potentiam quam habebit sine medio, quia nulla est talis
potentia quam habebit sine medio. Vel si aliquam habebit sine medio, cum
40 illa non sit, apparet quod illa non vivat Socratem ad movendum super A
spatium.

(f) Ad oppositum sophismatis arguitur sic. Si Socrates movebitur super
aliquod spatium quando non habebit potentiam ad movendum super illud
spatium, igitur Socrates aliquando movebitur sine aliqua potentia ad
45 motum faciendum – quod est impossibile.

(g) Item, si sophisma sit verum, tunc, sicut prius, Socrates movebitur
sine aliqua potentia; et ita movebitur infinita tarditate – quod est impossibile. Et consequentia patet, quia Socrates tunc moveretur tardius quam
aliquid quod movetur cum aliqua potentia. Sed aliquid movens cum

26 movebitur] movetur **NO**   28 Ideo] Item **HJLOQ** // forte *om.* **CDEP** // continue *om.*
CDHK   29 movebitur] Sed *add.* **CDK** // Contra] ultra **DK** *om.* **F** // tunc] nunc **CD** *om.*
EHKP // instans] primum *add.* **ABGIJN** // quo] prima *add.* **CDK**   30 primo] prius **KQ** *om.*
GHJM // B *om.* **HQ**   31 movetur] movebitur **ABEFGLQ** // habet] habebit **AFJLN** 31–32 ad
movendum] movendi **HL**   32 Per . . . rationem] Et **DK** *om.* **CI** // rationem] potest probari
add. **GHJPQ**   33 quia] quod **IMNP**   34 habuit] habet **CEFN** *sed corr.* **L** // ad moven-
dum] super   A   *add.*   **ABO**   *om.*   **CDHK**   35 Socratis] unum **CK** // est] erit
ABEFGIN   36 tributa] attributa **BJL** addita **C** tradita **DEK** // non habet] habebit
F   39 Vel] Quia **CEK** // habebit] haberet **AEGILNOPQ** habebat **H** // cum] tamen
EN   40 illa¹] ita **CDK** nunc *add.* **AB** 40–41 apparet . . . spatium] sequitur conclusio
H   40 non *om.* **EG** // vivat] vivet **EM** // Socratem] solum **E**   42 Si *om.* **FN** 42–44 Socrates
. . . spatium] esset verum **H** sophisma **IP**   42 movebitur] movetur **GJ**   44 spatium]
idem **J** *om.* **ABCDK** *scrips. et del.* **G** // movebitur] movetur **GHJ** 46–48 Item . . . impossibile
om. **AB**   46 movebitur] moveretur **EFIMOQ**   47 movebitur] moveretur **EFGIJNP**
movetur **MQ** moveret **O** *om.* **H** // infinita] sine aliqua **HPQ**   48 moveretur] movebitur **DK**
movetur **HQ** moveret **L** *om.* **C** in infinitum *add.* **CDGHIJKPQ**   49 movetur] moveretur
ABGIJNOP movebitur **D** moveret **L** moveatur **Q** *om.* **F** // Sed] Quod probo sic, quia
CDGHIJKPQ

potentia potest moveri alio movente cum potentia in duplo velocius, et 50
istud idem alio movente cum potentia in quadruplo velocius, et sic in
infinitum. Igitur istud primum movens cum potentia moveretur velocius in
infinitum quam moveretur Socrates; et ita Socrates moveretur infinita
tarditate.

(h) Ad sophisma dicitur quod iste terminus 'quando' potest denotare 55
tempus vel instans. Si instans, sic est sophisma falsum.

(i) Ad argumentum probans sophisma conceditur quod in primo instanti
in quo erit prima medietas A spatii pertransita erit haec propositio vera:
'Socrates movetur'. Et tunc bene volo quod B sit illud instans et quod nunc
primo, gratia exempli, sit prima medietas A spatii pertransita. Et concedo 60
quod Socrates movetur per aliquam potentiam; et tamen eadem potentia
non sufficeret ad movendum super A spatium nisi ulterius intendatur vel
vivetur.

(j) Sed forte arguitur, per casum, quod tota potentia nunc est corrupta.
Sed hoc non est verum, quia tunc esset Socrates corruptus, vel saltem non 65
posset augmentari sua potentia ad pertranseundum totum A spatium.
Unde ista forma nihil probat – nisi quod eadem potentia quae ex se non
sufficit ad movendum super A spatium nunc sufficit Socrati in B instanti ad
movendum super A spatium, quia sine medio fortificabitur. Et hoc
concedo.   70

(k) Sed forte arguitur sic. Ex possibili, potentia Socratis non augmentabitur; igitur Socrates non habet potentiam ad movendum super A

50 moveri] movere **CFGHIJKP** // alio . . . potentia *om.* **H** // alio movente *om.* **J** // alio]
aliquo **ABDFNQ** aliquo *corr. ex* alio **O** aliqua **CK** // movente] velocitate **C** mediante **K** motu **L**
similiter *add.* **AB** // cum] sine **EI**   51 istud *om.* **AB** // idem] cum *add.* **H** ab *add.* **O** // alio]
aliqua potentia **C** aliquo **DHK** a **L** *om.* **EN** // movente *om.* **ABHN** // cum potentia *om.* **ABJ** //
cum] tamen sine **D** sine **E**   52 moveretur] movebitur **ABGILNOPQ** movetur
EFHM   53 quam] quod **MQ** // moveretur[1]] movetur **ABEFIJMOQ** movebitur **GLN**
movitur[1] **P** *om.* **H** // moveretur[2]] movetur **EFHJKQ** moveret **L** in *add.* **CDELP**   54 tardi-
tate] quod est quiescere, quod est impossibile *add.* **AB**   56 instans[2]] tempus
DGK   57 Ad . . . probans] sicut argumenta probant. Per consequens **C** // argumentum] in
oppositum **K** // probans] probandum **EFH** // primo *om.* **CDEK**   59 et *om.* **AB** // quod] quo
AB   60 primo *om.* **ABHJ**   61 movetur] movebitur **FPQ** // tamen] tunc **D** cum
LQ   62 sufficeret] sufficit **CDK** sufficet **EFH** // intendatur] intenderetur **HIPQ** 62–63 vel
vivetur *om.* **CDK**   63 vivetur] vivaretur **HIPQ**   64 forte] contra hoc **HPQ** contra hoc
add. **GIJ** *om.* **L** // nunc] Socratis **CDK** non **F** *om.* **H** 65–66 non . . . augmentari] omnino
augmentaretur **H** augmentaretur **I** augmatur[1] **Q**   66 posset augmentari] augmentaretur **P** //
augmentari] augeri **ABCFGO** // totum *om.* **CDKM**   67 nihil] non **HIJPQ** valet sive non
add. **C** valet *add.* **K** *om.* **F** // nisi] id? **C** et **FMN** *om.* **ABEHIJKLPQ** // quod] quia **ABK** //
eadem] ista **HP** nulla **Q**   68 movendum] motum **HIJ** // A] totum **K** totum *add.* **AB** // nunc
sufficit] nunc non sufficit *sup.* nunc sufficit **O** *marg.* **C** // nunc] nec **E** non **K** 68–69 Socrati . . .
movendum *om.* **C**   68 Socrati . . . instanti *om.* **DEHLMNOQ**   69 movendum] motum
HM // medio] post B *add.* **ABK**   71 arguitur] argueretur **HIP** 71–72 augmentabitur]
augebitur **ABK** augetur **C** augmentatur **D**   72 habet] habebit **ABEIJKNO**

spatium; et, ultra, igitur Socrates non movebitur. Totum antecedens est
possibile; igitur consequens est possibile. Et per consequens aliqua propo-
75 sitio est vera in hoc instanti et possibile est quod non sit vera in hoc instanti
– sicut est de ista propositione 'Socrates movetur'. Et quod antecedens sit
possibile patet; quia incipiat potentia Socratis, gratia exempli, augmentari
ab aliquo voluntario agente, quod potest indifferenter augere potentiam
Socratis post hoc et non augere potentiam Socratis. Tunc possibile est, ut
80 apparet, quod non augmentetur potentia Socratis. Et patet argumentum.

(l) Ad illud argumentum dicendum est quod si Socrates movetur,
necessario movebitur – ita quod iste terminus 'necessario' denotet necessitatem consequentiae – et etiam quod non est possibile quod haec propositio 'Socrates movetur' sit vera in hoc instanti et quod ista sit falsa sine
85 medio post hoc instans – non plus quam de ista propositione 'Socrates est'.
Et quando tu ponis quod potentia Socratis augmentetur ab aliquo agente
voluntario quod indifferenter potest eam augere et non augere, dico quod
nullum est tale agens voluntarium quod nunc vult aliquid et sine medio non
volet illud. Et ideo si aliquid incipiat augere potentiam Socratis, necessa-
90 rium est quod augeat istam.

(m) Et si fiat illud argumentum de aliquo movente voluntario super
aliquod spatium – Tunc quando illud voluntarium est in movendo verum
erit quod continue movebitur illud voluntarie; igitur quocumque instanti in
quo movetur accepto, possibile est quod tunc non moveatur – ad illud
95 dicendum est quod si Socrates movetur, necessario post hoc movebitur per

73 movebitur] movetur **ABCDEFGJKMNO**   74 est possibile[2] *om.* **FL**   75 est[1]] erit
CF // et . . . in] quae tamen potest esse falsa pro **GHIJPQ**   76 est] patet
HIPQ   77 gratia exempli *om.* **ABCDEFK** // augmentari] augeri **ABCEGKQ**   78 vol-
untario] voluntarie **ABCDEFGJK** // agente] augente **ACHIM** // augere] augmentare **BDIJLM**
augmentari **P**   79 augere] augmentare **DIJP** augmentari **LM**   80 non *om.* **HIPQ** //
augmentetur] augetur **ABF** // Socratis] et non augmentetur **HPQ** // patet] per *add.* **FL** per
primum *add.* **H** 82–83 necessitatem consequentiae] consequentiam **ABEFKLMNO**   83 non
om. **I** // possibile] impossibile **EIL**   84 movetur] non *add.* **L** // ista] istamet **ABCDK** 84–85
sine medio] immediate *sup. lin.* **J** *om.* **EFGHILMNOPQ**   85 post] per **E** pro **FGHILMNOP**
in **Q** // instans] instanti **FGHILMNOPQ**   86 tu] tunc **ABK** *om.* **CD** // ponis] ponitur **CD** //
augmentetur] augetur **AHKO** // agente] augente **F**   87 voluntario] voluntarie **DEG** // eam
om. **CDG** // augere[1]] augmentari **D** agere **G** augmentare **HK** // et . . . augere[2] *om.* **EH** //
augere[2]] augmentare **BKQ** augmentari **DL** agere **G**   88 vult] volet **CD** velit **J** 88–89 non
volet] nolet **ABD**   89 volet] velit **J** vult **LOPQ**   90 augeat] augmentat **C** augmentet **D**
augebit **PQ**   91 illud] idem **BE** *om.* **CGO** // movente] medietate **NP** *om.* **H**   92 illud]
agens *add.* **HQ** // est] erit **GHIJPQ**   93 erit] est **CDJLMO** // continue *om.* **ABK** //
movebitur] movetur **CDE** // illud *om.* **ABCDK** // voluntarie] voluntarium **HNP** // igitur] de **D** a
F et in **H**   94 quo] istud voluntarium *add.* **GJ** // movetur] movebitur **HILNOPQ** istud
voluntarium *add.* **HIPQ**   95 movetur] non moveatur **F** movebitur **HOQ**

tempus, sed per nullum tempus necessario movebitur. Et hoc est quia illud
movens est voluntarium. Unde sicut sequitur 'Socrates vult B; igitur
necessario volet B per tempus, sed per nullum tempus necessario volet B',
ita sequitur 'Socrates movetur; igitur necessario movebitur per tempus, sed
per nullum tempus necessario movebitur'. Qualiter tamen argumentum 100
factum de voluntate valet alio loco patebit.

(n) Item, ista responsio potest patere per exemplum. Posito quod
Socrates, qui est unum movens voluntarium, moveatur vel currat motu
vehementi. Tunc experimentaliter constat quod Socrates, etsi vellet, non
posset in cursu suo multum veloci desistere a motu. Et hoc est quia 105
Socrates non potest subito deprimere vires suas quae sunt in eo; et ideo
propter applicationem fortem factam a Socrate non potest Socrates subito
desistere a motu suo. Et per consequens ex proportionali applicatione
consimiliter sequitur quod Socrates non posset proportionaliter a suo motu
desistere. Unde quantumcumque moveatur Socrates ex se aliquo modo 110
applicat vires suas, et non potest sine medio non applicare vires suas; et sic
sine medio movebitur Socrates. Unde ista consequentia est bona: 'Socrates
vult moveri in isto medio, et potest vel nunc habet actualem potentiam ad
movendum in isto medio, et a nullo extrinseco impeditur; igitur Socrates
movetur vel incipit in isto medio moveri'. Et si antecedens sit verum in hoc 115
instanti, non potest non esse verum in hoc instanti; et ideo consequens non
potest non esse verum in hoc instanti.

96 est] falsum add. F om. ABGJQ // quia] quod CHIK   98 volet[1]] vult EKQ volit H velet
OP // volet[2]] vult EQ velet P   99 movetur] movebitur HIP 99–100 sed . . . movebitur om.
KO   100 movebitur] movetur EH 100–101 Qualiter . . . patebit om. HPQ   101 factum]
signaret D fiat M om. CFGLO // voluntate] voluntario AFI voluntatibus D volente G // valet]
vellet denotare B valeat J valebit K om. DM   104 experimentaliter] experto ABF[?] a parte
C experimento[?] DJL per experimentum G experimentur H ex parte KM experimentum N //
constat] patet IPQ om. H // etsi] si ABHKMN etiam si D semper si G   105 multum veloci
om. CD // multum om. HIPQ // veloci] vehementi AB velocius EFHN om. K // quia] quod EH
105–106 quae . . . eo] motas ad motum AB motas ad movendum K om. HPQ   107 subito
om. CD   108 ex . . . applicatione] propter ampliationem F // proportionali] forti C speciali
L   109 consimiliter . . . quod om. HIPQ // posset] potest CDFJL possit O // proportionaliter om. DFJ   110 quantumcumque] quandocumque ADHNOPQ // moveatur] movebitur
E movetur FHIMNPQ // se] cum add. CD // aliquo modo] sic HPQ // aliquo] tali CD illo
GJ   111 applicat] ad movendum add. IPQ // et . . . suas om. ALN // et] quod
CDGIJPQ   112 sine medio] necessario C // movebitur] movetur CDEGH sed corr. J //
Unde] Item GJ // moveri] movere LO   113 in . . . medio om. DHP // nunc om. CP //
actualem] actualiter EIM[?]NP   114 medio] instanti H spatio P // extrinseco] intrinseco HL //
impeditur] impedietur IP   115 incipit] movebitur ABJK // medio] spatio PQ // moveri]
motu in tempore ABK om. J   116 in . . . instanti[2]] sine medio post hoc instans ABK // in]
pro EGINOP per JM // instanti[2]] instans JM om. P // consequens non] nec consequens IQ nunc
consequens P

(o) Et aliter respondendo posset dici quod si Socrates movetur, per aliquod tempus necessario movebitur. Quia sicut in motu vehementi
120 apparet quod res mota per aliquod tempus necessario movebitur, sicut apparet in motibus voluntariis, ita quod per aliquod tempus proportionaliter in motu tardo necessario movebitur res mota – licet ista positio videatur quodammodo repugnare casibus admissis in quibusdam sophismatibus praecedentibus, sicut in casu istius sophismatis 'Socrates potest ita
125 cito desinere moveri sicut movebitur', et consimilibus. Unde licet casus ibidem positus sit impossibilis de facto secundum istam ultimam responsionem, tamen per se possibilis est; et hoc sufficit pro sophismate. Et iterum, si negetur casus iste de motu, sophisma tamen potest sumi de voluntate, ut hic: 'Socrates potest ita cito desinere velle A sicut volet A'. Et
130 fiat argumentum primum istius sophismatis.

(p) Aliter tamen forte dicitur a quibusdam quod etsi nunc sit B instans, ut ponitur, tamen haec propositio est falsa: 'Socrates movetur'. Nec sequitur 'Immediate ante hoc Socrates movebatur, et Socrates immediate post hoc movebitur; igitur Socrates movetur', quia in motibus reflexis
135 super unam lineam rectam non valet argumentum; et etiam quia per nullam unam potentiam movebitur Socrates a principio A spatii usque ad finem A spatii, et hoc requiritur ad motum continuum.

(q) Sed ista responsio non excludit argumentum, posito quod Socrates habuit in principio potentiam ad pertranseundum totum A spatium, et

118 Et . . . respondendo] Secundo modo C Alio modo D   119 movebitur] movetur EG mobilis est H   120 tempus] spatium FQ // movebitur] movetur EFJP   121 motibus] mobilibus D motu F moventibus GHL movente J // voluntariis] voluntario F voluntarie J 121–122 proportionaliter] proportionatum D²H proportionatum add. K   122 tardo] tarde EN tardiori L om. FG // movebitur] movetur EF // positio] responsio CGIJPQ propositio HKL   123 repugnare om. DP // admissis] amissis AK   125 sicut movebitur om. CH // Unde] Tamen CDGJ Ut E Sed quoad hoc dicendum quod PQ   126 ibidem] idem ABCK 128–129 tamen . . . hic om. CD   128 tamen om. ABJK   129 hic] hoc hic A hoc sophisma L est hoc Q et fiat argumentum primum illius sophismatis add. G et fiat argumentum primi sophismatis add. J om. N // volet] vellet FL velle J nolet K vult Q   130 primum] primi C // istius] illius DGIMP om. CHJ   131 tamen om. ABCDEFGHJKLMN 131–133 etsi . . . sequitur] haec consequentia non valet PQ   131 etsi] si CDHLNO et F   132 tamen] tunc CDHKLN   133 Immediate . . . Socrates¹] Socrates ante hoc G Socrates immediate ante hoc JO // hoc] B F instans add. CIM // movebatur] movebitur FM 133–134 Socrates² . . . hoc] immediate post Socrates C immediate post hoc Socrates DN   134 movetur] movebatur F movebitur HK   135 et] nec DH // quia om. DFL // per om. IQ 138–141 posito . . . fortius² tr. ad lin. 153, post tarditate, q.v. PQ rep. cum var. post sic in lin. 153, q.v. GJ   139 habuit] habuerit CDH // totum om. ABCEGJKM

quod in prima medietate A spatii applicet se continue debilius et debilius in 140
infinitum et in secunda medietate applicet se continue fortius et fortius. Et
fiat argumentum primum, quia ab eadem potentia tunc pertransietur A
spatium.

(r) Item, prima responsio non excludit argumentum, quia arguitur sic:
'Socrates immediate ante hoc movebatur super primam medietatem A 145
lineae rectae, et immediate post hoc movebitur Socrates super secundam
medietatem A lineae rectae (cum aliis quae requiruntur ad motum unum);
igitur Socrates movetur'. Consequentia patet, et antecedens est verum;
igitur consequens.

(s) Sed contra istam responsionem arguitur sic. Et ponatur quod B sit 150
primum instans in quo prima medietas A spatii erit pertransita, et sit nunc
B instans. Tunc si Socrates movetur, igitur Socrates movetur infinita
tarditate – sicut probari potest sic. Socrates movetur in duplo tardius quam
Plato movetur, et Socrates movetur in quadruplo tardius quam Plato
movetur, et sic in infinitum; igitur Socrates movetur in infinitum tardius 155
quam Plato. Et si sic, igitur Socrates movetur infinita tarditate.

(t) Ad quod dicitur quod Socrates movetur in infinitum tardius quam
Plato movetur, sed ulterius non sequitur 'igitur Socrates movetur infinita
tarditate'. Quia per tarditatem finitam potest Socrates moveri in infinitum
tardius quam Plato movetur, posito quod Plato movetur uniformiter per 160
aliquod tempus cuius B est instans intrinsecum. Unde Socrates movetur
per aliquod tempus tarde, et per aliquod aliud tempus quod est pars primi
temporis in duplo tardius quam per primum tempus, et per aliquod aliud
tempus in quadruplo tardius quam per primum tempus, et sic in infinitum.

140 et debilius *om.* **ABCFHJK** 140–141 in infinitum *om.* **GH**   141 medietate . . . se *om.*
GJ // et fortius *om.* **BK** 141–142 Et . . . argumentum *om.* **PQ**   142 pertransietur]
pertransiret? **D** pertransit **H** pertransiretur **J** pertransitur **LM**   144 argumentum *om.*
ABCEJKLMNO // quia] quod **LNO**   145 ante] post **ABEFIKLMN** // movebatur] movebitur
ABEFHKLMN   147 rectae *om.* **FHO**   148 Consequentia patet *om.* **DEFHILMNOPQ** //
et *om.* **DEHL**   149 consequens] quod concedo *add.* **DGIPQ** quod concedo *scrips. et del.*
J   150 Sed *om.* **HN** // responsionem] etiam *add.* **GJ** *om.* **CF** // B] C **ABCK** A H D
L   151 prima *om.* **CL** // erit] est **ABCFKM** sit G   152 movetur[1]] movebitur **ABCK** //
movetur[2]] movebitur **ABCK**   153 tarditate] pono enim quod Socrates habuit in principio
potentiam ad pertranseundum totum A spatium, et quod in prima medietate A spatii applicet
se continue debilius et debilius in infinitum, et in secunda medietate A spatii applicet se
continue fortius et fortius *tr. a lin. 138–141* **PQ** // sicut . . . sic] Consequentia facta tunc potest
sic probari **PQ** *text. a lin. 138–141 rep. cum var.* **GJ** Consequentia tunc facta potest sic probari
add. post rep. **GJ**   154 movetur[2]] movebitur **CF** // quadruplo] triplo **CH**   156 movetur]
movebitur **BF**   157 quod dicitur] illud concedendum **IPQ**   158 igitur] ex hoc quod **IP**
quod **Q**   159 potest] posset **ABCGKM**   160 Plato[2]] Socrates **EL** // uniformiter *om.*
ABCHK   161 intrinsecum] extrinsecum **D** impertransitum **H** intransitum **JL**   162 aliud
om. **CDFGHIJKP**   163 quam] Plato *add.* **GJ**

165 Et ideo in infinitum tardius Socrates movetur quam Plato, et per finitam velocitatem. Et hoc non est inconveniens.

(u) Et illud potest probari aliter sic. Nullum movens uniformiter potest moveri uniformiter ita tarde sicut Socrates movetur, sed inter motus uniformes alius motus est alio motu in duplo tardior, et in quadruplo 170 tardior, et sic in infinitum copulative; igitur Socrates movetur tardius quam aliquod movens uniformiter. Igitur in infinitum movetur Socrates tardius quam Plato – quod fuit probandum.

(v) Aliter tamen potest responderi ad hoc sophisma, sicut patebit in sophismatibus sequentibus, quorum hoc est unum sophisma.

Sophisma 30 [31]

(a) SOCRATES MOVETUR IN DUPLO VELOCIUS QUAM PLATO.

(b) Supposito isto casu, quod Plato in prima medietate huius diei moveatur in duplo velocius quam Socrates, et in secunda medietate huius diei moveatur Socrates in duplo velocius Platone; et sit nunc secunda 5 medietas huius diei.

(c) Tunc probatur sophisma per casum.

165 et] tamen *add.* **GJP** *om.* **ADFHI** 166 velocitatem] tarditatem **D** *sed corr.* **H** voluntatem **FKP** Plato vere movetur *add.* **A** Plato velocius movetur *add.* **BK** Plato movetur *add.* **C** 168 moveri] movere **AKO** // uniformiter *om.* **ABCGJKQ** // movetur] movebitur **GJ** 169 alius] aliquis **JL** unus **M** // alio motu *om.* **ABCDHK** // quadruplo] triplo **NOQ** 170 copulative *om.* **DHMN** // movetur] movebitur **FGJ** in infinitum *add.* **DH** 171 aliquod] alius **GJ** aliud **HI** // in . . . Socrates] Socrates movetur in infinitum **DH** // movetur] movebitur **GJ** 173–174 Aliter . . . sophisma] etc. **H** 173 tamen *om.* **ABCEIKLMNOP**

1 MOVETUR] MOVEBITUR **EF** 3 moveatur] continue in quadruplo tardius quam Socrates et *add.* **H** 3–4 huius diei *om.* **DL** 4 velocius Platone] tardius quam Socrates **D** 5 huius diei *om.* **GJ** 6 probatur] patet **DHKM** patet *corr. ex* probatur **K** // casum] Ad argumentum contra positionem concedo quod casu ibidem supposito per totam primam medietatem diei erit haec vera: 'Plato momovetur¹ in duplo velocius quam Socrates'. Et quando ultra ponitur de secunda medietate diei, dico quod casus est possibilis. Sed tunc dico quod haec prius concessa – 'Plato movetur in duplo velocius quam Socrates' – est neganda. Sed iterum proponatur, quia repugnans – videlicet, eius contradictoria – est sequens – scilicet, quod Plato non movetur in duplo velocius quam Socrates – sicut probat argumentum ad oppositum sophismatis. Et ulterius quando arguitur 'In secunda medietate A diei aut movetur Socrates velocius Platone, vel Plato velocius Socrate, vel Socrates et Plato moventur aeque velociter', dico quod nullo istorum modorum. Nam in istis duabus categoricis simul sumptis est haec copulativa vera: 'Socrates et Plato moventur, et Socrates et Plato non moventur aeque velociter, nec unus velocius alio', sicut patet infra, sophismate 32 in fine. Sed haec copulativa est falsa in isto casu: 'Socrates et Plato per aliquod tempus moventur, et per idem tempus nec moventur aeque velociter, nec unum¹ velocius alio'. *add.* **G**

(d) Ad oppositum arguitur sic. Socrates movetur in duplo velocius quam
Plato movetur; igitur Socrates movetur in duplo velocius quam Plato
movetur per hoc tempus per quod movetur, et per illud, et sic de singulis.
Consequentia patet, quia iste terminus 'quam' confundit terminum
sequentem. Et consequens est falsum, quia sequitur 'Socrates movetur in
duplo velocius quam Plato movetur per hoc tempus, et illud, et sic de
singulis; igitur Socrates movetur in duplo velocius quam Plato movetur per
totum diem'. Et cum Socrates per totam secundam medietatem moveatur
in duplo velocius Platone, sequitur quod per totam secundam medietatem
huius diei Socrates movetur in duplo velocius quam Plato movetur per
totum diem; et hoc patet per formam consimilem primae. Et sequitur
'Socrates per secundam medietatem huius diei movetur in duplo velocius
quam Plato movetur per totum diem; igitur tantum pertransibit Socrates in
secunda medietate huius diei sicut Plato per totum diem'. Et per idem
argumentum potest probari quod Plato in prima medietate diei pertransibit
tantum sicut Socrates pertransibit per totum diem.

(e) Item, potest argui sic. Si Plato moveretur per totum diem ita
velociter praecise sicut ipsemet movetur in prima medietate diei, tunc
Socrates in secunda medietate diei et per secundam medietatem diei
moveretur in duplo velocius quam Plato moveretur per totum diem. Et
cum casu posito stat quod totus motus Platonis per totum diem sit intensior
nunc quam foret si per totum diem moveretur ita velociter sicut in secunda
medietate diei. Igitur ex casu non est concedendum quod Socrates movetur
in duplo velocius per primam medietatem diei quam Plato per totum diem
– quod est falsum, ut prius probatum est.

(f) Ad sophisma dicitur quod casus est impossibilis, sicut argumentum
probat ad partem oppositam sophismatis.

(g) Sed contra istud arguitur sic. Et ponatur prima pars casus sophismatis – videlicet, quod per totam primam medietatem diei moveatur Plato

in duplo velocius Socrate – ita quod continue per totam primam medietatem diei sit haec propositio vera: 'Plato movetur in duplo velocius
Socrate'. Tunc, lapsa prima medietate diei praedictae, erit haec propositio
vera (si erit formata): 'Per totam primam medietatem diei Plato movebatur
40 in duplo velocius quam Socrates movebatur'. Tunc cum isto posito est
possibile quod Socrates et Plato moveantur per secundam medietatem
huius diei. Ponatur igitur quod ita sit. Tunc sit nunc secunda medietas diei
– quae dies est A, ut pono. Tunc vel movetur Socrates velocius Platone,
vel Plato velocius Socrate, vel Socrates et Plato moventur aeque velociter.
45 Si Socrates moveatur velocius Platone, vel igitur in duplo velocius Platone
– et habetur casus sophismatis primo positus – vel Socrates movetur plus
quam in duplo velocius Platone. Et tunc est possibile, cum motus Socratis
est finitus et etiam motus Platonis est finitus, quod motus Socratis
remittatur quousque sit praecise in duplo velocior motu Platonis, et
50 sequitur casus sophismatis. Si Socrates moveatur velocius Platone et
tardius quam in duplo velocius, igitur, sicut prius, motus Socratis potest
intendi quousque sit in duplo velocior motu Platonis; et sic patet casus
sophismatis. Et consimiliter arguitur si ponatur quod Plato moveatur
velocius Socrate vel aeque velociter cum Socrate – ponendo quod motus
55 Socratis intendatur quousque sit in duplo velocior motu Platonis; et sic
patet casus sophismatis.

(h) Ad istud argumentum dicendum est quod prima pars casus sophismatis est satis possibilis. Et similiter possibile est quod haec propositio
maneat vera per totam primam medietatem A diei: 'Plato movetur in
60 duplo velocius quam Socrates movetur'. Unde licet haec propositio sit vera
per totam primam medietatem A diei, tamen continue per totam istam
medietatem manebit indeterminate vera. Et hoc patet sic; quia si per

38 Socrate] quam Socrates movetur **DLMNOQ** quam Socrates **FH** quam Socrates. Et si hoc
IP   39 si] Socrates **ALMN** sic **O** // formata *om.* **ABDEFHIKLMNOPQ** // primam] illam **GJ**
secundam **IP** // medietatem] A *add.* **ABCDFGJKMNQ** // movebatur] movebitur
FM   40 movebatur] movebitur **M** *om.* **DH** // Tunc] Tamen **D** Et **IPQ** // cum *om.* **DLO** //
posito] satis *add.* **IPQ**   42 huius] A **DK** *om.* **GHO** // diei] aequaliter *add.* **CDH** // Tunc sit
om. **HO**   43 est] sit **GO** vocetur **IPQ** // ut pono *om.* **IPQ**   44 Plato . . . Socrate]
econverso **AG** // moventur . . . velociter] aequaliter moventur vel aeque velociter **C** aequaliter
moventur aeque velociter **D** // aeque velociter] aequaliter **AO**   46 habetur] propositum
add. **DL** // primo] prius **KQ**   47 possibile] quod *add.* **ABEFGHJKLMNO**   50 sequitur]
iterum *add.* **IPQ** // Si] Vel **PQ** // velocius . . . et *om.* **CD** // et] sed **GIPQ** vel **H** etsi
J   51 sicut prius *om.* **ABJK**   52 sic] adhuc *add.* **IP** *om.* **OQ**   54 vel] etiam *add.* **IP** //
velocior] intensior **ABJ**   56 casus *om.* **CDFH** // sophismatis *om.* **ABJKNOPQ**   58 similiter . . . quod *om.* **CDH**   59 primam *om.* **CH**   61 istam] primam **F** primam *add.*
GHI   62 patet] probatur **DH** // si *om.* **DL**

secundam medietatem A diei sit haec propositio vera 'Socrates movetur in duplo velocius quam Plato movetur', tunc per primam medietatem A diei non manebit haec propositio vera: 'Plato movetur in duplo velocius quam Socrates movetur', sicut patet per argumentum factum ad oppositum sophismatis. Tunc in prima medietate A diei est haec consequentia bona: 'Per totam secundam medietatem A diei erit haec propositio vera: "Socrates movetur in duplo velocius quam Plato movetur"; igitur in prima medietate A diei non est haec propositio vera: "Plato movetur in duplo velocius quam Socrates movetur".' Et in prima medietate huius diei fuit antecedens possibile; igitur tunc fuit consequens possibile. Unde licet in secunda medietate huius diei sit haec propositio vera de praeterito 'Plato movebatur per primam medietatem diei in duplo velocius quam Socrates movebatur', tamen haec propositio non est necessaria nec determinate vera. Sicut haec est vera forte 'Antichristus fuit futurus', et tamen non est determinate vera vel necessaria. Et sic est in proposito propter eandem causam.

(i) Si tamen ponatur iste casus – videlicet, quod per totam primam medietatem A diei sit haec propositio vera: 'Plato movetur in duplo velocius per primam medietatem quam Socrates movetur per eandem medietatem A diei', et etiam quod per secundam medietatem A diei sit haec propositio vera: 'Socrates movetur in duplo velocius per secundam medietatem A diei quam Plato movetur per eandem secundam medietatem' – tunc iste casus est possibilis.

(j) Sed forte arguet aliquis primum casum sequi ex isto. Quia, posito isto casu, pono quod nunc sit secunda medietas A diei, ut prius positum est, et arguo sic. Per totam secundam medietatem A diei Socrates movetur in duplo velocius quam Plato movetur per eandem medietatem A diei; igitur in aliquo tempore Socrates pertransibit duplum spatium ad spatium quod pertransibit Plato in eodem tempore. Igitur, per definitionem motus in duplo velocioris, Socrates movetur in duplo velocius Platone. Et haec fuit

64 A *om.* **CDEHLMNO**   65 non *sup. lin.* **F** *om.* **L**   67 Tunc] Cum enim **IPQ** cum *add.* **D** // est] erit **FH** sit **IPQ**   70 est] erit **CDGL**   71 Et] Tunc **AJ**   74 movebatur] et *add.* **IP** // per . . . medietatem] in secunda medietate **H**   75 tamen] tunc **IP** *om.* **E** // est] erit **GI** erat **PQ** *om.* **AJ** 76–77 Sicut . . . vera *om.* **O**   76 Sicut] Sed **C** *om.* **FP** 76–77 haec . . . necessaria *om.* **PQ**   76 est¹] erit **CDH**   77 Et sic] Sed sic non **C** Similiter **IP** *om.* **Q**   79 Si] Sed **CG** // primam *om.* **CD**   80 sit] fuit **CGIQ** fuerit **P**   84 secundam *om.* **CDEHN**   85 possibilis] impossibilis **M**   86 Sed] Et **ABEFHJLMNO** // primum] secundum **L** // Quia *om.* **AFJ** 86–87 isto . . . pono *om.* **CDHK**   87 casu] primo *add.* **B** // pono] primo **AIJ**   88 movetur] movebitur **DFHKN**   89 movetur] movebitur **DHKN**   90 pertransibit] pertransivit **ABEFJM** pertransit **PQ**   91 pertransibit] pertransivit **BM** pertransit **CELPQ** // tempore *om.* **HL** 91–92 in duplo *om.* **CDHL**   92 movetur] movebitur **CDH**

secunda pars primi casus. Et consimiliter ex prima parte istius secundi casus probetur prima pars primi casus. Et sic patet totus primus casus.

95 (k) Ad istud dico quod ista consequentia non valet: 'In aliquo tempore Socrates pertransibit duplum spatium ad spatium quod pertransibit Plato in eodem tempore; igitur Socrates movetur in duplo velocius Platone'. Sed bene sequitur quod per istud tempus Socrates movetur in duplo velocius quam Plato movetur per idem tempus; et hoc est verum. Unde non 100 sequitur 'Per aliquod tempus Socrates movetur in duplo velocius quam Plato movetur per illud tempus; igitur Socrates movetur in duplo velocius quam Plato'. Nec sequitur 'Socrates et Plato moventur aeque velociter per istum diem; igitur Socrates et Plato moventur aeque velociter', sicut patebit in proximo sophismate.

105 (l) Et per ista satis faciliter respondetur ad argumentum quod videtur probare casum – concedendo quod, posito, gratia exempli, quod in prima medietate A diei et per primam medietatem A diei Plato movebatur in duplo velocius quam Socrates movebatur, quod adhuc est possibile, ut argumentum probat, quod in secunda medietate diei motus Socratis 110 intendatur. Et fiat in duplo velcior quam motus Platonis si Socrates moveatur tardius quam Plato. Sed tunc desinet haec propositio esse vera: 'Per primam medietatem A diei Plato movebatur in duplo velocius quam Socrates movebatur'. Et per hoc responsio ad residua satis patet.

(m) Sequitur igitur aliud sophisma per quod improbabitur una conse-
115 quentia prius tacta, et est hoc.

93 secunda] prima **K** // primi] secundi **K** // prima] alia **CDH** *om.* **ABJK** // secundi] primi **H**   94 primi] secundi **KO** // sic *om.* **ABCDEFJKLMNO** // totus *om.* **CDH**   96 pertransibit[1]] pertransivit **ABEHJKMO** pertransit **ILP** // pertransibit[2]] pertransivit **ABEFHJK** pertransit **CGILMPQ**   97 movetur] movebitur **CH**   98 bene . . . Socrates] solum quod **PQ** // movetur] movebitur **CDH**   99 movetur] movebatur **AJ** movebitur **CD** // Unde] Nam **PQ**   100 movetur] movebitur **CD** movebatur **H**   101 movetur[2]] movebitur **CDH**   102 Nec] Non nec **CH** Non enim **D**   104 patebit] patet **GI** // in . . . sophismate *om.* **PQ**   105 ista] istud **ABIJK** istam **C** // satis *om.* **ABJK** 106–107 in . . . diei[1] *om.* **ABJK**   107 movebatur] moveatur **ABEJKMPQ** movetur **DF** movebitur **H**   108 movebatur] movetur **DEH** moveatur **K** // quod] et **CD** quia **EI**   110 intendatur] intendebatur **CH** intendetur **F** // Socrates *om.* **CDH**   114 igitur *om.* **AJ** // improbabitur] improbatur **CDGKLNO** probatur **PQ**   115 tacta] facta **CDKM**

Sophisma 31 [32]

(a) SOCRATES ET PLATO INCIPIENT AEQUE VELOCITER MOVERI.

(b) Supposito isto casu, quod Socrates moveatur uniformiter per unum diem, qui sit A, et pertranseat B spatium in A die. Tunc sit Plato minoris potentiae quam Socrates in principio huius diei, et in principio A diei   5
incipiat Plato moveri super aliquod spatium aequale B spatio, quod sit C, et pertranseat Plato C spatium in A die continue intendendo motum suum, et continue fortificetur potentia Platonis sicut movebitur, et econtra.

(c) Tunc probatur sophisma sic. Socrates et Plato non moventur aeque velociter, et Socrates et Plato movebuntur aeque velociter, et Socrates et   10
Plato non incipiunt moveri aeque velociter; igitur Socrates et Plato incipient moveri aeque velociter. Et sit nunc primum instans A diei. Quod Socrates et Plato movebuntur aeque velociter probo; quia Plato incipit moveri tardius quam Socrates, ut patet ex casu, et Plato pertransibit in isto die tantum spatium sicut Socrates pertransibit in eodem die; igitur in aliqua   15
parte A diei movebitur Plato velocius Socrate. Et, per casum, Plato intendet motum suum sicut fortificabitur sua potentia, et aliquando habebit Plato potentiam ad movendum aeque velociter cum Socrate; igitur Socrates et Plato aliquando aeque velociter movebuntur. Et tertia pars primi antecedentis satis patet.   20

(d) Ad oppositum arguitur sic. Si Socrates et Plato incipient aeque velociter moveri, igitur Socrates et Plato aliquando aeque velociter movebuntur. Sit igitur nunc illud instans in quo Socrates et Plato aeque velociter movebuntur. Et probo quod non; quia aliquis est intensissimus gradus velocitatis quo nunc movetur Socrates per tempus, et nullus est   25
intensissimus gradus velocitatis quo movetur Plato per tempus; igitur

1 INCIPIENT] INCIPIUNT **HQ** *sed corr.* **O** // AEQUE VELOCITER] AEQUALITER[?]
K   12 incipient] incipiunt **CIL** // velociter] Quod autem Socrates et Plato movebuntur aeque velociter probatur *add.* **CDGK** *add. marg.* **J** // Et] Quia **CDK** 12–13 Quod . . . probo *om.* **CDK**   12 Quod] quo **ABG** in quo **J**   13 movebuntur] incipiunt moveri **ABJ** // quia// Tunc sic **CDK** quod tunc **G** quod **HQ** Tunc arguitur sic **J**   15 tantum] totum **CIP**   16 Et] Quia **IJPQ**   17 intendet] intendit **ABFHJKPQ** intendat **LO** // fortificabitur] fortificabatur **C** fortificatur **DK** formabitur **EF** fortificetur **L** // et aliquando] igitur **CD**   18 Socrate] igitur Plato aliquando movebitur aeque velociter cum Socrate *add.* **ABEMNO** igitur aliquando movebitur aeque velociter *add.* **G** igitur ante Plato movebitur aeque velociter *add.* **I**   19 Plato] incipient *add.* **K** // aliquando] incipient *add.* **AB** // movebuntur] moveri **ABK** // Et] ita *add.* **G** sic patet *add.* **J** // tertia] secunda **ABCDGHJK**   20 primi] huius **CDK** *om.* **L** // satis *om.* **CLO**   21 incipient] incipiunt **FO** 23–24 Sit . . . movebuntur *om.* **CD**   24 non] Sit nunc illud instans, gratia exempli. Tunc sic *add.* **C** // quia] sit nunc illud instans, gratia exempli. Tunc sic *add.* **D**

Socrates et Plato non moventur aeque velociter. Maior patet, quia tantum uno gradu velocitatis movetur Socrates per quodlibet tempus in quo movetur, quia Socrates movetur uniformiter per totum diem. Et nullus est
30 intensissimus gradus velocitatis quo Plato movetur per tempus; quia si aliquis sit intensissimus gradus quo Plato movetur per tempus, sit iste gradus D, et tempus in quo movetur Plato D gradu sit E. Tunc arguitur sic. Plato movetur difformiter per E tempus, ut positum est in casu sophismatis; igitur in aliqua parte E temporis proportionaliter plus pertransibit
35 quam in E tempore. Igitur in aliqua parte E temporis Plato movebitur velocius quam in E tempore. Igitur D gradus velocitatis, quo movetur Plato in E tempore, non est intensissimus gradus quo Plato movetur – cuius oppositum prius erat positum.

(e) Item, arguitur sic. Socrates et Plato moventur aeque velociter; igitur
40 Socrates movetur ita velociter sicut Plato. Sed probo quod non; quia Socrates solum movetur ita velociter sicut Plato movetur per A diem, et Plato movetur velocius quam ipsemet movetur per A diem; igitur Plato movetur velocius quam Socrates movetur. Et probo quod Socrates solum movetur ita velociter sicut Plato movetur per A diem; quia Socrates solum
45 movetur ita velociter sicut ipsemet movetur per A diem (quia continue movetur Socrates aeque velociter, per casum), et Socrates et Plato aeque velociter moventur per A diem; igitur Socrates solum movetur ita velociter sicut Plato movetur per A diem.

(f) Item, arguitur sic. Socrates et Plato moventur aeque velociter, et
50 Socrates non movetur velocius quam Socrates movetur per A diem; igitur Plato non movetur velocius quam Socrates movetur per A diem. Igitur

27 moventur] movebuntur **FLO** nunc incipiunt moveri **N** *om.* **M**   29 diem] tempus **CDK A GI** A *add.* **M** 29–30 Et . . . tempus] Minor probatur **ABJ**   30 tempus] Probatur *add.* **NQ**   31 aliquis *om.* **LPQ** // intensissimus . . . sit *om.* **GI** // intensissimus . . . tempus *om.* **PQ** // quo . . . tempus *om.* **CD**   33 movetur] movebitur **FQ** // difformiter] uniformiter **AI** *om.* **B**   34 pertransibit] transit **A** pertransit **BGILO**   35 movebitur] movetur **ABF-GIJLMO**   37 movetur] per tempus *add.* **FL**   38 prius *om.* **DGI**   39 sic] Si *add.* **C** *add. sup. lin.* **J** // moventur] movebuntur **I** movebuntur *corr. ex* moventur **J**   40 ita] aeque **FHQ** // Sed . . . non] Consequens falsum. Probatio **GI** Consequens falsum **HPQ**   42 movetur²] movebitur **CDK** // diem] quia solum movebitur per A diem *add.* **K**   43 movetur¹] movebitur **D** movebitur *corr. ex* movetur **J** // movetur²] movebitur **J** *om.* **CDFK**   44 movetur¹] movebitur **DJK** // movetur²] movebitur **CD**   45 movetur¹] movebitur **CDK** // movetur²] movebitur **CDK**   46 movetur] movebitur **CDK**   47 moventur] movebuntur **CDFK** // movetur] movebitur **CDK**   48 movetur] movebitur **CDK** 49–50 Item . . . diem *om.* **HPQ**   49 moventur] movebuntur **DF**   50 Socrates¹] Plato **DK** // Socrates²] Plato **FJ** // movetur² *om.* **CFL**   51 diem] Et tunc arguo sic. Plato non movetur velocius quam Socrates movetur per A diem, et Plato prius movebatur ita velociter sicut Socrates movetur per A diem; *add.* **O**

Plato non movetur nunc velocius quam prius movebatur – quod est falsum,
quia Plato continue intendit motum suum, per casum. Et probo quod Plato
prius movebatur ita velociter sicut Socrates movetur per A diem; quia
Plato prius movebatur per A diem ita velociter sicut Socrates movetur per   55
A diem. Quod patet, quia continue per totum tempus A diei ante hoc
instans fuit haec propositio vera: 'Plato movetur ita velociter per A diem
sicut Socrates movetur per A diem'; igitur nunc est verum quod Plato prius
movebatur ita velociter per A diem sicut Socrates movetur per A diem.
Consequentia patet, quia ita velociter movebatur Socrates sicut nunc   60
movetur, et econtra.

(g) Ad sophisma dicitur quod casu ibidem supposito sophisma est
falsum, sicut probant argumenta ad partem oppositam.

(h) Nec sequitur 'Socrates et Plato pertransibunt B et C, spatia aequalia,
in A tempore; igitur Socrates et Plato moventur aeque velociter'. Sed bene   65
sequitur quod Socrates et Plato moventur aeque velociter per A tempus; et
hoc est verum. Unde licet 'moveri per A tempus' sit inferius ad 'moveri',
tamen hoc totum 'aeque velociter moveri per A tempus' non est inferius ad
'aeque velociter moveri'; quia iste terminus 'aeque velociter' includit in se
negationem.   70

(i) Ad argumentum probans sophisma, negandum est istud antecedens –
videlicet, quod Socrates et Plato aeque velociter movebuntur. Et quando
arguitur quod Plato incipit moveri tardius quam Socrates – ut patet ex casu,
quia per aliquod tempus post hoc instans (sit nunc primum instans A
diei) habebit Plato minorem potentiam quam per istud tempus immedia-   75
tum huic instanti habebit Socrates; igitur per illud tempus movebitur Plato
tardius Socrate, et per consequens Plato incipit moveri tardius Socrate – ad
solutionem istius argumenti est sciendum quod in nullo instanti A temporis
erit haec propositio vera: 'Socrates movetur velocius quam Plato movetur',
nec etiam ista: 'Plato movetur velocius quam Socrates movetur', nec etiam   80
ista: 'Socrates et Plato aeque velociter moventur'.

---

52 quam] Socrates movetur per A diem; ergo Plato non movetur nunc velocius quam *add.*
P   53 intendit] intendet **FNO**   55 movetur] movebatur **M** et movebatur *add.*
H   56 quod patet *om.* **ABJK**   62 supposito] retento *add.* **GIPQ**   64 Nec] forte *add.*
HQ // pertransibunt] pertransiunt? **H** pertranseunt **LOPQ**   65 moventur] movebuntur
CF   66 quod] igitur **GHQ** *om.* **I** // aeque velociter] aequaliter **PQ**   67 Unde *om.*
CF   69 velociter²] moveri *add.* **HKLQ**   74 aliquod] quodlibet **GHPQ**   75 minorem]
maiorem **ADILM** // istud] idem **ABEFJLMNO**   76 illud] idem **ABJMNOQ** // movebitur]
movetur **CFL**   78 est] istud *add.* **EGMO** *scrips. et del.* **I**   79 movetur¹] movebitur **CN** //
movetur² *om.* **HJ**   80 movetur² *om.* **CDJL**

(j) Et istud primo probo sic; quia si in A tempore aliquando foret haec propositio vera 'Socrates movetur velocius quam Plato movetur', tunc hoc maxime foret quando potentia Platonis est vel erit minor potentia Socratis.

85 Sed tunc non erit haec propositio vera, quod probo. Quia sit nunc, gratia exempli, aliquod instans A temporis in quo Plato habet minorem potentiam quam Socrates; et probo quod haec propositio non sit vera: 'Socrates movetur velocius quam Plato movetur'. Quia si sic, igitur Socrates movetur velocius quam Plato movetur per hoc tempus in quo movetur, et per illud

90 tempus in quo movetur, et sic de singulis. Igitur Socrates movetur velocius quam Plato movetur per A tempus, per quod movetur. Et tunc arguo sic. Socrates movetur velocius quam Plato movetur per A tempus, et Socrates et Plato aeque velociter moventur per A tempus; igitur Socrates movetur velocius quam ipsemet movetur per A tempus – quod est falsum, quia

95 Socrates movetur uniformiter per totum tempus in quo movetur.

(k) Et per consimile argumentum probatur quod numquam erit haec propositio vera: 'Plato movetur velocius quam Socrates movetur'. Quia si haec propositio erit vera in A tempore, tunc hoc esset quando Plato haberet maiorem potentiam movendi quam Socrates. Sed tunc non erit

100 haec propositio vera, quod probo. Quia sit nunc aliquod instans A temporis in quo Plato habet maiorem potentiam quam Socrates; et arguo sic. Plato movetur velocius quam Socrates; igitur Socrates movetur tardius quam Plato. Et, ultra, sicut prius, igitur Socrates movetur tardius quam Plato per hoc tempus per quod movetur, et per illud tempus per quod

105 movetur, et sic de singulis. Igitur Socrates movetur tardius quam Plato movetur per A tempus. Et tunc arguo sic. Socrates movetur tardius quam Plato movetur per A tempus, et Socrates et Plato moventur aeque velociter per A tempus; igitur Socrates movetur tardius quam ipsemet movetur per A tempus – quod est falsum, quia per A tempus continue movetur Socrates

110 aeque velociter.

82 Et istud] Primum istius G Primum horum trium GP Primum istorum I Primum horum duorum Q // primo om. CDGHIKLOPQ // aliquando om. CO   84 foret] esset verum HQ est verum P // quando] quia CE // est vel om. HPQ // vel erit om. DG // minor] maior IKN om. H   85 erit] sit D foret J est LP // nunc om. DL   86 habet] habebit ABCDJKN // minorem] maiorem I   87 et . . . vera] Tunc arguitur sic CD // quod] nunc add. HPQ   88 Quia . . . sic om. CD   93 movetur] movebitur CF   94 movetur] movebitur CD   96 probatur] potest probari HPQ // numquam] in A tempore add. HPQ   97 vera] in A tempore add. G   98 erit] esset CDH sit F // A] aliquo CD   99 movendi om. CDH // erit] sit D esset FL   100 quod probo om. DHPQ // Quia] Et si sic H si sic add. PQ   101 habet] habebit CIK   104 per quod[1]] in quo D // movetur] movebitur et per hoc tempus in quo movebitur C 106–109 Et . . . tempus[1] om. CDK   109 movetur Socrates] moventur CDK // Socrates] uniformiter et H semper uniformiter et P uniformiter et add. Q

(l) Et per argumentum prius factum ad partem oppositam patet quod in nullo instanti A temporis erit haec propositio vera: 'Socrates et Plato moventur aeque velociter'. Item, si haec propositio aliquando erit vera – 'Socrates et Plato aeque velociter moventur' – tunc hoc foret quando Socrates et Plato haberent aequales potentias. Sit igitur nunc illud instans 115 in quo Socrates et Plato habent aequales potentias ad movendum; et arguo sic. Socrates et Plato moventur aeque velociter; igitur Plato movetur ita velociter sicut Socrates. Et tunc hoc maxime esset quia Plato tantum pertransit in A tempore de spatio sicut Socrates pertransit in A tempore. Igitur, eadem ratione, si in aliqua parte A temporis plus proportionaliter 120 pertransit Plato quam Socrates pertransit in A tempore, sequitur quod Plato velocius movetur quam Socrates per A tempus – quod est contrarium huic: 'Plato movetur ita velociter sicut Socrates movetur per A tempus'.

(m) His visis, patet responsio – videlicet, quod Plato non incipit moveri tardius simpliciter quam Socrates. Sed bene concedendum est quod per 125 aliquod tempus incipit Plato moveri tardius quam Socrates movebitur per illud tempus, et quod per aliquod tempus incipit Plato moveri aeque velociter sicut per illud tempus movebitur Socrates. Quia Plato incipit moveri aeque velociter per A diem sicut Socrates per A diem, et Plato incipit moveri tardius per primam medietatem A diei quam per primam 130 medietatem A diei movebitur Socrates. Unde ista copulativa est impossibilis: 'Per aliquod tempus moventur Socrates et Plato, et per illud tempus non moventur Socrates et Plato aeque velociter, nec per illud tempus unus movetur velocius quam alius movetur per idem tempus'. Sed haec copula-

111 prius . . . partem] primum factum ad partem prius **J** // quod] quia **CJK**   112 nullo] hoc **AB**   113 Item] Quod probatur iterum, quia **H** Et iterum probatur hoc sic, quia **PQ** // erit] esset **CDHK** sit **F**   114 foret] vera *add.* **CGI** verum *add.* **N**   115 haberent] habebunt **ABFGJNO** habent **I** // aequales potentias] aequalem potentiam ad movendum **CDK** ad movendum *add.* **LN** 115–116 Sit . . . movendum] Sed probo quod non **C** Et probo quod non **D** *om.* **G**   115 igitur *om.* **HK**   116 habent] habebunt **JKNO** haberent **P** // movendum] Et probo quod non *add.* **K**   118 tunc] si **CDK** *om.* **GHL** // quia] quando **AHPQ** quod **CKN**   119 pertransit[1]] pertransivit **ADK** // pertransit[2]] pertransivit **ADFHK**   120 si *om.* **CD** // parte] proportionaliter *add.* **CD** // proportionaliter *om.* **HO**   121 pertransit[1]] pertransivit **DK** pertransiet **N** // pertransit[2]] pertransivit **D** pertransibit **K** pertransiet **N**   123 ita] aeque **FG**   125 simpliciter *om.* **CDHL** // Socrates] movebitur per istud *add.* **DH** movebitur per istud instans *add.* **Q**   127 quod] Plato *add.* **FG** *om.* **ABCJKL** // aliquod] aliud **JKL**   128 movebitur] movetur **FPQ** moveretur **N**   129 Quia] Et **CHKL**   130 medietatem] partem **ABK** // primam[2]] partem seu *add.* **ABJK** 131–132 impossibilis] possibilis **H**   132 moventur] movebuntur **CDE**   133 moventur] movebuntur **CD**   134 quam . . . movetur] altero **A** alio movente **G** quam alter **H** alio **I** // Sed] Et **CDK**

135 tiva non est impossibilis sed vera: 'Socrates et Plato moventur, et Socrates et Plato non moventur aeque velociter, nec unus movetur velocius alio'. Et causa est quia in motu Platonis non est maior ratio quare Plato deberet moveri aliquo gradu velocitatis et per istum velociter moveri quam per gradum intensiorem deberet velocius moveri. Et ita, cum nullus sit 140 maximus gradus velocitatis quo movetur Plato in A tempore, a nullo eorum simpliciter denominabitur motus Platonis simpliciter tardior motu Socratis, nec simpliciter velocior motu Socratis, nec aeque velox cum motu Socratis.

(n) Sed ex ista responsione argui potest veritas istius sophismatis.

Sophisma 32 [33]

(a) SOCRATES NON MOVETUR VELOCIUS QUAM PLATO.

(b) Supposito isto casu, quod Socrates incipiat nunc moveri, et quod moveatur per B spatium in aliquo tempore immediato huic instanti, quod sit A, et quod Plato similiter incipiat moveri pertranseundo C spatium –
5 aequale B spatio in quantitate et in ceteris requisitis ad motum – in A tempore similiter. Et posito quod Socrates et Plato nunc sint aequalis potentiae, gratia exempli, sed quod Socrates incipiat moveri super suum spatium cum fervore in centuplo maiori quam Plato, et ita continue

135 non *om.* **CDK** // impossibilis] possibilis **CH** // impossibilis sed *om.* **DK** // sed vera *om.* **CH** // moventur] movebuntur **CD** 135–136 et² . . . velociter *om.* **CK** 137 deberet] debetur **ABM** debeat **CGK** debet **DI** 138 istum] istam **JLNO** continuum *add.* **C** gradum *add.* **F** // velociter] velocius **CGHIPQ** velocitatis **FJ** velocitati **L** velocitatem **NO** // moveri] motum **C** maiori **L** // quam] quia **AG** 139 deberet] debetur **ABDM** debet **FGI** debeat **K** *om.* **C** // ita *om.* **ABGHIJ** 140 velocitatis *om.* **HPQ** // tempore] et *add.* **C** igitur *add.* **D** tunc *add.* **J** igitur et *add.* **K** 141 simpliciter¹ *om.* **CHK** // denominabitur] denominatur **CMPQ** denotatur **H** // Platonis] si motus Platonis sit **J** *om.* **C** // simpliciter²] velocior in motu Socratis, et eadem ratione nec simpliciter *add.* **H** velocius motu Socratis in eadem ratione nec simpliciter *add.* **P** velocius motu Socratis, et eadem ratione nec simpliciter *add.* **Q** 142 nec . . . Socratis² *om.* **ABHJLPQ** 144 Sed] Et **HNPQ** Similiter **L** *om.* **C** // ista] ratione *add.* **I** // responsione] ratione **ABCEHMQ** // argui potest] patet **CD** ante patet **F** arguitur **N** // potest] patere argumentatio *add.* **H** accipi *add.* **P** // veritas] veritatis **H** velitas **P** // istius sophismatis *om.* **H** // istius] ipsius **D** illius **JL** *om.* **Q** // sophismatis] Sequitur aliud sophisma *add.* **D** sequatur *add.* **L**

2 nunc *om.* **HPQ** 4 similiter *om.* **ACDGI** 5 motum] movendum **CQ** 6 similiter *om.* **CHKPQ** // posito] volo **CDK** // nunc *om.* **BCK** // aequalis] aequales **DFHPQ** 7 potentiae] in potentia movendi **HPQ** ad movendum *add.* **GI** ad movendum *add. marg.* **M** // gratia exempli *om.* **HIPQ** // sed] et **CDHL** 8 fervore] superiore **E** fortitudine **HL** // ita *om.* **GHPQ**

debilius applicet se ad movendum, et econtra de Platone – quod Plato
continue magis applicet se ad movendum super suum spatium. Et sit nunc   10
aliquod instans primae medietatis A temporis, in quo Socrates applicat se
fortius ad movendum quam Plato.

(c) Tunc probatur sophisma sic. Contradictorium huius sophismatis est
falsum; igitur sophisma est verum. Antecedens patet, sicut in sophismate
praecedenti. Nam sequitur 'Socrates movetur velocius quam Plato; igitur   15
Socrates movetur velocius quam Plato movetur per A tempus in quo Plato
movetur'. Et, ultra, igitur Plato movetur tardius per A tempus quam
Socrates movetur per A tempus. Consequentia patet, quia iste terminus
'quam' confundit. Sed consequens est falsum, quia Socrates et Plato aeque
velociter moventur per A tempus, quia per A tempus Socrates et Plato   20
pertranseunt spatia aequalia, ceteris paribus.

(d) Ad oppositum arguitur sic. B et C spatia sunt aequalia simpliciter
quoad omnes conditiones, et Socrates et Plato sunt aequalis potentiae
praecise ad movendum super B et C, et Socrates magis et melius applicat
suam potentiam ad movendum super B spatium quam applicat Plato suam   25
potentiam ad movendum super C spatium, et B et C spatia quiescunt;
igitur Socrates movetur velocius quam Plato movetur – quod est oppositum
sophismatis.

(e) Ad sophisma dicendum est quod est verum.

(f) Ad argumentum in oppositum neganda est ista consequentia   30
'Socrates melius applicat se ad movendum quam Plato, et spatia sunt
aequalia, et ita de aliis; igitur Socrates movetur velocius quam Plato'. Sed
bene sequitur quod per aliquod tempus Socrates movetur velocius quam
Plato movetur per illud tempus; et hoc est verum.

9 debilius] et debilius add. **HPQ** // se] Socrates **F** om. **AC** // Platone] volo add. **CDK** // quod]
quia **FP** quam **G** et **L**   10 continue om. **HJNPQ**   12 movendum] super suum spatium
add. **ABJK**   15 Plato] movetur add. **DQ** movetur per A tempus in quo movetur add. **L**
15–16 igitur . . . Plato[1] om. **GNOP**   16 Socrates . . . Plato[1] om. **H** // Socrates . . . velocius
om. **Q** // movetur[2] om. **CEL** // A] aliquod **CD** 16–18 in . . . tempus om. **HPQ**   17 movetur[1]]
Et ultra: igitur Plato movetur tardius per A tempus quam Socrates movetur add. **ABG** igitur
Plato movetur tardius quam Socrates movetur add. **C** igitur Plato tardius per A tempus
movetur quam Socrates movetur add. **D** Et ultra: igitur Plato movetur tardius quam Socrates
movetur add. **NO**   19 confundit] terminum se sequentem add. **F** Et ultra: igitur Plato
movetur tardius per A tempus add. **H** Et ultra: ergo Plato movetur tardius per A tempus
quam Socrates movetur per A tempus add. **P** Et ultra: igitur Plato movetur tardius per A
tempus quam Socrates movetur add. **Q** // Sed om. **HPQ**   20 per A tempus om.
CDL   21 pertranseunt] transierunt **A** pertransiunt **DEM** pertransiunt **FN** pertransierunt **G**
per! **HP** moventur per **Q**   22 simpliciter] similiter **CDI** sequitur[1] E om. **HN**   23 quoad]
ergo ad **AB** quod ad **E** ad **H** // aequalis] aequales **DQ**   24 magis] maius **HL** // et melius]
velocius **J** om. **CDFH**   25 applicat om. **CDHIPQ**   25–26 suam . . . movendum om.
DHPQ   31 melius] velocius **EJ** maius **H** // se] potentiam suam **CD** om. **M**

35   (g) Sed ex ista responsione sequitur ista conclusio, quod si velocissimus
equus et tortuca moverentur per A tempus praecise et in A tempore
pertransirent spatia aequalia praecise – sit tamen quod equus in principio
ita velociter currat sicut potest et deinde remittat cursum suum, et tortuca,
econtra, velocitet motum suum – quod equus iste non velocius currat quam
40 tortuca.

(h) Ad istud potest dici quod conclusio est vera de virtute sermonis. Sed
inconveniens foret in casu isto, quod per nullum tempus in quo equus et
tortuca current curret equus velocius quam tortuca per idem tempus; et
hoc est falsum.

45   (i) Aliud sophisma dependens ex eadem difficultate est hoc.

Sophisma 33 [34]

(a) SOCRATES MOVEBITUR VELOCIUS QUAM SOCRATES
NUNC MOVETUR.

(b) Supposito isto casu, quod Socrates incepit in principio huius diei
moveri super A spatium, continue intendendo motum suum usque ad hoc
5   instans praesens, quod sit B, et quod per totum residuum diei post B
instans continuet motum suum per aequalem applicationem et potentiam
et aequalem nisum ad movendum, sicut in hoc instanti se applicat et nititur
moveri.

(c) Tunc probatur sophisma sic. In qualibet parte huius diei quae erit
10 totaliter post hoc instans pertransibit Socrates plus de spatio quam Socrates
nunc pertransit in aliquo tempore proportionaliter cuius hoc instans

---

35 ista responsione] istis **CD** // conclusio] consequentia **LM**   36 tortuca] cornica **E**
formica **J** formica *corr. ex* tartuca **D** *et etiam infra in S32* // moverentur] moventur
ABCDFHIMNPQ movetur **E** moveantur **GJO** // et² . . . tempore *om.* **CK**   37 pertran-
sirent] pertransient **D** pertransierunt **EP** pertransiret **F** pertranseant **J** pertranseunt **LQ** //
praecise *om.* **CKPQ**   38 cursum suum *om.* **AEFGIJKLMNO**   39 econtra *om.* **CD** //
motum] cursum **CDHJ** // currat] curret **ABJKO** currit **IMP**   42 isto] posito **CD** // per *om.*
AF   43 current] currunt **DNQ** currerent **LO** // curret] curreret **IJLMNOQ** 43–44 et . . .
falsum *om.* **HJPQ**   45 difficultate] facultate **J** materia **PQ**

1 MOVEBITUR] MOVETUR **E** // SOCRATES *om.* **CDEJ**   3 incepit] incipiat
DEHKNO incipit **FILPQ** *sed corr.* **J**   6 continuet] continet **FGN** continuat **H** continue **PQ** //
et *om.* **FHOP**   7 aequalem *om.* **ACDK** // nisum] causam **C** visum **EGNPQ** *om.* **FH** // nititur]
incipiat **H** incipit **Q**   10 totaliter] tota **AH** *om.* **C** // instans] praesens *add.* **CDK**   11 per-
transit] pertransivit **CL** pertransibit **DH**

praesens est instans intrinsecum illius temporis; igitur continue post hoc movebitur Socrates velocius quam nunc movetur. Et per consequens Socrates movebitur velocius quam nunc movetur. Antecedens probo sic. Quia capiatur una hora diei quae erit totaliter post hoc instans – quae sit C 15 – et alia hora aequalis praesens cuius B instans est intrinsecum – et sit ista hora D. Tunc arguo sic. Socrates plus pertransibit in C hora quam nunc est in pertranseundo per D horam; igitur Socrates movebitur velocius per C horam quam nunc movetur per D horam. Antecedens patet; quia sit, gratia exempli, B instans medium D horae, aequalis C horae. Tunc arguo sic. In 20 secunda medietate D horae Socrates movebitur ita velociter sicut ipsemet movebitur per secundam medietatem C horae, et per primam medietatem D horae praeteritam Socrates tardius movebatur quam Socrates movebitur per secundam medietatem D horae; igitur per primam medietatem D horae praeteritam Socrates tardius movebatur quam movebitur per secun- 25 dam medietatem C horae. Et Socrates per secundam medietatem C horae movebitur ita velociter sicut Socrates movebitur per primam medietatem C horae; igitur Socrates movebatur tardius per primam medietatem D horae praeteritam quam Socrates movebitur per primam medietatem C horae futuram. Igitur Socrates per primam medietatem C horae et per secundam 30 medietatem eiusdem plus pertransibit quam ipsemet pertransivit et per- transibit in prima medietate D horae et in secunda medietate D horae. Et per consequens velocius movebitur Socrates in C quam in D.

(d) Et sic arguitur de aliis duobus temporibus quorum unum erit post B

---

12 est] terminans *add.* **ABK** terminus *add.* **J** 13 movebitur] movetur **EFI** 14 movebitur] movetur **EJ** 16 alia] una **CD** // praesens] praeterita **C** praesenti tempori **D** primae **E** prius **F** 17 pertransibit] pertransit **JMN** 18 movebitur] movetur **DFN** // C] **D HIQ** 19 sit] nunc *add.* **CDL** 21 medietate] C horae aequalis *add. marg.* **M** // horae] aequalis C horae *add.* **HQ** // movebitur] movetur **EJP** 22 movebitur] movetur **EH** // C] **D ABCDEGHIKMNOPQ** *om.* **F** 23 praeteritam] praeteritae **A** praeterita **CDFI** praedictae **L** // movebatur] movetur **E** movebitur **LN** 24 horae] Et (sic *add.* **H**) Socrates aeque velociter movebitur per secundam medietatem D horae et per primam medietatem C horae *add.* **HPQ** 25 praeteritam] praedictae **L** praedictam **N** // movebatur quam *om.* **A** // movebatur] movebitur **LN** // movebitur] movebatur **BDJLN** movetur **EF** 25–26 secundam] primam **HPQ** 26 C¹] **D DF** *sed corr.* **K** 27 movebitur] movetur **ABE** 28 movebatur] movetur **EF** movebitur **GJL** 29 praeteritam] praedictae **L** praedictam **N** // movebitur] movetur **EF** movebatur **L** // primam] secundam **EL** 30 futuram *om.* **FH** 31 eiusdem] pertransivit et *add.* **ABJK** // plus] pertransivit et *add.* **M** // plus pertransibit] pertransibit plus **ABDHJK** pertransivit plus **C** // pertransibit] pertransit **E** // pertransivit] pertransit **KNO** pertransibit **HLM** // pertransivit et *om.* **DEF** // et] vel **BH** 31–32 et pertransibit *scrips. et del.* **O** *om.* **C** // pertransibit] pertransivit **H** pertransebat? **M** 33 movebitur] movetur **ABEJKNQ** 34 sic] sicut **ABGJM** // de] quibuscumque *add* **HQ** quibusdam *add.* **P** // aliis] illis **G** *om.* **ABJK** // erit] est totaliter **AJ** est **EG** est *corr. ex* erit **M** totaliter *add.* **BK**

35 instans et aliud est nunc, quando B instans est. Et idem argumentum est
sive ponantur duo talia tempora aequalia sive inaequalia. Nam si ponantur
aequalia, arguatur ut prius argutum est. Si sumantur tempora inaequalia,
arguitur quod plus proportionaliter pertransibitur in tempore quod erit
quam in aliquo tempore quod nunc est.

40   (e) Ad oppositum sophismatis arguitur sic. Socrates movetur a potentia
ita forti sicut umquam in isto die movebitur, et applicat se aequaliter ad
movendum nunc sicut post modum se applicabit, et cetera sunt paria; igitur
Socrates movetur nunc ita velociter sicut movebitur. Igitur Socrates non
movebitur velocius quam nunc movetur.

45   (f) Item, si Socrates movebitur velocius quam nunc movetur et non
desinet quiescere antequam movebitur velocius quam nunc movetur, igitur
Socrates intendet motum suum. Sed hoc est falsum, quia neque per tempus
intendet motum suum – quia semper per tempus post hoc instans Socrates
movebitur uniformiter – nec per instans Socrates intendet motum suum,
50 sicut notum est de quolibet instanti futuro. Igitur, etc.

   (g) Ad sophisma dicitur quod est verum.

   (h) Ad argumentum in oppositum neganda est ista consequentia:
'Socrates movetur a potentia ita forti sicut umquam in isto die ab aliqua
potentia movebitur, et Socrates applicat se nunc ad movendum ita
55 velociter sicut post hoc se applicabit; igitur Socrates movetur ita velociter

35 est²] (et add. K) ita arguatur (arguitur J) de aliis add. ABJK   36 sive¹] si CF // duo
om. EIJ // talia om. FL // tempora om. CD // ponantur] esse add. D talia add. E tempora add.
FGMNO om. HPQ   38 pertransibitur] pertransiretur AB pertransibit HJMQ   39 est]
Item probatur sophisma sic. Si Socrates non post B movebitur velocius quam moveatur ante
B, cum etiam neque tardius, ut patet, igitur aeque velociter movebitur Socrates post B sicut
sine medio ante B movebatur. Et tunc, cum post B movebatur¹ certo gradu motus, sequitur
quod similiter ante B, etc. Et sic sequitur quod in aliqua¹ tempore ante B movebatur ita
velociter in secunda medietate sicut in prima, quod est contra casum sophismatis add. marg.
M   41 umquam] numquam FIQ // die] ab aliqua potentia add. CD // aequaliter] ita
velociter CD om. ABIJK   42 sicut] sed KP // post] prius CGH potentia E // modum] ad
movendum AH om. CDEG // applicabit] applicat CEH   43 movebitur] movetur
EFQ   44 movebitur] movetur EN   45 Socrates . . . movetur] sophisma HP sophisma
etc. Q // movebitur] movetur EG   46 desinet] distat E debet G desinit IN // quiescere]
moveri corr. ex quiescere O // movebitur] moveatur CD movetur EFN   47 intendet]
intendit CEFI 47–48 quia . . . suum om. EOP   48 intendet] intendit DFIJ 48–49 quia . . .
uniformiter om. ABJ   48 quia . . . instans] post (per C) hoc instans, quia CDK 48–49
Socrates . . . instans om. P   49 uniformiter] post hoc instans add. CDKQ 49–50 nec . . .
est] et ita CDK   49 nec . . . instans om. Q // Socrates . . . suum om. ABJ   50 notum]
manifestum J motus E motum P // futuro om. CDK   51 verum] falsum E dicitur quod est
falsum add. sup. lin. O   53 umquam] numquam FP // isto die] aliquo instanti diei A aliquo
istius diei BJ   54 movebitur] movetur EFN   55 hoc] instans add. GO // se om. CDKO //
movetur] movebitur FO

nunc sicut umquam post hoc movebitur'. Sed solum sequitur quod Socrates movetur ita velociter sicut umquam post hoc movebitur vel Socrates incipit moveri ita velociter sicut umquam post hoc movebitur; et haec secunda pars est vera. Et causa quare praedicta consequentia non valet est quia in hoc instanti primo applicat se Socrates ita fortiter ad movendum sicut post 60 hoc se applicabit. Et sicut in primo instanti quo agens applicatur passo ad agendum non agit sed incipit agere, ita in proposito in primo instanti in quo Socrates se applicat ita fortiter ad movendum sicut post hoc se applicabit non movetur ita velociter sicut post modum movebitur; sed in isto instanti incipit Socrates ita velociter moveri sicut post hoc movebitur. 65

(i) Ad secundum argumentum consimiliter neganda est haec consequentia: 'Socrates movebitur velocius quam nunc movetur, et non desinet quiescere antequam moveatur velocius quam nunc movetur; igitur Socrates intendet motum suum'. Et causa est quia Socrates est unum agens voluntarium et potest moveri velocius quam nunc movetur in duplo, et non 70 est necesse quod gradus velocitatis intensior acquiratur per gradus remissiores sicut est in aliis motibus – alterationis, et huiusmodi.

(j) Sed contra istam responsionem apparet hoc sophisma.

Sophisma 34 [35]

(a) PLATO POTEST MOVERI UNIFORMITER PER ALIQUOD TEMPUS ET AEQUE VELOCITER SICUT NUNC MOVETUR SOCRATES.

(b) Posito de Socrate casu primo, et quod nunc sit B instans, ut prius.

(c) Tunc probatur sophisma sic. Plato potest moveri uniformiter per 5 aliquod tempus et tardius quam nunc movetur Socrates, et Plato potest

56 umquam] numquam **EF** 56–59 Sed . . . vera *om*. **GHPQ** 56–58 Sed . . . movebitur *marg.* **M** *om*. **ABCDEFIJKLN**   60 ita] velociter vel *add*. **Q** velociter *scrips. et del*. **M** // sicut] sed **PQ** 60–61 post hoc] postea **G** prius **H**   61 hoc] instans *add*. **CDK** *om*. **FGHQ** // se *om*. **CEHPQ**   64 post] postea **G** prius **H** // modum] instans **C** hoc **DJ** medium **I** *om*. **H** // movebitur] movetur **EF** movebatur **H** // in . . . instanti] nunc **CD**   65 post hoc] prius **H** // movebitur] vel desinet moveri *add*. **G**   67 movebitur] movetur **EH** movebatur **L** // desinet] debet **G** desinit **N** desinet *corr. ex* desinit **O**   68 quiescere] moveri *corr. ex* quiescere **O** // moveatur] movebitur **AIN**   69 intendet] intendit **DEILQ**   70 et²] tamen *add*. **HPQ**   72 et huiusmodi *om*. **EHL**

1 POTEST] INCIPIT **K** // MOVERI] MOVERE **EO**   2 ET *om*. **EHPQ** // AEQUE] ITA **I** // NUNC *om*. **D**   3 SOCRATES *om*. **P** *sup. lin*. **J**

moveri uniformiter per aliquod tempus et velocius quam nunc movetur
Socrates; igitur Plato potest moveri uniformiter per aliquod tempus et
aeque velociter sicut nunc movetur Socrates. Consequentia patet per
10 formam communem factam in praecedentibus sophismatibus. Et prima
pars antecedentis patet, quia Plato potest moveri uniformiter per aliquod
tempus in centuplo tardius quam per aliquod tempus movetur Socrates. Et
per consimile argumentum potest probari secunda pars primi antecedentis,
posito quod Socrates incipiat in principio moveri multum velociter et post
15 continue remittat motum suum.

(d) Ad oppositum sophismatis arguitur sic. Si Plato potest moveri aeque
velociter, etc., ponatur igitur quod Plato moveatur uniformiter per istum
diem ita velociter praecise sicut Socrates nunc movetur. Tunc Plato vel
movetur ita velociter sicut Socrates movebitur post hoc instans, vel non
20 movetur ita velociter, etc. Si primo modo, arguo tunc sic. Plato movetur ita
velociter sicut Socrates post hoc movebitur, et Plato movetur ita velociter
sicut Socrates nunc movetur; igitur Socrates nunc movetur ita velociter
sicut Socrates post hoc movebitur – quod est improbatum per proximum
sophisma praecedens. Si Plato non movetur ita velociter sicut Socrates post
25 hoc movebitur, tunc Plato movetur tardius quam Socrates post hoc
movebitur, vel Plato movetur velocius quam Socrates post hoc movebitur.
Non isto secundo modo, quia tunc, cum Socrates movetur ita velociter
sicut Plato movetur et econtra, sequitur quod Socrates nunc movetur
velocius quam Socrates post hoc movebitur – quod est improbatum in
30 priori sophismate. Sed si Plato movetur tardius quam Socrates movebitur
post hoc, igitur, cum Socrates movebitur post hoc continue aliqua velocitate uniformiter et Plato nunc movetur similiter uniformiter, sequitur
quod motus et gradus velocitatis Platonis exceditur per aliquem excessum a
gradu isto uniformi velocitatis per quem post hoc movebitur Socrates. Et

7 uniformiter *om.* **CDE**   8 uniformiter *om.* **GQ**   13 secunda] prima **E** // primi *om.*
CDEGK *marg.* **J** 14–15 posito . . . suum *om.* **CD**   14 velociter] velocius **HMPQ** 14–15 et
. . . suum *om.* **BEFGIJKLNO** *marg.* **M** 16–17 Si . . . etc. *om.* **H** // Plato . . . etc.] sophisma
PQ   18 vel] non **D** *sed corr.* **L**   20 movetur²] movebitur **DIO**   21 Socrates . . . hoc]
post hoc instans Plato **ABJK** // movetur] movebitur **CI**   22 Socrates²] Plato
I   23 Socrates] Plato **E** *om.* **BCFHK** // hoc] instans *add.* **HJ**   24 Socrates *om.*
GJ   25 movebitur] movetur **DE** 25–26 tunc . . . movebitur² *om.* **EH**   25 movetur]
movebitur **CD** // hoc] instans *add.* **ABJK**   26 hoc] instans *add.* **ABK**   28 movetur¹]
movebatur **F** movebitur **HM** // movetur²] moveretur **ABHIJN**   29 movebitur] movetur
EF   30 priori] proximo **CDFK** praecedenti **HPQ** // movebitur] movetur **FHQ**   31 hoc²]
instans *add.* **HJ** // continue *om.* **HIOPQ**   32 uniformiter¹] uniformi **BFINOQ** *om.*
EH   33 exceditur] excederetur **ABJ** excedatur **C** excedetur **GQ** extendatur **K**   34 uni-
formi] difformiter **A** difformi **BJ** uniformiter **CPQ** // movebitur] movetur **DEF**

ita per aliquem excessum movebitur Socrates post hoc velocius quam Plato 35
nunc movetur. Et, ultra, per idem argumentum, igitur per tantum
excessum movebitur Socrates post hoc velocius quam Socrates nunc
movetur – quod est falsum, quia nulla potest esse velocitas intensior quam
est aliqua qua nunc movetur Socrates et remissior quam ista velocitas
uniformis per quam Socrates post hoc movebitur. Quod faciliter patet, 40
quia si aliqua foret velocitas media uniformis, tunc ista vel proveniret ab
aequali potentia, ceteris paribus, cum ista potentia qua nunc movetur
Socrates, vel maiori, vel minori. Non ab aequali, quia aequalis potentia
cum potentia Socratis movens per tempus movebit ita velociter sicut post
hoc movebitur Socrates. Nec a minori potentia quam sit potentia Socratis, 45
quia quaelibet potentia minor quam potentia Socratis movebit tardius
quam nunc movetur Socrates. Nec talis motus medius potest provenire a
maiori potentia quam sit potentia Socratis, quia quaelibet talis potentia
movens per tempus movebit velocius quam post hoc movebitur Socrates.

(e) Ad sophisma dicitur quod est impossibile quod Plato moveatur 50
uniformiter per aliquod tempus praecise ita velociter sicut Socrates nunc
movetur. Et una causa est quia in motu uniformi contingit invenire gradum
velocitatis temporalem intensissimum quo movens movet uniformiter; sed
in proposito non contingit accipere gradum velocitatis Socratis intensissimum durantem per aliquod tempus. Et ideo per nullum tempus movetur 55
Socrates ita velociter quin per aliquod tempus moveatur velocius.

(f) Et ideo in casu proximi sophismatis praecedentis concedendum est
quod Socrates movetur tardius quam ipsemet Socrates post hoc instans
movebitur, sed per nihil movetur Socrates tardius quam ipsemet Socrates
post hoc movebitur. Et hoc est propter causam iam dictam – videlicet, quia 60
per nullum tempus movetur Socrates ita velociter quin per aliquod tempus
movebitur velocius.

35 movebitur] movetur **DE**   36 movetur] quod est falsum *add.* **E** // tantum] totum **EHPQ**
sed corr. **O** talem **I**   37 movebitur] movetur **EF** // Socrates] Plato **C** *om.* **ABE** *marg.* **J** //
hoc] instans *add.* **ABEJ** // Socrates²] Plato **J** *om.* **H** *sup. lin.* **C**   40 uniformis *om.* **DE** //
movebitur] movetur **EF** // Quod] satis *add.* **CDFIK** // faciliter] facilius **E** *om.* **FI**   41 media
uniformis] uniformis media uniformiter **Q** *om.* **L** // uniformis] uniformiter **C** *om.* **ABEF-
GIJMNO** // proveniret] provenit **ABJ** proveniet **CDM**   44 movebit] movebitur **ABCDHIJ-
KLMNOPQ** movetur **EF**//   45 movebitur] movetur **EF** minori] maiori **EQ**   46 movebit]
movebitur **CDILMNO** movetur **EFQ** moveatur **P** *om.* **H**   49 movens] motus **C** moventis **D**
// movebit] movebitur **CDHIMNOPQ** movetur **EL** // movebitur] movetur **DE**   53 tempo-
ralem] tempore esse **AB** totalem **C** esse **J** in tempore esse **K** // movet] movetur **CDEFGHIPQ**
moveret **LM** moveretur **O**   54 velocitatis] motus *add.* **HPQ** 54–55 intensissimum] success-
iorem **E** intensiorem **M**   55 aliquod] aliud **GOP**   56 moveatur] movetur **CDEFGILN**
movebitur **HPQ** moveretur **O** ita *add.* **GL** // velocius] ita velociter **O**   59 movebitur]
movetur **EF**   60 hoc¹] instans *add.* **ABCFIJ** // quia] quod **AEFHIJKLNOQ**
61 movetur] movebitur **CDIQ** // aliquod] aliud **BGJOP**

(g) Ad argumentum quod videtur probare sophisma neganda est haec consequentia: 'Plato potest moveri per aliquod tempus uniformiter et
65 tardius quam Socrates nunc movetur, et Plato potest moveri uniformiter per aliquod tempus et velocius quam nunc movetur Socrates; igitur Plato potest moveri uniformiter per aliquod tempus et aeque velociter sicut nunc movetur Socrates'. Et causa est quia inter motum uniformem per quem aliquid potest moveri uniformiter tardius quam nunc movetur Socrates et
70 motum uniformem per quem aliquid potest moveri uniformiter velocius quam nunc movetur Socrates non est aliquis motus medius uniformis per quem aliquid potest moveri uniformiter et ita velociter praecise sicut nunc movetur Socrates. Si tamen aliquis foret talis motus medius uniformis, argumentum foret probabile.

75 (h) Et contra hoc arguitur sic. Et ponatur quod Plato non habeat potentiam ad movendum uniformiter velocius quam nunc movetur Socrates, et augmentetur potentia Platonis quousque possit moveri uniformiter et velocius quam nunc movetur Socrates. Et capiatur totum tempus per quod Plato non potest moveri velocius et uniformiter quam
80 nunc movetur Socrates – et sit illud tempus C – et totum tempus per quod Plato potest moveri, etc. – et sit illud tempus D. Tunc C et D sunt tempora immediata. Tunc in instanti medio inter C et D vel Plato potest moveri uniformiter et aeque velociter sicut nunc movetur Socrates – et habetur propositum – vel Plato tunc debet posse moveri solum tardius et uni-
85 formiter, etc. Sed hoc est falsum, quia tunc non sine medio in D haberet Plato potentiam ad movendum uniformiter et velocius quam nunc movetur Socrates – quod est contra datum. Si in instanti medio inter C et D debet Plato posse moveri velocius et uniformiter quam nunc movetur Socrates, igitur tunc, in isto instanti medio, debet Plato per aliquid posse moveri
90 uniformiter et velocius quam nunc movetur Socrates. Et, ultra, igitur ante illud instans medium debet Plato posse moveri velocius quam nunc movetur Socrates – quod similiter est contra praedictum.

64–68 Plato . . . Socrates *om.* **HPQ**   69 tardius] velocius **E** velocius *corr. ex* tardius
O   71 medius *om.* **AEHJ**   75 Et²] Quia **HL** *om.* **DPQ** // ponatur] probatur
FN   79 non *corr. ex* nunc **J** *om.* **HNPQ**   80 C] D **LP**   81 Plato] Socrates **ABJK** //
etc.] minus velociter quam nunc movetur Socrates **H** uniformiter (minus? *scrips. et del.*)
velocius quam nunc movetur Socrates **P** uniformiter minus velocius quam nunc movetur
Socrates, etc.? **Q**   82 medio] in quo C mediate **EPQ** immediate **H**   83 habetur] hoc est
AM   84 posse] praecise **GI** post C *corr. ex* post se **O**   85 haberet] habet
AI   89 aliquid] aliquod tempus **ABCDGIJLMNOPQ** 90–91 ante . . . moveri] tunc in isto
instanti medio debet Plato per aliquod tempus posse moveri uniformiter et **A**   91 instans
. . . posse] tempus medium debet Plato praecise **G** // moveri] uniformiter et *add.*
AK   92 quod] et **AD** // praedictum] positum **CDK** data **PQ**

(i) Ad istud est dicendum quod in instanti medio Plato debet posse moveri uniformiter et velocius quam nunc movetur Socrates. Sed ulterius 'igitur per aliquid debet Plato in isto instanti posse moveri, etc.' non 95 sequitur. Sed bene sequitur quod Plato debet in isto instanti posse moveri velocius per aliquid. Et tunc iste terminus 'aliquid' stat confuse tantum propter comparativum praecedens. Unde in isto instanti medio habebit Plato potentiam ad movendum ita velociter et uniformiter sicut post hoc movebitur Socrates uniformiter, supposito casu prioris sophismatis. Et 100 sicut Socrates nunc movetur tardius quam post hoc movebitur, et per nihil movetur Socrates tardius quam post hoc movebitur, sic in isto instanti medio inter C et D habebit Plato potentiam, etc., et tamen per nihil praecise habebit Plato potentiam in isto instanti medio ad movendum velocius quam nunc movetur Socrates.   105

(j) Et per consimile respondendum est huic sophismati.

Sophisma 35 [36]

(a) SOCRATES INCIPIET POSSE MOVERI A GRADU VELO-CITATIS.

(b) Supposito quod A sit unus gradus velocitatis uniformis per quem Socrates aliquando post hoc movebitur uniformiter; et supposito quod Socrates non possit modo moveri A gradu velocitatis nisi potentia sua 5 augmentetur, et augmentetur potentia sua per aliquod tempus antequam habebit potentiam ad movendum A gradu et quousque habeat potentiam ad movendum A gradu. Et fiat locutio de isto termino 'posse' stricte.

(c) Tunc probatur sophisma sic. Socrates non potest moveri A gradu velocitatis, et debet posse moveri A gradu velocitatis, et non incipit posse 10 moveri A gradu velocitatis—ut patet ex casu; igitur Socrates incipiet posse moveri A gradu velocitatis.

---

95 per aliquid] velocius **D** *om.* **ABJK**   96 instanti] medio *add.* **ABCDFJK**   101 nunc] vel **E** non **HK** // movetur] movebitur **CE** // hoc] instans *add.* **CDEFGILMNO**   102 quam] Socrates *add.* **C** Plato *add.* **D** // hoc] instans *add.* **IMPQ**

1 INCIPIET] INCIPIT **EHIK** // POSSE *om.* **B**   4 movebitur] movetur **EF**   5 possit] posset **CDFO** potuit **N**   6 augmentetur[2]] augeatur **ABCFJK**   7 ad movendum] movendi **HPQ** 7–8 et . . . gradu *om.* **AFK**   8 ad movendum] movendi **DH** // fiat] argumentum sive *add.* **BJ** // locutio] argumentum **AK** sermo **CD** // stricte] sive locutio *add.* **A**   10 posse[2] *om.* **EJPQ**   11 incipiet] incipit **HL** incipit *corr. ex* incipiet **J** // posse *om.* **EG**

(d) Ad oppositum arguitur sic. Si sophisma sit verum, vel igitur sic quod
aliquod erit primum instans in quo Socrates habebit potentiam ad moven-
15 dum A gradu velocitatis, vel sic quod aliquod erit ultimum instans in quo
Socrates non habebit potentiam ad movendum A gradu velocitatis. Si
primo modo, sit igitur istud instans B. Tunc arguo sic. In B instanti primo
habebit Socrates potentiam ad movendum A gradu velocitatis; igitur
Socrates per istam potentiam quam habebit in B instanti potest moveri A
20 gradu velocitatis per aliquod spatium, quod, ut suppono, sit C. Tunc arguo
sic. Facilius est moveri per medietatem C spatii A gradu velocitatis quam
moveri per totum C spatium A gradu velocitatis, et per aliquid est facilius
moveri A gradu per medietatem C spatii quam per totum C spatium; igitur
Socrates prius habebit potentiam ad movendum A gradu per medietatem C
25 spatii quam per totum C spatium. Sed in B instanti habebit Socrates
potentiam ad movendum per totum C spatium A gradu; igitur ante B
instans habebit Socrates potentiam ad movendum per medietatem C spatii
A gradu velocitatis. Igitur in B instanti non incipiet Socrates habere
potentiam ad movendum A gradu velocitatis.
30 (e) Ideo forte datur alia pars – videlicet, quod aliquod erit ultimum
instans in quo Socrates non habebit potentiam ad movendum A gradu
velocitatis. Sed contra illud arguo sic. Et pono quod B sit illud ultimum
instans, et sine medio post illud instans Socrates habebit potentiam ad
movendum A gradu velocitatis; et sit nunc illud instans B, gratia exempli.
35 Tunc arguo sic. Facilius est Socratem moveri A gradu velocitatis quam
moveri gradu velocitatis intensiori A; igitur Socrates prius habebit potentiam ad movendum A gradu velocitatis quam ad movendum gradu
intensiori A. Sed probo quod non; quia immediate post hoc instans – quod

17 primo[2] *om.* **CDEHJPQ**   19 potest] poterit **EQ**   20 quod] quia **AF** 22–25 C . . .
spatium *om.* **H** 22–23 A . . . spatium *om.* **P** // velocitatis . . . spatium *om.* **Q** 23–25 per[2] . . .
spatium *om.* **ABJ** // igitur . . . spatium *marg.* **C**   28 incipiet] primo *add.* **ABJK** habere]
talem *add.* **ABJK** //   29 movendum] primo *add.* **G**   30 erit] est **EJ** sit **NQ** 32–34 Sed . . .
velocitatis *om.* **O** // illud . . . et *om.* **ABCDJK**   33 instans[1] in quo Socrates non habebit
potentiam ad movendum A gradu velocitatis *add.* **EFGILMN** 33–34 et . . . velocitatis *om.*
E   34 nunc *om.* **CDL** // illud] ultimum *add.* **CDK**   38 A] Nota quod est aliqua minima
potentia quae potest C spatium pertransire, et ista est quando incipiet pertransire C, per
positionem de praesenti, ita quod immediate post C erit totaliter pertransitum. Sed ad
movendum A lapidem non est aliqua minima potentia quae potest A movere, quia ad
movendum A requiritur tota potentia Socratis; non enim potest movere sine elevare A
lapidem magnum per medietatem suae potentiae, sed requiritur tota sua potentia. Et ideo in
instanti in quo incipit habere potentiam per positionem de praesenti incipit movere A lapidem
per positionem de futuro. Sed non sic de potentia quae requiritur ad C spatium pertranseundum, quia per medietatem potentiae potest medietatem C spatii pertransire. *add.* **G** 38–40
Sed . . . velocitatis *om.* **ABCJK**   38 quod non *om.* **E**

est B, ut positum est – habebit Socrates potentiam ad movendum A gradu
velocitatis. Igitur si Socrates prius habebit potentiam ad movendum A   40
gradu quam aliquo gradu intensiori, sequitur quod Socrates prius quam
immediate post hoc habebit potentiam ad movendum A gradu velocitatis;
et hoc est impossibile. Et quod immediate post hoc habebit Socrates
potentiam ad movendum gradu intensiori A gradu probo; quia Socrates
habebit potentiam ad movendum gradu intensiori A gradu, et nullum   45
tempus erit antequam Socrates habebit potentiam ad movendum gradu
intensiori A gradu; igitur immediate post hoc habebit Socrates potentiam
ad movendum, vel ut moveatur, gradu intensiori A gradu. Minorem
probo; quia si aliquod tempus erit antequam Socrates habebit potentiam
ad movendum gradu intensiori A gradu, sit igitur quod D tempus erit   50
antequam Socrates habebit potentiam, etc. Tunc, lapsa prima medietate D
temporis, Socrates habebit potentiam ad movendum A gradu velocitatis, et
per totam secundam medietatem D temporis augebitur potentia Socratis;
igitur in aliqua parte secundae medietatis D temporis habebit Socrates
potentiam ad movendum gradu intensiori A gradu velocitatis. Igitur totum 55
D tempus non labetur antequam Socrates habebit potentiam ad movendum gradu intensiori A gradu velocitatis – quod fuit probandum.

(f) Item, arguo sic. Et pono quod in hoc instanti, quod est B, maneat
potentia Socratis non augmentata, et moveatur Socrates uniformiter et ita
velociter sicut potest. Et quaero utrum Socrates movetur A gradu velocita- 60
tis – et habetur propositum – vel Socrates non movetur A gradu velocitatis.
Et tunc, ut patet, Socrates moveretur gradu remissiori A gradu. Pono tunc

---

40–43 Igitur . . . impossibile *tr. ad lin. 62 infra post* gradu **J** 40–41 Igitur . . . intensiori *om.*
K   41 quam² *om.* **HQ**   43 Et quod] Quia **FH** 44–45 probo . . . et] patet quod **E** // probo
. . . gradu *om.* **HL**   46 movendum] vel ut moveatur (ab *add.* **J**) aliquo *add.* **ABJK** vel ut
moveat *add.* **D**   47 immediate] continue **E**   48 Minorem] Maiorem **ABK** *om.*
J   49 erit] sit **FI**   50 D *om.* **CO** // erit] sit **LO**   51 D] A **BJ** ipsius **Q** *om.*
HP   52 movendum] gradu intensiori *add.* **N** // A . . . velocitatis] gradu intensiori
O   53 augebitur] augmentabitur **EIKLM** augmentatur F augetur **G**   54 igitur *om.* **BJ**
sup. lin. **O**   56 D] B **E** illud **FO** *om.* **CD** // labetur] labitur **HI**   57 probandum] Nota
quod est minima potentia quae potest C spatium pertransire certo tempore vel certa
velocitate, non autem absolute, sicut potest argui de facilitate maioris tarditatis consimili
forma per quam probatur sophismate 36. Ad oppositum quod non. Ad oppositum quod non
est dare primum instans in quo Socrates habebit potentiam ad movendum A gradu velocitatis.
Sicut enim ibi assumitur quod facilius potest per medietatem C spatii, etc., ita potest assumi
hic quod facilius potest per totum spatium moveri velocitate, etc. *add.* **G**   58 maneat]
moveat **AB** moveatur **J**   60 movetur] movebitur **BCDGJKLMO**   61 et . . . propositum
om. **HPQ** // Socrates] si **CD** // movetur] movebitur **ABGIJKMO**   62 Et] Si secundo modo
HPQ // moveretur] movetur **ABDEFHIKNPQ** movebitur M // remissiori] intensiori **AHLN** // A
gradu *om.* **EI**

quod iste gradus quo movetur Socrates uniformiter sit E. Tunc arguo sic. E
gradus est remissior A gradu velocitatis; igitur inter E et A gradus
65 secundum latitudinem velocitatis est vel esse potest aliquis gradus uniformis
remissior quam A gradus et intensior quam E gradus. Sit igitur talis gradus
medius F. Tunc arguo sic. Socrates non potest moveri F gradu velocitatis,
nec Socrates potest moveri A gradu velocitatis, et A gradus est intensior F
gradu; igitur augmentata potentia Socratis, Socrates prius habebit poten-
70 tiam ad movendum F gradu velocitatis quam ad movendum A gradu
velocitatis. Cum igitur Socrates, si sua potentia augmentaretur immediate
post hoc, haberet potentiam ad movendum A gradu velocitatis, sequitur
quod Socrates prius quam immediate post hoc haberet potentiam ad
movendum F gradu velocitatis – quod est falsum.
75 (g) Ad sophisma dicendum est quod sumpto isto termino 'posse' stricte,
ut positum est, sophisma est verum.
(h) Ad argumentum in oppositum dico quod aliquod erit ultimum instans
in quo Socrates non habebit potentiam ad movendum, vel ut moveatur, A
gradu velocitatis. Et ulterius conceditur quod facilius est aliquid moveri A
80 gradu velocitatis quam aliquo gradu intensiori A. Sed ulterius neganda est
ista consequentia 'Igitur Socrates prius habebit potentiam ad movendum A
gradu velocitatis quam aliquo gradu intensiori A gradu', sicut sufficienter
probat argumentum. Et causa est quia per nullum excessum praecise est
facilius moveri A gradu velocitatis quam aliquo gradu intensiori A – quod
85 tamen requireretur si consequentia valeret. Unde si fiat comparatio inter
aliquos duos gradus singulares sicut inter A et B – posito quod A et B sint
gradus singulares – tunc bene sequitur 'Facilius est moveri A gradu quam B
gradu (cum aliis positis in alio antecedente) ; igitur Socrates prius habebit
potentiam ad movendum A gradu quam ad movendum B gradu'. Quia si B
90 gradus sit intensior A gradu, per aliquid est B gradus intensior A gradu; et
ideo consequentia est bona.

63 movetur] movebitur **ABFGIJKMNOPQ**   64 remissior] intensior **Q**   66 igitur]
aliquis *add.* **ABEFGIJLMP**   68 nec . . . velocitatis *om.* **IL** *marg.* **C**   71 augmentaretur]
augmentatur **CH** augmentetur **DFIQ** augmentetur *corr. ex* augmentaretur **M** augeatur **E**
augeretur **GL** augeretur augmentetur **K**   72 haberet] potest habere **CD**   74 F] A
EP   75 sumpto] supposito **ACDEFHIMNO**   77 erit] est **DEGIJ**   88 alio] aliquo **FM**
om. **ACD**   89 ad movendum[2] *om.* **AEFGHI** 90–91 et ideo] non **A** non *add.* **H**

(i) Ad aliud argumentum dico quod toto casu supposito in principio et quod B sit hoc instans non est possibile quod Socrates moveatur uniformiter et ita velociter sicut potest – sicut dictum est in alio sophismate praecedenti. Sed bene concedendum est quod quantumcumque velociter et 95 uniformiter potest Socrates moveri, ita velociter et uniformiter potest Socrates moveri. Nec ex isto potest poni in esse quod Socrates moveatur uniformiter et ita velociter sicut potest uniformiter moveri.

(j) Huic sophismati simile est hoc sophisma.

Sophisma 36 [37]

(a) SOCRATES INCIPIET POSSE MOVERE A LAPIDEM.

(b) Supposito quod A sit lapis magnus quem Socrates non potest movere, et augmentetur potentia Socratis quousque habeat potentiam ad movendum A lapidem, sic tamen quod immediate post hoc non habeat Socrates potentiam ad movendum A lapidem. 5

(c) Tunc probatur sophisma ex casu, sicut praecedens.

(d) Ad oppositum arguitur per argumentum primum factum ad oppositum proximi sophismatis.

(e) Item, tunc esset accipere ultimum instans in quo Socrates non potest movere illum lapidem, sic quod in isto instanti Socrates non habeat 10 potentiam ad movendum A lapidem et sine medio post hoc instans Socrates habebit potentiam ad movendum istum lapidem. Pono tunc quod Plato in principio sit tantae potentiae sicut Socrates, et quod sicut potentia Socratis augmentatur ad movendum A lapidem sic aequaliter augmentetur potentia Platonis ad pertranseundum C spatium – posito quod Plato in 15 principio non possit pertransire C spatium. Tunc arguo sic. Potentia Platonis aequaliter augmentatur praecise ad pertranseundum C spatium

92 aliud] idem C illud H om. EGP // in principio om. CD   93 hoc om. J // instans] ultimum in quo non quod hoc add. J 94–95 alio . . . praecedenti] casu sophismatis praecedentis H   98 ita . . . moveri om. CHP

1 INCIPIET] INCIPIT HIK // MOVERE] MOVERI HP // A om. L   3 augmentetur] augeatur AJK augetur BE augmentatur CD augmentaretur I // habeat] habebit ABCDGHKNOP   4–5 sic . . . lapidem om. DEHK   7 primum] prius CDEHMPQ   9 Item] si add. E // tunc] si J om. O // potest] posset HL   10 habeat] habebit ILNO haberet Q   14 augmentatur] augeatur D augetur GK augmentetur HN // aequaliter] similiter F consimiliter HQ? // augmentetur] augmentatur CO augeatur DK augmentaretur EI   17 aequaliter om. ABCDEFHJKPQ // augmentatur] augetur EFK

sicut augmentatur potentia Socratis ad movendum A lapidem, et simul
incipiunt augeri potentiae Socratis et Platonis; igitur in ultimo instanti in
20 quo Socrates non habebit potentiam ad movendum A lapidem et immediate post illud instans habebit potentiam ad movendum A lapidem, Plato
non habebit potentiam ad pertranseundum C spatium et immediate post
illud instans Plato habebit potentiam ad pertranseundum C spatium. Sit
igitur D illud instans in quo Socrates incipiet habere potentiam ad
25 movendum A lapidem et in quo Plato incipiet habere potentiam ad
pertranseundum C spatium. Et quaeritur utrum in D instanti Plato possit
pertransire C spatium vel non. Quod non, prius probatum est. Quod sic,
probo; quia pertranseat Plato quantum potest de C spatio per potentiam
quam habebit in D instanti. Tunc si totum C non erit pertransitum a
30 Platone, igitur aliqua pars C relinquetur pertranseunda vel non pertransita
a Platone. Sit igitur ista pars E. Tunc arguo sic. Aliqua difficultas est
pertransire E partem C spatii, et per consequens Plato per potentiam quam
habebit in D instanti non sufficiet ad pertranseundum totum C spatium per
partem E; igitur etsi potentia Platonis augmentetur post D instans,
35 sequitur quod Plato non sine medio post D habebit potentiam ad pertranseundum totum C. Consequentiam probo; quia per aliquid est facilius
pertransire totum C praeter medietatem E partis quam pertransire totum
C, et per consequens Plato prius post D habebit potentiam ad pertranseundum totum C praeter medietatem E partis quam ad pertranseundum totum
40 C; igitur Plato sine medio tempore post D non habebit potentiam ad
pertranseundum totum C – quod fuit probandum.

(f) Ad sophisma respondendum est sicut ad praecedens.

(g) Et consimiliter est respondendum ad primum argumentum in oppositum istius sophismatis sicut ad primum argumentum ad oppositum
45 alterius sophismatis est responsum.

18 augmentatur] augetur **EK** augmentaretur⁷ **I** augmentetur **O**   19 augeri] augmentari
CIN *om*. **HPQ** 22–23 et . . . spatium *om*. **DFHQ**   24 D *om*. **GI** // incipiet habere] habebit **M**
incipiet] incipit **BCDFGHIJKNOPQ**   25 incipiet habere] habebit **O** // incipiet] incipit
BEFGHIJK incipiat **Q**   26 spatium] D *add*. **GI** // possit] posset **EFO** poterit **L**   28 per-
transeat] transeat **AB** pertransiet **MN** // de] D **LN**   29 erit] sit **BP**   30 relinquetur]
relinquitur **ACFGILMNOPQ** // pertranseunda . . . non *om*. **CD** // pertranseunda] pertransita
H // pertransita] pertranseunda **BCDKL** pertranseundum **E** pertransitum **O**   31 igitur *om*.
DL   33 habebit] habet **AFL** // sufficiet] sufficit **CE** // totum *om*. **EH**   34 etsi] si
AFHIJLQ // Platonis] Socratis **DM** // augmentetur] augmentaretur **AQ** augmentatur **CI**
augeatur **D** augetur **EJK** // post] per **GM**   36 C] spatium per E partem *add*. **FL** spatium
add. **EGH**   38 post D *om*. **CD**   40 tempore] erit **M** *om*. **EQ** *scrips. et del*. **C**   41 pro-
bandum] Non sequitur ista conclusio, sed ista, quod Plato sine medio post D non habebit
potentiam totum C pro tunc; et hoc est verum quamvis ante D habuit potentiam ad
pertranseundum totum C pro aliquo instanti futuro post D motu tardiori *add*. **G**   42 ad]
sophisma *add*. **APQ** // praecedens] – scilicet, quod est verum stricte accipiendo 'posse' *add*.
G   44 ad oppositum *om*. **CE**   45 responsum] respondendum **ABFI** ostensum **H**

(h) Ad secundum argumentum in oppositum dicendum est quod
potentia Platonis non potest sic aequaliter augmentari respectu C spatii
sicut augmentatur potentia Socratis ad movendum A lapidem, ita quod
continue sit aequalis proportio potentiae Socratis ad A qualis est proportio
potentiae Platonis ad C. Et causa est quia ad pertranseundum C spatium 50
aliqua est minima potentia quae potest C pertransire, et in motu locali A
lapidis nulla est minima potentia quae potest movere A lapidem. Et ideo in
primo instanti in quo Socrates incipiet habere potentiam ad movendum A
lapidem – exponendo istum terminum 'incipiet' per remotionem de
praesenti et positionem de futuro – in eodem instanti incipiet Plato habere 55
potentiam ad pertranseundum C spatium – alio modo exponendo istum
terminum 'incipiet', scilicet, per positionem de praesenti et remotionem de
praeterito.

(i) Sed ex isto dicto ultimo oritur hoc sophisma.

Sophisma 37 [38]

(a) SOCRATES POTEST ITA CITO HABERE POTENTIAM AD
MOVENDUM A LAPIDEM SICUT PLATO HABEBIT POTENTIAM
AD PERTRANSEUNDUM C SPATIUM.

(b) Posito quod Plato in B instanti primo habebit potentiam ad pertranseundum C spatium.   5

(c) Tunc probatur sophisma sic. Possibile est quod Socrates prius habeat
potentiam ad movendum A lapidem quam Plato habebit potentiam ad
pertranseundum C spatium, et possibile est quod Plato prius habeat
potentiam ad pertranseundum C spatium quam Socrates ad movendum A
lapidem; igitur possibile est quod Socrates in eodem instanti praecise 10

47 Platonis] Socratis **CE** // augmentari] augeri **ABCDEFGJKM**   48 augmentatur] augetur **ABCDEFJK** augmentaretur **G** augmentabatur **L** // continue] praecise **C²D**   51 quae]
qua **ABFJKPQ** *sed corr.* **C** // potest] prout est movens potentia Socratis potest *add.* **M** //
pertransire] pertransiri **ABDFJK**   52 quae] qua **ABCDFHJMPQ** // Et ideo] Non
H   53 Socrates] non *add.* **K** // incipiet] incipit **DEIQ**   54 istum terminum] ly **ABCDJK** //
incipiet] incipit **ADEIJKQ** // remotionem] negationem **CG**   56–57 istum terminum] ly
ABCDJK   57 incipiet] incipit **EJ**   58 praeterito] futuro **G** *sed corr.* **HKM**

2 LAPIDEM] PRAECISE *add.* **C** 4–5 Posito . . . spatium *om.* **HL**   4 primo *om.*
CD   7 habebit] habeat **AM** *om.* **I**   8 est] econtra *add.* **ABCDK** econverso *add.* **J** //
habeat] habebit **CDEHP** habuit **F**

habeat potentiam ad movendum A lapidem quando Plato habebit potentiam ad pertranseundum C spatium.

(d) Ad oppositum arguitur sic. Si possibile sit quod Socrates ita cito
praecise habeat potentiam ad movendum A lapidem sicut Plato habebit
15 potentiam ad pertranseundum C spatium, et in B instanti Plato primo
habebit potentiam ad pertranseundum C spatium, igitur Socrates in B
instanti primo habebit potentiam ad movendum A lapidem – quod est
contra praedicta.

(e) Ad sophisma dicitur quod est falsum.

20 (f) Ad argumentum neganda est haec consequentia: 'Possibile est quod
Socrates prius habeat potentiam ad movendum A quam Plato habebit
potentiam ad pertranseundum C, et possibile est quod Plato prius habeat
potentiam ad pertranseundum C quam Socrates ad movendum A; igitur
possibile est quod Socrates ita cito praecise habeat potentiam ad moven-
25 dum A sicut Plato ad pertranseundum C'. Et causa est quia in eodem
instanti primo non potest Socrates habere potentiam ad movendum A et
Plato potentiam ad pertranseundum C – quod tamen requireretur ad hoc
quod consequentia valeret.

(g) Sed forte tunc arguitur per communem formam, saepius prius factam
30 – videlicet, quod posito quod Socrates non posset prius movere A quam
Plato pertransire C, et augmentetur sua potentia quousque possit citius
movere A quam Plato pertransire C – et fiat communis forma.

(h) Et responsio patet, sicut ad alia praecedentia.

(i) Huic sophismati simile est hoc sophisma.

11 habebit] habeat **D** habuit **L** 13–15 possibile . . . et] sophisma sit verum, cum
H 13 cito *om.* **FL** 14 habebit] habeat **DL** *om.* **I** 15 primo *om.* **JM** 20 argu-
mentum] in oppositum *add.* **CEM** 20–25 Possibile . . . C *om.* **HPQ** 22 habeat] habebit
EF 27 requireretur] requiritur **CDFHI** requiretur **G** 28 valeret] Nota quod sophisma
potest concedi sub forma quae proponitur. Sub ista tamen forma est negandum 'Socrates
potest ita cito habere potentiam ad ita cito movendum A lapidem sicut Plato pertransibit C
spatium ita cito sicut Plato habebit potentiam ad pertranseundum C spatium'. *add.*
G 30 posito quod *om.* **HPQ** // posset] possit **ABGIJKLMP** 31 augmentetur] augeatur
AM augmentatur **HQ** // possit] posset **CD⁷ELN** poterit **J** // citius] prius **H** 32 fiat . . .
forma] hoc fiat consequens etiam forma talis **C** // communis forma] consequentia informalis **H**
etc. *add.* **BDJK** 33 praecedentia] sophismata *add.* **A** sicut ad argumenta praecedentia
add. **K**

Sophisma 38 [39]

(a) PLATO POTEST INCIPERE ESSE FORTISSIMUS HOMINUM
QUI SUNT HIC INTUS.

(b) Posito quod Socrates et Plato et Cicero sint hic intus et non plures, et
sit Socrates fortis, et Plato fortior Socrate, et Cicero fortior Platone.

(c) Tunc probatur sophisma sic. Plato non est fortissimus hominum qui   5
sunt hic intus, et Plato potest esse fortissimus hominum qui sunt hic intus;
igitur Plato potest incipere esse fortissimus hominum qui sunt hic intus.
Maior patet per casum; et minor patet quia si Cicero corrumpatur et
Socrates et Plato maneant ita fortes sicut nunc sunt, tunc cum Socrates et
Plato solum erunt hic intus, corrupto Cicerone, igitur tunc Plato erit   10
fortissimus hominum qui sunt hic intus. Et per consequens Plato potest
incipere esse fortissimus hominum qui sunt hic intus.

(d) Ad oppositum arguitur sic. Si Plato potest incipere esse fortissimus
hominum qui sunt hic intus, vel igitur exponendo ly 'incipere' per
positionem de praesenti et remotionem de praeterito, vel per remotionem   15
de praesenti et positionem de futuro, vel utroque modo. Quod utroque
modo patet; quia limitetur iste terminus 'fortissimus' sic quod ille sit
fortissimus qui est ita fortis quod nullus alius ab eo est ita fortis. Tunc
probo quod utroque modo exponendo ly 'incipit' sophisma est verum.
Quia si Cicero corrumpatur, omnibus aliis paribus, tunc Plato incipiet esse 20
fortissimus hominum qui sunt hic intus, exponendo ly 'incipit' per positionem de praesenti et remotionem de praeterito. Quod patet, quia in
primo instanti in quo Cicero erit corruptus, Plato primo erit fortissimus
hominum qui sunt hic intus, et aliquod erit primum instans in quo Cicero

---

1 PLATO] SOCRATES **I** *sed corr.* **O** // INCIPERE] MOVERE **B** IN TEMPORE
I   2 SUNT] SIT **M**   4 fortior Platone] fortissimus **E**   5 hominum] homo
ABDGHLMPQ homo *corr. ex* hominum **J** *om.* **C**   6 sunt[1]] est **ABCDGHLMPQ** est *corr. ex*
sunt **J** // et . . . intus *om.* **JP** // hominum] homo **ABGHLMQ** // sunt[2]] est
ABGHLMQ   7 hominum] homo **ACJLMPQ** *om.* **BD**   8 sunt] est **ABGJLMPQ** // per
. . . patet[2] *om.* **PQ**   10 erit] est **BCDKM** erat **H** 11–12 Et . . . intus *om.* **DK** // Plato . . .
intus] verum **H** sophisma verum **Q**   13 potest incipere] incipiet **C** incipit
EFHIJM   14 qui . . . intus *om.* **HP**   16 Quod] autem *add.* **ABCD** non *add.* **J** autem non
add. **K**   18 fortis[2]] nec fortior *add.* **ACDK** vel fortior *add.* **J**   19 incipit] istud *add.*
GLNO // verum] falsum **F**   20 paribus] partibus **IL** *sed corr.* **K** // incipiet] incipit **EIJ**
incipiat **Q** 22–24 in . . . et *om.* **ABK**   23 erit[1]] est **CEHMPQ** // primo erit] potest esse **MN** //
primo *om.* **HJ**   24 hominum] homo **CD** // qui . . . intus *om.* **CD** // erit] est **ABKN**

25 erit corruptus; igitur, etc. Et per consequens isto modo exponendo ly
'incipit', Plato potest incipere esse fortissimus hominum qui sunt hic intus.
Item, si Cicero non sit corruptus antequam Plato erit fortior eo et
augmentetur potentia Platonis quousque sit fortior Cicerone, tunc aliquod
erit primum instans in quo Plato et Cicero erunt aeque fortes, et in illo
30 instanti Plato non erit fortissmus hominum qui sunt hic intus — exponendo
ly 'fortissimus' ut prius — et immediate post istud instans Plato erit
fortissimus hominum qui sunt hic intus; igitur tunc – per aliam expositionem huius termini 'incipit' – Plato potest incipere esse fortissimus
hominum qui sunt hic intus.

35   (e) Sed contra illud arguitur sic. Si utroque modo exponendo ly 'incipit'
sit sophisma verum, pono igitur quod aliquod agens – quod sit A – nitatur
verificare illud sophisma, primo modo exponendo ly 'incipit', et quod aliud
agens – quod sit B – sibi aequale, nitatur verificare illud sophisma, secundo
modo exponendo ly 'incipit', et sint A et B aequalia respectu istarum
40 actionum. Tunc sophisma erit verum, et agentia verificantia sunt aequalia
in virtute; igitur aeque primo incipiet illud sophisma esse verum
exponendo ly 'incipit' primo modo et secundo modo. Et per consequens in
aliquo instanti erit Plato fortissimus hominum qui sunt hic intus, et in
eodem instanti Plato non erit fortissimus hominum qui sunt hic intus –
45 quod est impossibile. Et probo quod A et B possunt esse agentia aequalia;
quia A potest esse fortius B, et B fortius A; igitur A et B possunt esse
aeque fortia. Posito, gratia exempli, quod A sit unum agens quod
corrumpet potentiam Ciceronis, et quod B sit unum agens quod tantum
fortificet potentiam Platonis et aequaliter sicut A corrumpet potentiam
50 Ciceronis.

25 erit] non est **ABCDK** est **HPQ** // corruptus] et in isto (instanti *add.* **AC**) primo Plato erit
fortissimus hominum (qui sunt hic intus *add.* **CD**) **ABCDK** // igitur, etc. *om.* **ACDEH** 25–26 Et
. . . intus *om.* **BCDK**   26 incipere *om.* **HPQ**   27 corruptus antequam] hic intus **HPQ** //
erit] sit **CDEK**   28 augmentetur] augetur **ABDEFL** // sit] erit **GHILNQ**   29 primum *om.*
CF   30 erit] est **CD** // fortissimus] incipit **FN**   32 qui . . . intus *om.* **ABCDK**   35 Si
om. **LN** 37–38 primo . . . sophisma *om.* **HJ**   38 quod . . . B *om.* **GILMNQ**   40 erit] est
EHLMPQ // verificantia] illud sophisma *add.* **EFGLNO** sophisma *add.* **I**   41 aeque primo]
non prius **E** prius **HQ** // primo] cito **I** // incipiet] incipit **DEHI** incipiat **G**   42 incipit] tam
add. **ABCDK** // et] quam **ABCDEK**   46 fortius[1]] fortissimus **EP**   48 corrumpet] corrumpat **DEFIJKMP** corrumpit **Q** // potentiam Ciceronis] Ciceronem **ABEFGILNO**   49 for-
tificet] augmentabit **AB** agebit **C** augebit **BD** foret[?] **F** augebat **K** // corrumpet] corrumpit **EM**
corrumpat **JQ**

(f) Ad sophisma dicitur quod, supposito quod iste terminus 'fortissimus' limitetur ut significet modo praedicto, sophisma est verum. Et ulterius conceditur quod utroque modo exponendo ly 'incipit' sophisma est verum.

(g) Et ulterius dicitur quod A et B non possunt sic esse agentia aequalia quod in eodem instanti verificetur hoc sophisma per unum agens sicut per 55 aliud. Sed sic possunt esse aequalia quod per nullum tempus prius verificabitur hoc sophisma per unum agens quam per alterum. Et quando arguitur quod A potest esse fortius B, et B fortius A; igitur A et B possunt esse agentia aeque fortia respectu illarum actionum – dicendum est quod primo modo loquendo de aequalibus, consequentia non valet; sed secundo 60 modo loquendo, consequentia est bona et consequens est verum.

(h) Sed forte diceret aliquis: Si illud sophisma sit verum, tunc aliquod argumentum deberet adduci ad probandum hoc sophisma. Sed argumentum per quod probatur hoc sophisma non valet, quia in consimili non valet consequentia. Nam non sequitur 'Antichristus non est futurus, et 65 Antichristus potest esse futurus; igitur Antichristus potest incipere esse futurus', quia antecedens est possibile et consequens impossibile. Quod antecedens sit possibile patet; posito quod Antichristus indifferenter possit esse et non esse futurus, et sit in rei veritate quod Antichristus non erit. Et quod consequens sit impossibile patet; quia si Antichristus possit incipere 70 esse futurus, ponatur igitur quod Antichristus incipiat esse futurus; et ita sequitur quod aliquod est futurum quod non prius fuit futurum, distinguendo futurum contra praesens.

(i) Ad illud dicitur quod praedicta consequentia de Antichristo bene valet. Nec antecedens est possibile, distinguendo futurum contra praesens; 75 quia haec non est possibilis 'Antichristus potest esse futurus', quia haec non est possibilis 'Antichristus est futurus'. Quia sequitur 'Antichristus est futurus, et Antichristus non est alius futurus quam Antichristus; igitur Antichristus est Antichristus'. Sed hoc est falsum, quia terminus supponens respectu verbi de praesenti supponit pro praesentibus tantum. Et 80 ideo si Antichristus est Antichristus, illud quod est Antichristus est Antichristus – quod est falsum.

52 significet . . . praedicto] suppositum est **J** dictum est **M** // modo praedicto] primo modo **FK**   56 prius] post **AQ** plus **BJM**   57 verificabitur] verificatur **CDKL** verificetur **F**   58 B² . . . A²] econverso **AB** econtra **CDK**   59 agentia] aequalia seu **ABCD** aequalia agentia et **H** *corr. ex* aequalia **M** *om.* **I**   61 loquendo] de aequalibus *add.* **ABDFKO** *om.* **CEHL**   62 diceret] dicit **EL** dicet **GIKNOP** // sit] esset **JM**   63 deberet] debet **CEGH-IPQ** 65–66 et . . . futurus *om.* **HPQ**   68 patet] quia **E** quia *add.* **CDFHJLM** // possit] posset **DEQ** poterit **N**   69 sit] ita *add.* **JPQ**   70 possit] posset **HJQ**   71 incipiat] incipiet **AH**   74 bene] non **CEFGL** 76–77 Antichristus . . . possibilis *om.* **LO** // quia . . . futurus *om.* **GP**   81 illud . . . Antichristus³] idem **E** *om.* **A** 81–82 est Antichristus *om.* **PQ**   82 Antichristus] et per consequens illud quod est Antichristus est *add.* **M** *om.* **HJ** // quod] vel consequens *add. marg.* **A** consequens **PQ** // falsum] Ergo *add.* **P** Igitur, etc. *add.* **Q**

(j) Item, si haec propositio sit vera 'Antichristus est futurus' – et est affirmativa – igitur res significata per praedicatum inest rei significatae per
85 subiectum – quod est falsum in proposito.

(k) Item, eadem ratione tales propositiones forent verae: 'Chimaera est chimaera'. Et huiusmodi consequentia patet per idem; quia chimaera opinatur esse; igitur chimaera est aliquod opinatum esse – et non aliud quam chimaera; igitur chimaera est chimaera. Sed istud est falsum
90 'Chimaera est chimaera', quia sequitur 'Chimaera est chimaera; igitur aliquod compositum ex cauda leonis et capite bovis (et ita de aliis) est chimaera'. Et sic sequitur quod aliquid est sic compositum – quod est falsum.

(l) Propter hoc et consimilia quasi infinita negandae sunt tales proposi-
95 tiones 'Antichristus est Antichristus', 'Chimaera est chimaera', et huius-modi. Et quando arguitur sic 'Antichristus erit; igitur Antichristus est futurus', neganda est haec consequentia. Et haec consequentia similiter neganda est: 'Antichristus potest esse; igitur Antichristus est potens esse'.

(m) Unde licet grammatici resolvant verbum in verbum substantivum et
100 participium eiusdem temporis, dico quod hoc est quando ponitur con-stantia subiecti, et non aliter. Vel potest dici quod quoad grammaticos aliquae propositiones idem significant et tamen una est vera et alia falsa, sicut patet in talibus: 'Socrates differt ab omni homine' et 'Ab omni homine differt Socrates'. Unde non est recurrendum ad grammaticos in
105 talibus.

(n) Sed iterum dicet aliquis: 'Iste terminus "opinabile" est superius ad istum terminum "ens", ut dicit Aristoteles in pluribus locis; igitur omne ens

---

84 significata . . . significatae] signata per primum est res signata **E** // praedicatum . . . significatae] praedicamentum non est res significata **H** // inest . . . significatae] est res significata **O**   85 proposito] Item, si Antichristus est futurus, igitur aliquis futurus est Antichristus – quod est falsum. Quia tunc foret aliqua propositio particularis vera cuius nulla singularis esset vera – quod est impossibile *add.* **ACMO**   86 propositiones *om.* **GHQ** // forent] essent **ACFJMP** // verae] videlicet *add.* **AL**   87 huiusmodi] haec **AE** // per idem *om.* **HL** // quia] quod **ABDFJKO** 89–90 Sed . . . chimaera[4]] Et est haec falsa **H** *om.* **ABCDK**   89 Sed istud] Consequens **F** Quod **J**   90 Chimaera[1] . . . chimaera[2] *om.* **EJMPQ** // quia . . . chimaera[4] *om.* **F** // sequitur *om.* **EG** 90–92 igitur . . . chimaera *om.* **H**   91 leonis] draconis **EM** serpentis **L** // capite] corpore **M** // bovis] leonis **EL** draconis **KO** hominis **M** *sup. lin.* **O** *om.* **F** // ita . . . aliis] aliis huiusmodi **PQ**   92 Et sic] Ex quo **H** Ex qua **PQ**   94 quasi *om.* **BCDJK**   99 verbum[1]] potest *add.* **CD**   100 temporis] verbi **HPQ** // dico] tamen *add.* **PQ** // est] verum *add.* **HPQ** intelligendum *add.* **M**   102 tamen *om.* **CFQ**   103 homine] albo *add.* **AJM** // et *om.* **BCDHLP**   104 homine] albo *add.* **AJM** Unde] Tamen **ABCDK**   106 Sed] Si **AI** // iterum *om.* **HK** // dicet] diceret **AFGK** dicit **DIL** // aliquis] quis **BJLMNO** quis quod **I** quod **PQ** forte quod *add.* **E**

est opinabile et non econverso, sicut similiter dicit Aristoteles. Igitur per
Aristotelem aliquid est opinabile quod non est ens. Et, eadem ratione,
chimaera est opinabilis — et sequitur argumentum primum.'   110

(o) Ad illud dicendum quod iste terminus 'opinabile' non est superius ad
istum terminum 'ens'. Sed Aristoteles intendit sic, quod omne ens potest
opinari et non econtra – omne quod potest opinari est ens. Unde
Aristoteles intendit per 'opinabile' 'posse opinari'.

(p) Et consimiliter dicendum est quod tales propositiones sunt falsae de 115
virtute sermonis: 'Homo est mortuus', 'Homo est corruptus', et consimiles.
Sed tales sunt concedendae: 'Homo moritur', 'Homo corrumpitur', 'Homo
moriebatur', 'Homo corrumpebatur', et consimiles.

(q) Ex quibus patet quod haec consequentia est bona: 'Antichristus non
est futurus, et potest esse futurus; igitur Antichristus potest incipere esse 120
futurus'. Et haec consequentia similiter: 'Plato potest esse fortissimus
hominum qui sunt hic intus, et Plato non est fortissimus hominum qui sunt
hic intus; igitur Plato potest incipere esse fortissimus hominum qui sunt hic
intus'.

(r) Et huic sophismati simile est hoc sophisma in parte.   125

Sophisma 39 [40]

(a) A ET SUA MEDIETAS SIMUL INCIPIUNT CORRUMPI A B
AGENTE.

(b) Posito quod A sit una res inanimata cuius immediate post hoc aliqua
pars totaliter corrumpetur per B agens.

---

108 similiter *om.* **CDHKLMO**   108–109 per Aristotelem *om.* **EH**   110 sequitur] sic
procedit **AHJMPQ** similiter ad **L**   112 intendit] intelligit **LNO**   113 omne] esse **PQ** //
est] potest esse **AMPQ** // ens] vel potest esse ens *add.* **J**   114 intendit] intelligit **AFLOQ**
intellexit **G** // per] esse *add.* **PQ** // posse] illud quod potest **J**   115 consimiliter *om.* **EF** //
dicendum est] potest dici **AJM**   117 Homo moritur *om.* **C** // Homo corrumpitur *om.* **JL**
117–118 Homo moriebatur *om.* **EIM** // Homo corrumpebatur *om.* **FHI**   119 Ex quibus]
Unde **J** *om.* **L** // quibus] quo **AHMN** // consequentia] non *add.* **J**   121 potest] incipere *add.*
HPQ   122 hominum] homo **ABDEGJLN** *om.* **HMP** // qui . . . intus *om.* **BCDJK** // sunt¹]
est **EGLNPQ** 122–123 et . . . intus *om.* **FGH**   122 non *om.* **J**   122 hominum] homo
BDEJLNPQ 122–123 qui . . . intus *om.* **BCDJK**   122 sunt²] est **ELNPQ**   123 hominum]
homo **ABDEGJLNQ** *om.* **H** 123–124 qui . . . intus *om.* **BCDJK**   123 sunt] est **AEGHLNQ**

1 SIMUL] VEL **E** *om.* **P**   1–2 A² . . . AGENTE *om.* **M**   1 A²] AB
D   2 AGENTE *om.* **L**   4 totaliter] corporaliter **P** *om.* **BCDEKL** non *add.* **Q** //
corrumpetur] corrumpatur **ABHJ** corrumpitur **E** erit corrupta **F**

5   (c) Tunc probatur sophisma sic. A et sua medietas desinunt esse per B
agens, et A et sua medietas incipiunt non esse per B agens; igitur A et sua
medietas simul incipiunt corrumpi per B agens. Quod A et sua medietas
desinant esse per B agens probo; quia A et aliqua sua medietas nunc sunt
et numquam post hoc erunt, ut patet ex casu; igitur, etc. Et per idem A et
10   aliqua sua medietas incipiunt non esse per B agens.

(d) Ad oppositum arguitur sic. A est maioris resistentiae respectu B
quam aliqua medietas A; igitur aliqua medietas A citius corrumpetur quam
totum A – quod est falsum, ut prius probatum est, quia immediate post hoc
A corrumpetur.

15   (e) Item, sit C prima medietas A, propinquior B agenti, et sit D secunda
medietas ipsius, remotior a B agente. Tunc arguo sic. B prius corrumpet C
quam D, et quandocumque B corrumpet D, tunc B corrumpet A, et non
econtra; igitur B simul desinet A et D corrumpere. Et per consequens B
tardius corrumpet A quam C. Igitur, cum B immediate post hoc corrumpet
20   C, sequitur quod B non immediate post hoc corrumpet A – quod est prius
improbatum. Vel sic: B tardius corrumpet C quam A, et B nunc incipit
agere, ut suppono; igitur A et C non simul incipiunt corrumpi. Et si A et C
non simul incipiunt corrumpi, igitur nulla alia medietas A quam C et ipsum
A incipiunt simul corrumpi – quod est oppositum sophismatis.

25   (f) Ad sophisma dicitur quod iste terminus 'corrumpi' potest tripliciter
exponi. Uno modo dicitur aliquid corrumpi quod fuit et non est. Et sic
consimiliter potest aliquid dici incipere corrumpi quia incipit fuisse et non
esse. Alio modo dicitur aliquid corrumpi quia patitur aliquam passionem
ex qua passione ipsum corrumpetur primo modo loquendo de 'corrumpi'.
30   Et sic communiter dicimus de rebus animatis quod moriuntur quia
patiuntur poenam aliquam per quam et propter quam desinent esse. Et
tertio modo dicitur aliquid corrumpi quando aliqua pars eius corrumpitur
et sine medio alia pars corrumpetur. Et sic dicimus de rebus inanimatis

7 Quod] autem *add.* **ABC**   8 quia] quod **EIP** // aliqua *om.* **ADHIJ** // nunc] non **HK** *sed
corr.* **D**   9 hoc] non *add.* **L** // igitur, etc. *om.* **HJ** // idem] illud arguitur quod E illud F
argumentum *add.* **G** probatur quod *add.* **J**   10 aliqua *om.* **AEFIJLO** // agens] probo, quia
A et sua medietas nunc sunt, etc. *add.* **AI** probo, quia A, etc. *add.* **B** quia A, etc. *add.* **CD**
probo, etc., quia A et aliqua sua medietas, etc. *add.* **K**   12 corrumpetur] corrumpitur
EFH   14 corrumpetur] corrumpuntur E corrumpitur **FH** 15–16 secunda . . . remotior]
remissior medietas E remotior medietas F   17 D²] C **EFHK** // non *om.*
ACK   18 desinet] desinit **CJN²Q**   19 Igitur *om.* **HL**   20 non *om.* **EOP**   21 tar-
dius] prius **J** // nunc] non **DJ** *om.* **H**   23 alia *om.* **EL** 23–24 et . . . A *om.* **LP**   27 dici *om.*
EH // quia] quod **EJ**   28 esse] est **HIMN** // quia] quod **DEHJLMN²**   29 corrumpetur]
corrumpitur **EJ** // primo] isto **ACDJMO** isto *corr. ex* primo **K**   30 communiter] consimiliter
E indifferenter **H** *om.* **CJ** // quod] quae **AEFKPQ** // quia] quae E et **HPQ**   31 per . . . et
om. **ABDFIKM** // per quam *om.* **C** // desinent] desinunt **ABCEFGHJLNOQ**

quod agens corrumpit illas quia agens immediate ante hoc corrumpebat
unam partem et immediate post hoc corrumpet aliam. Unde primo modo 35
loquendo de 'corrumpi' sophisma est verum; et hoc patet quia A incipit
non esse et C, quae est sua medietas, incipit non esse. Sophisma etiam est
verum tertio modo loquendo de 'corrumpi', quia A et C simul incipiunt
corrumpi per B, quia immediate post hoc B corrumpet A et C.

(g) Sed forte arguitur sic. B corrumpet A et C; vel igitur B corrumpet A 40
et C quando A et C erunt vel quando non erunt. Non quando erunt, quia A
et C numquam post hoc erunt. Nec quando non erunt, quia tunc B, ut
apparet, non plus corrumpet A et C quam alia tunc non entia.

(h) Ad illud dicendum est quod B corrumpet A et C quando A et C non
erunt, et etiam quod haec aliquando post hoc erit vera: 'B corrumpet A et 45
C'. Et sicut non sequitur 'Socrates facit A domum; igitur A domus est', ita
non sequitur 'B generat A et C; igitur A et C sunt'. Et sicut non sequitur
'Socrates corrumpit A domum; igitur A domus est', ita non sequitur 'B
corrumpit A et C; igitur A et C sunt'. Et quando quaeritur quare B plus
corrumpet A et C quam alia non entia, dico quod hoc est quia B immediate 50
post hoc corrumpet aliquam partem quae fuit pars A et pars C, et
immediate ante hoc B corrumpebat aliquam partem A et C, et ita non
corrumpet B non entia alia, ut chimaera et huiusmodi. Et intellige quod
talis corruptio de qua nunc dictum est est in rebus inanimatis et non in
rebus animatis. Nam si aliquid agat corrumpendo Socratem, tunc, Socrate 55
corrupto, si illud idem agat corrumpendo materiam residuam Socratis,
tunc non erit verum quod illud sic agens in cadaver Socratis corrumpat
Socratem; quia haec est impossibilis: 'Aliquid corrumpit Socratem quando
Socrates non est'.

(i) Ad primum argumentum in oppositum dico quod ista consequentia 60
non valet: 'A est maioris resistentiae quam aliqua sua medietas; igitur

34 quod] aliquod **CDK** // corrumpit] corrumpitur **E** corrumpuntur **J** // illas *om.* **HIJ** // ante]
post **HIQ** // corrumpebat] corrumpebatur **LN**[?]   38 simul *om.* **CH** *marg.* **P**   43 quam]
quia **ABF** Antichristum et filium eius vel *add.* **E** // tunc *om.* **EHJQ** *sup. lin.* **B**   44 quod]
quia **H** quando **IQ** *sed corr.* **J** *om.* **ABDK** // corrumpet] corrumpit **CGI**   48 corrumpit]
corrumpet **CEFLMQ**   49 corrumpit] corrumpet **ACEFIKLM** *sed corr.* **O** // quare] quando
ADF // plus] magis **GH**   50 corrumpet] corrumpit **ABEIKLP** // hoc] ideo
CDH   51 corrumpet] corrumpit **CI** // quae] ante *add.* **AJ**   52 immediate ante] mediate
post **E** // corrumpebat] corrumpet **CE**   53 corrumpet] corrumpit **ABCEFGIKMNPQ** // B]
agens *add.* **ABCDJK** // alia *om.* **CDM** // et] alia *add.* **GJ**   54 est[2] *om.* **AFGILMPQ** *scrips. et
del.* **C** 55–56 Socrate corrupto] corruptio Socratis **CD**   56 si illud *om.* **EH** // materiam]
naturam **A**[?]**H** maximam **E** aliquam **I**   57 erit] sit **D** est **FHP**

aliqua medietas A prius corrumpetur quam A'; quia immediate post hoc
corrumpetur A. Bene tamen sequitur quod alicuius medietatis A quaelibet
pars prius corrumpetur quam ipsius A quaelibet pars corrumpetur; et hoc
65 est verum.

(j) Ad secundam formam conceditur quod B simul desinet corrumpere
A et D. Et negatur consequentia 'igitur B tardius corrumpet A quam C',
quia si B tardius corrumpet A quam C, igitur B citius corrumpet C quam
A; et hoc est falsum. Bene tamen sequitur quod B postquam corrumpet C
70 corrumpet A. Et ex hoc non sequitur quod B tardius corrumpet A quam C.

(k) Sed forte arguitur sic. Et ponatur quod nunc sit aliquod instans post
hoc instans praesens in quo haec propositio erit vera: 'B corrumpit A et C';
et arguo sic. B corrumpit A et C; igitur B corrumpit A; igitur B corrumpit –
quod est falsum, quia nullam rem corrumpit B; igitur B non corrumpit.
75 Antecedens patet; quia arguo sic. Nullum istorum corrumpit B – demonstrando omnia entia – sed quaelibet res est aliquod istorum; igitur nullam
rem corrumpit B. Item, B solum corrumpit non ens; et tunc sequitur
'Solum non ens corrumpit B; igitur nullum ens corrumpit B'.

(l) Ad illud dicendum est quod haec prima consequentia non valet:
80 'Nullum istorum B agens corrumpit, sed quaelibet res est aliquod istorum;
igitur nullam rem B agens corrumpit', quia consimile argumentum potest
fieri sic: 'Nullus istorum fuit in archa Noe – demonstrando omnes homines
praesentes – sed omnis homo est aliquis istorum; igitur nullus homo fuit in
archa Noe'.

85 (m) Aliter tamen posset dici, et melius, quod nullam rem corrumpit B,

62 quia] ista consequentia non valet, quia A *add.* F ista consequentia non valet (non
sequitur I): 'A est maioris resistentiae quam aliqua sua medietas; igitur aliqua medietas A
prius corrumpetur (corrumpet N) quam A' (quam A *om.* G), quia A *add.* GIN   63 corrum-
petur] corrumpitur HM // A²] aliqua pars et BDK et *add.* C   64 prius *om.* LM *sup. lin.* N //
corrumpetur¹] corrumpitur EM // quaelibet pars] prius HP quae M   66 desinet] desinit
LN   67 D] C CDHIP B F *sed corr.* M // corrumpet] corrumpit ADEFGP corrumpat I
desinet corrumpere Q   69 postquam] priusquam DL prius E // corrumpet] corrumpit
ABDGIOP corrumpat Q 69–70 C . . . A¹] A quam C E   70 corrumpet¹] corrumpit
BDINO   71 nunc] non JM *om.* DFHK 71–72 post . . . instans] primum et sit instans H *om.*
DI   72 erit] est DE // corrumpit] corrumpet ACDEHIJKLOQ   73 corrumpit¹] corrum-
pet ACEHIJKLMOQ // igitur¹ . . . A *om.* EL // corrumpit²] corrumpet AHJKLMOQ // igitur²
. . . corrumpit³ *om.* AFHJQ // corrumpit³] corrumpet KMO C *add.* BCK aliquid *add.*
DI   74 corrumpit¹] corrumpet AHJLMOPQ // corrumpit²] corrumpet AHJLMOPQ A *add.*
ACFHJ   75 patet . . . arguo] probo AJ potest argui CK // quia] et JLM // sic] quia *add.* LO
// corrumpit] corrumpet AJLO   76 aliquod] aliquid IK   77 corrumpit¹] corrumpet
DJLO // et . . . sequitur] igitur IN   78 B¹ *om.* JP // nullum] non HP // B² *om.*
NQ   80 corrumpit] corrumpet HJ // res] pars AHPQ // aliquod] aliquid IKLQ   81 agens
om. ABCDK // corrumpit] corrumpet JL   82 Nullus] Nullum EFHIKQ   83 praesentes]
exsistentes M *om.* HO // homo] non *add.* H   85 posset] potest CFKLM // melius]
concedendo *add.* LO // corrumpit] corrumpet JL // B *om.* HPQ

et tamen B corrumpit C. Nec ista repugnant, quia C non est aliquid. Et sic concedendum est quod B corrumpit, et tamen B nihil corrumpit. Et hoc similiter est possibile: 'B agit, et B nihil agit', quia nihil potest agere rem actam.

(n) Et causa quare tales sunt negandae – 'Aliquid agit Socrates' – et haec 90 concedenda – 'Nihil agit Socrates' – est quia iste terminus 'aliquid' a parte subiecti solum coniungitur cum verbo de praesenti; et ita non est in ista oratione 'Aliquis homo fuit in archa Noe'.

(o) Sed forte diceret aliquis quod secundum iam dictam foret haec propositio impossibilis 'Aliquis artifex facit domum', quia nullus facit 95 aliquam domum factam.

(p) Et ideo concedendum est quod nullus artifex facit domum, sed artifex agit ut postea fiat domus; et hoc est verum.

(q) Sed contra unum praedictum contingit arguere. Dictum enim fuit quod quia A est maioris resisentiae quam C et applicatio B agentis ad C est 100 aequalis vel aeque bona cum applicatione B ad A, igitur C partis quaelibet pars prius corrumpetur quam A corporis quaelibet pars corrumpetur. Sed contra hoc arguo sic. Si ista responsio sit vera, sequitur per eandem rationem, ut post modum probabitur, quod haec propositio 'Alicuius partis A quaelibet pars corrumpitur' erit in infinitum citius vera quam haec 105 propositio 'Totius A quaelibet pars corrumpitur'.

(r) Et ex isto oritur hoc sophisma.

86 corrumpit] corrumpet **JL** // quia] quod **MN**   87 corrumpit] corrumpet **HJL** C *add.*
CH   91 concedenda] similiter **FM** // Socrates] causa quare *add.* **A** causa numquam *add.* **BC**
et causa *add.* **D** causa inquam *add.* **K** causa *add.* **PQ**   92 coniungitur] adiungitur **HI**
construitur **M** // praesenti] praeteriti **E** praeterito **N**   95 impossibilis *om.* **AB** 95–97 quia
. . . domum *om.* **LO**   96 domum] iam *add.* **CDJK**   98 agit] facit **BCDHIK** // fiat] fiet
BGI sit **K** // verum] falsum **L**   100 quod *om.* **ABGIM** // quia *om.* **HKLO** // est] fuit
IM   101 partis *om.* **EL** *sup. lin.* **O**   102 prius *om.* **EFI** // corrumpetur] corrumpit **E**
corrumpitur **HM** // corporis] totius **J** *om.* **BCEK**   103 arguo] arguitur
CDEFIKN   104 rationem] responsionem **IL** *om.* **G** // post] prius **ACFINQ** postea **D**
primum⁷ **H** // probabitur] probatur **EHQ** // quod] quia **CFP**   105 corrumpitur] corrumpetur
CDFIJKMN // erit] et **AC** est **EGI** sicut **M**   106 corrumpitur] corrumpetur **IJKN**

Sophisma 40 [41]

(a) IN INFINITUM FACILIUS EST FACERE C ESSE VERUM
QUAM FACERE D ESSE VERUM.

(b) Supposito isto casu, quod C sit ista propositio 'Alicuius partis A
quaelibet pars corrumpitur', et sit D ista propositio 'Quaelibet pars A
5 corrumpitur'; et agat B in A corpus sicut positum est in priori sophismate,
et incipiat B agere in A.

(c) Tunc probatur sophisma sic. In infinitum citius C fiet verum per B
agens quam D fiet verum per B agens, ceteris paribus; igitur in infinitum
facilius est facere C esse verum quam facere D esse verum. Antecedens
10 patet, quia immediate post hoc erit C verum, et non immediate post hoc
erit D verum; igitur in infinitum citius erit C verum quam D erit verum.

(d) Ad oppositum arguitur sic. In infinitum facilius est facere C esse
verum quam facere D esse verum; igitur in infinitum difficilius est facere D
esse verum quam facere C esse verum. Et tunc arguo sic. In infinitum
15 difficilius est facere D esse verum quam facere C esse verum, et facere C
esse verum est alicuius difficultatis; igitur infinitae difficultatis est facere D
esse verum. Et per consequens B agens non potest facere D esse verum –
quod est falsum.

(e) Item, arguitur sic. In infinitum facilius est facere C esse verum quam
20 facere D esse verum, et facere D esse verum est alicuius facilitatis; igitur
infinitae facilitatis est facere C esse verum.

(f) Item, si sophisma sit verum, igitur cum D erit verum in tempore finito
post hoc instans, sequitur quod C incipit esse verum. Consequens est
falsum, et consequentia satis patet ex praemissis. Et falsitatem conse-
25 quentis probo; quia si C incipit esse verum et C est haec propositio
'Alicuius partis A quaelibet pars corrumpitur', igitur haec propositio
incipit esse vera. Sed probo quod non; nam haec propositio 'Alicuius partis
A aliqua pars corrumpitur' prius erit vera quam haec propositio 'Alicuius
partis A quaelibet pars corrumpitur'. Sed haec propositio 'Alicuius partis

---

2 FACERE *om.* **EFGHILM**   4 A *om.* **PQ**   5 in[1]] ut corrumpet **H** prima parte *add.* **I**
// corpus] corrumpendo **E** corporis **I** corpore **NO** *om.* **H**   7 fiet] erit **GILMN** fiat
H   8 fiet] fiat **HJ** erit **LM**   9 facere[2] *om.* **AEGHJKL**   11 verum[1]] et **D** (**C F** *om.* **I**)
erit verum *add.* **AFGINPQ**   12 sic] Si *add.* **LQ**   13 facere[1] *om.* **EFJ** // verum[2]] et **D** est
(erit **O**) verum *add.* **AO** // difficilius] facilius **FL** *sed corr.* **P**   15 difficilius] facilius
CL   17 B] D **C** istud **DK B** *sup. lin.* **K** hoc **E**   20 D[2]] **C HM** // facilitatis] difficultatis
CHLP *sed corr.* **F**   21 infinitae . . . verum] D facere verum est infinitae difficultatis – quod
est falsum **H** // facilitatis] facilius **EQ** difficultatis **LP**   22 finito] futuro **EI**   23 Conse-
quens] Antecedens **HPQ** 23–24 est falsum *om.* **GHMNOPQ**   26 A *om.* **HQ**   29 quae-
libet] aliqua **EI** *sed corr.* **C**

A aliqua pars corrumpitur' erit vera immediate post hoc. Igitur haec 30
propositio 'Alicuius partis A quaelibet pars corrumpitur' non erit vera
immediate post hoc.

(g) Ad sophisma dicitur quod est verum – videlicet, quod in inifinitum
facilius est facere C esse verum quam facere D esse verum. Haec tamen
propositio est neganda: 'Facere C esse verum est in infinitum facilius quam 35
facere D esse verum', quia corrumpere totum A (syncategorematice) est
facere C esse verum, et corrumpere medietatem A secundum se totam
(syncategorematice) est facere C esse verum, et corrumpere octavam
partem A est facere C esse verum, et sic in infinitum. Et corrumpere totum
A non est in infinitum facilius quam facere D esse verum, nec corrumpere 40
medietatem A secundum se totam est in infinitum facilius quam facere D
esse verum, et sic de aliis. Igitur nullum facere C esse verum est in
infinitum facilius quam facere D esse verum. Unde patet quod haec
propositio 'Facere C esse verum est in infinitum facilius quam facere D esse
verum' non convertitur cum hac propositione 'In infinitum facilius est 45
facere C esse verum quam facere D esse verum', quia prima propositio est
particularis et secunda est universalis, ut patebit post modum in expo-
sitione huius termini 'in infinitum'.

(h) Per hoc respondendum est primo argumento ad oppositum sophismatis, quando arguitur 'In infinitum facilius est facere C esse verum quam 50
facere D esse verum; igitur in infinitum difficilius est facere D esse verum
quam facere C esse verum'. Dicendum est quod ista consequentia non

---

30 aliqua] quaelibet **EL** // corrumpitur] corrumpetur **CN** *sed corr.* **P** 36 totum *om.* **HP**
sup. lin. **C** // A] D **HP** // syncategorematice] fa??$^{te?}$ **C** cim^{te} **E** caca$^{te?}$ **F** fi're? **I** ācate^{ce} **M** cīca^{ce}
O 37 C] D **ABCDGHJK** 37–45 et . . . verum *om.* **H** 37 corrumpere] partem totam A –
scilicet *add.* **C** solum partem A – scilicet *add.* **DK** 37–38 A . . . syncategorematice] B est
facere C esse verum, et corrumpere secundam partem **K** 38 syncategorematice] cin^{ta} **E**
ca^{te} **F** āca^{te} **M** oato$^{ce?}$ **N** cī^{ce} **O** *om.* **CD** // C] D **EFILMNPQ** *sed corr.* **O** // octavam] quartam
C?DG unam **J** tertiam **L** 39 A *om.* **ABCDEJK** // C]D **E** 40 verum] et sic de aliis *add.* **J**
40–43 nec . . . verum *trans. ad lin. 45, post* propositione **J** 42 verum^1] nec corrumpere
(corrumpere *om.* **K**) medietatem medietatis secundum se totam est in infinitum facilius quam
facere D esse verum *add.* **BK** 42–43 et . . . verum *om.* **EF** 42 et] nec **ABGO** 43 verum]
Et si nullum facere C esse verum (esse verum *om.* **BJ**) est in infinitum facilius quam facere D
esse verum, igitur haec est falsa: 'Facere C esse verum est in infinitum facilius quam facere D
esse verum'. *add.* **ABCDJK** 44 propositio] est neganda *add.* **ABCDJK** 45 non] nec
ACDJK *om.* **F** 47 patebit] patet **BCHPQ** 48 infinitum] qui praeponitur (ponitur **B**
supponitur **D**) in secunda propositione *add.* **ABCDK** 51 verum^1] et D erit verum *add.*
ABGILMNO et facere C esse verum est alicuius difficultatis *add.* **DK** // verum^2 *om.*
BN 52 facere *om.* **FL** // verum] Unde *add.* **CD**

valet. Et causa est quia iste terminus 'facere C esse verum' non est
terminus singularis – quod tamen requireretur si consequentia valeret.
55 Unde si sic argueretur 'Facere C esse verum est in infinitum facilius quam
facere D esse verum; igitur in infinitum difficilius est facere D esse verum
quam facere C esse verum', tunc consequentia valeret. Sed antecedens
istius consequentiae est falsum.

(i) Et vide qualiter in consimili exemplo prior consequentia non valet;
60 nam non sequitur 'In infinitum est aliqua pars A minor ipso A; igitur ipsum
A est in infinitum maius quam aliqua pars A'. Nam antecedens istius
consequentiae est verum et consequens falsum. Quod antecedens sit verum
patet, quia plus quam in duplo est aliqua pars A minor ipso A, et plus
quam in quadruplo est aliqua pars A minor ipso A, et sic in infinitum; ergo
65 in infinitum est aliqua pars A minor ipso A. Prima pars antecedentis patet
pro quarta parte A, quae est plus quam in duplo minor ipso A, et secunda
pars antecedentis patet pro octava parte A, posito quod 'A' sit nomen
singulare alicuius continui. Unde licet sit concedendum quod in infinitum
aliqua pars A est minor A, haec tamen propositio est neganda: 'Aliqua
70 pars A est in infinitum minor quam A'; et haec propositio similiter est
neganda: 'A est in infinitum maius quam aliqua pars A', quia iste terminus
'quam' confundit. Et consimiliter est in argumento facto ad oppositum
sophismatis.

(j) Ad secundum argumentum in oppositum potest concedi, ad unum
75 intellectum istius termini 'facilius', de quo prius dictum est in uno
sophismate praecedenti, quod infinitae facilitatis est facere C esse verum,
quia quodlibet quod potest aliquam partem A corrumpere potest facere C
esse verum.

(k) Ad tertiam formam dico quod non prius erit haec propositio vera
80 'Alicuius partis A aliqua pars corrumpitur' quam haec propositio 'Alicuius
partis A quaelibet pars corrumpitur', quia immediate post hoc erit utraque
istarum vera. Sed deductio istius argumenti patebit in alio sophismate.

54 requireretur] requiretur **JPQ** requiritur **DEFIKM** // si] ad hoc quod **ABDFHJKPQ** quod
C   56 difficilius] facilius **GHP**   57 consequentia] non *add.* **HN**   58 est] esset
JL   59 vide] videtur **CEL**   63 patet] probo **ABCDK** // ipso *om.* **HP** 63–64 et . . . A²]
ergo ipsum A est in infinitum maius quam aliqua pars A **P** *om.* **HL**   64 quadruplo] triplo
GMN   66 minor] maior **DI**?   67 pro . . . A¹] per quartam partem, quae est plus quam in
quadruplo minor ipso A **C** per octuplam partem, quae est in octuplo minor A **K** quia secunda
postea **M** 69–71 Aliqua . . . neganda] quod **ABCK** *om.* **DEHJQ**   74 unum] bonum **E** istum
HQ *om.* **JLP**   76 infinitae facilitatis] in infinitum facilius **EHLMN**   77 quodlibet] quaelibet pars **KQ**   79 tertiam] secundam **EHIJLP** // erit] est **EG**

(l) Sed contra praedicta arguet aliquis sic. Si in infinitum facilius sit facere C esse verum quam facere D esse verum, igitur facile est facere C esse verum. Igitur aliquid potest facere C esse verum. Sit, igitur, sicut 85 prius, quod –

Sophisma 41 [42]

(a) B FACIET C ESSE VERUM – quod est aliud sophisma.

(b) Posito casu praecedenti.

(c) Tunc probatur sophisma per rationes priores positas in responsione ad proximum sophisma.

(d) Item, posito, gratia exempli, quod C sit propositio scripta. Tunc 5 arguo sic. C non est verum, et C erit verum per actionem B; igitur B faciet C esse verum.

(e) Ad oppositum arguitur sic. C esse verum est aliquid, et C esse verum non est aliud quam C; igitur C esse verum est C. Et tunc arguo sic. B faciet C esse verum; igitur B faciet omne quod est C esse verum. Et tunc arguo 10 sic. B faciet omne quod est C esse verum, sed C est C esse verum; igitur B faciet C. Consequens est falsum, quia C est una propositio scripta quae fiebat antequam B incipit agere.

(f) Et quod C esse verum sit aliquid probo; quia si C esse verum non foret aliquid, bene starent simul quod B faciet C esse verum et tamen quod 15 B non faciet aliquid. Et tunc, eadem ratione, starent simul quod B faciet et quod B nihil faciet. Consequentia patet, quia sequitur 'B faciet C esse verum; igitur B faciet'. Igitur quicquid stat cum antecedente stat cum consequente. Sed ista stant simul: 'B faciet C esse verum' et 'B nihil faciet'. Igitur ista stabunt simul: 'B faciet' et 'B nihil faciet'.   20

(g) Et probo quod C esse verum non sit aliud quam C; quia C est C esse, et veritas C non est aliud quam C – quod patet, quia si veritas C foret aliud

---

83 Si *om.* **EH**   84 facile] facilius **ENOP** facillime esse **L**   86 quod *om.* **BDLP**

1 B] A **ADJ** // FACIET] FACIAT **C**   5 scripta*   10 omne] esse **EJ**   11 est² . . . verum] esse verum est C **CF** // C³ *om.* **HI** // B *om.* **FQ**   13 incipit] inciperet **A** incipiet **BCM** incepit **DGLOPQ** inceperit⁷ **H** incipiebat **JN**   14 probo *om.* **BP**   15 foret aliquid *om.* **JN** // starent] staret **CEH** // faciet] facit **ABDJ** faceret **C**   16 faciet¹] facit **ABDIJ** // faciet²] facit **IQ** faceret **P**   17 quod] tamen **FLN** *om.* **EJOQ**   18 faciet] facit **EQ**   20 Igitur . . . faciet² *om.* **DLNQ** // stabunt] stant **GJ** // B² *om.* **AH**   21 esse²] verum *add.* **C** verum est *add.* **F**   22 est] erit **ABFOPQ** // foret] fieret **AL** esset **CMP** faciet **D**⁷**F** sit **E**

quam C, pono igitur quod B distet a C per magnam distantiam. Tunc sic. B
faciet C esse verum; igitur B faciet veritatem C. Et cum veritas C distat a B
25 per magnam distantiam, ut positum est, sequitur quod B aliquid faceret in
C. Et tunc, eadem ratione, quantumcumque B distaret a C, B aliquid
faceret in C – quod est falsum, quia tunc B aliquid faceret per totum
medium inter B et C, quod est falsum. (Multae etiam rationes – communes
satis – probant quod veritas propositionis non est aliud quam propositio
30 vera, quas omitto eo quod sunt omnibus satis notae.)

(h) Ad sophisma, dicitur quod est verum.

(i) Ad argumentum in oppositum dico quod C esse verum non est
aliquid. Et ulterius concedo quod ista stant simul: 'B facit C esse verum, et
tamen B nihil facit'. Et similiter de omnibus consimilibus concedendum est
35 – quod columnam esse dextram nihil est, nec Socratem esse ad parietem est
aliquid, et ita de aliis. Et ideo concedendum est quod B agit et B nihil agit.
Pro alia tamen parte antecedentis concedendum est quod veritas propositionis non est aliud quam ipsa propositio. Sed, sicut prius dictum est, haec
est falsa: 'C est C esse', quia C esse nihil est sicut C esse verum nihil est.
40 (j) Sed ulterius arguitur sic. C esse verum est; igitur C esse verum est
aliquid vel aliqua. Si C esse verum sit aliqua, sit igitur quod C esse verum
sit D et E; et arguo sicut prius: B faciet C esse verum, et C esse verum est
D et E; igitur B faciet D et E – quod est falsum.

(k) Ad illud potest multis modis responderi. Primo sic, quod C esse
45 verum non est aliquid nec aliqua. Et sic respondendo dicendum est quod
haec consequentia non valet: 'C esse verum est; igitur C esse verum est
aliquid vel aliqua'.

(l) Et aliter potest dici ad illud et ad praecedens. Posito quod concederetur quod C esse verum sit C, vel quod C esse verum sit D et E. Dico quod
50 haec propositio est falsa: 'B faciet C esse verum', sed bene concedendum

23 sic] si **CD**   24 C² *om.* **CHPQ** // cum *om.* **EF** // veritas *om.* **D** // C³] B L *om.* H // B] C
EIJL   25 faceret] faciet **CHJQ** faciat **D**   27 faceret¹] ageret **A** faciet **FH** // faceret²]
faciet **EH**   28 Multae *om.* **HO** // etiam] item H enim **JLM** autem P *om.* **EI** // communes *om.*
EN   29 satis *om.* **ABCD** // probant] fiunt probantes **ABCD**   30 omitto] admitto **H**
dimitto **JN** non ostendo **L** // satis *om.* **ABCDF**   33 facit] faciet **IJN**   34 tamen *om.* **FIN** //
facit] faciet **IJ**   35 ad parietem] distantem a pariete **ABCDJ** aliquid pariter **F** 35–36 est
aliquid] nihil est *scrips. et del.* **O**   36 aliquid] nihil **BPQ** // ita . . . aliis] de similibus casus?¹
dicendum **C** de consimilibus dicendum est **D** consimilibus **H** *om.* **L** // agit¹] in **C** *add.*
HJPQ   37 tamen *om.* **JL** 37–38 propositionis *om.* **FN**   38 ipsa] vera **GN** *om.* **EH** // Sed
om. **BCD** // est²] tamen *add.* **C** // haec] tamen *add.* **ABD**   39 esse¹] verum *add.*
CLO   40 verum² *om.* **DQ**   42 et E *om.* **HLO** // faciet] facit **AEFHJ**   43 et E¹ *om.* **LO**
// faciet] facit **AEFJ** // D et E²] C et D **HL** D et C **IO** esse verum *add.* **F**   44 Primo *om.* **HQ**
// quod] quia **FO**   45 respondendo] dicendo **FGINO** *om.* **EHLMPQ** 48–49 concederetur]
conceditur **CDFMN** consideretur **E** concedam **H** concedatur **Q**   49 Dico quod] Sed **E** Et **FP**
Quia **LO** *om.* **I** // Dico] Et **H** Vel **M** *om.* **GJQ**

est quod B faciet quod C erit verum. Et quando arguitur sic: 'Quod C erit verum est aliquid vel aliqua', dicendum est quod ista oratio non est intelligibilis: 'Quod C erit verum est aliquid vel aliqua'.

(m) Aliter tamen posset dici quod haec consequentia non valet: 'B faciet C esse verum, et C esse verum est C; igitur B faciet C'. Quia isti duo 55 termini 'C esse verum' et 'C' non convertuntur simpliciter sed ut nunc, sicut forte isti duo termini convertuntur ut nunc: 'caro cruda' et 'caro'. Et ideo in argumento praetacto est fallacia figurae dictionis. Et sic dicendo negandum est istud argumentum: 'Omne quod est C esse verum erit factum a B, sed C est C esse verum; igitur C erit factum a B'. (Sed haec 60 responsio inter alias minimam evidentiam habet; ideo ponatur prima vel secunda responsio.)

(n) Unde licet ponatur secunda responsio, non excluditur proximum sophisma praecedens. Quia tunc probatur sicut prius quod in infinitum facilius est facere quod C erit verum quam facere quod D erit verum; et 65 fiant argumenta ut ibidem arguitur.

(o) Et huic sophismati simile est hoc sophisma.

Sophisma 42 [43]

(a) IN INFINITUM FACILIUS EST B FACERE QUOD ISTA PRO-POSITIO SIT VERA – 'INFINITAE PARTES A SUNT PERTRAN-SITAE' – QUAM FACERE QUOD ISTA PROPOSITIO SIT VERA – 'TOTUM A EST PERTRANSITUM'.

51 erit²] est **E** esse **LN**　　52 verum] igitur *add.* **CD** // oratio] omnino *add.* **BJP** // non est] est omnino non **D** omnino *add.* **AHQ**　　53 Quod] Quia **L** *om.* **AN** // erit] esse **AFMN** est **E**　　54 tamen *om.* **EIL** // posset] potest **CEFHJLMPQ**　　57 termini] tunc **PQ** tunc *add.* **H** // ut nunc *om.* **EFN**　　58 praetacto] prius facto **EL** praedicto **G** praefato⁷ **IM** praefacto **NO** *om.* **ACDJ** // dicendo] respondendo **ABCD**　　59 erit] est **AEJP**　　60 erit] est **AEJL**　　61 minimam] nullam **CDH** aliam **F** *om.* **L**　　62 responsio *om.* **AJ**　　63 secunda responsio] illa **J** // secunda] prima **M**　　65 erit¹] est **EF** sit **I**　　66 fiant] fient **ABCDFP** fiunt **L** 65–67 et . . . sophisma] etc. **H**　　67 est] videtur **EIM** videtur esse **L**

* With this word '*scripta*' **K** breaks off (f. 109va).

1 IN INFINITUM] INFINITER **E** // B] A **L** *om.* **CFHN** // QUOD] QUAM **A**　　1–2 PROPOSITIO *om.* **C**　　2 VERA] IN *add.* **P**　　3 FACERE QUOD *om.* **P** // FACERE *om.* **F** // PROPOSITIO *om.* **AHIJ**　　4 PERTRANSITUM] Sophisma est idem huic sophismati: 'In infinitum facilius est B facere quod in proposito sit vera "Infinitae partes a B sunt calefactae" quam facere quod ista propositio sit vera "Totum A est calefactum, supposito⁷ a B"'. Tunc sophisma potest probari sicut quartum sophisma, et eodem modo potest responderi; et est idem in effectu et simile omnino *add.* **L**

5   (b) Supposito quod A sit unum spatium pertranseundum a B per partem
ante partem.

(c) Tunc probatur sophisma sic. In infinitum facilius est ipsi B facere
quod ista propositio sit vera, etc. — quod probatur, quia immediate post
hoc potest haec propositio fieri vera per B: 'Infinitae partes A sunt
10 pertransitae', et non immediate post hoc erit haec propositio vera per B:
'Totum A est pertransitum'; igitur in infinitum facilius est B facere istam
propositionem esse veram: 'Infinitae partes A sunt pertransitae' quam
istam: 'Totum A est pertransitum'. Reductio istius argumenti magis patebit
in respondendo.

15   (d) Ad oppositum arguitur sic. Si sophisma sit verum, igitur antequam
totum A erit pertransitum, infinitae partes A erunt pertransitae. Sed hoc
est falsum, quia cum totum A fuerit pertransitum, non erit haec propositio
vera: 'Infinitae partes A sunt pertransitae'; igitur, etc. Antecedens probo;
et pono quod nunc sit totum A pertransitum, gratia exempli, et arguo sic.
20 Infinitae partes A sunt pertransitae; igitur plures quam duae partes A sunt
pertransitae. Sed hoc est falsum, quia non plures partes quam duae
medietates A sunt pertransitae – quod probo; quia duae medietates A sunt
quattuor quartae A, et duae medietates A sunt octo octavae A, et sic in
infinitum. Quia totum est suae partes, sed non plures partes A quam
25 quattuor quartae et octo octavae A, et sic in infinitum, sunt pertransitae;
igitur non plures quam duae medietates A sunt pertransitae.

(e) Ad sophisma dicitur quod est falsum.

(f) Ad argumentum dicitur quod non immediate post hoc erit haec
propositio vera per B: 'Infinitae partes A sunt pertransitae'; nec quando
30 totum A erit pertransitum erit haec propositio vera: 'Infinitae partes A
sunt pertransitae'.

(g) Sed contra hoc arguitur sic. Toto A pertransito, haec propositio erit
vera: 'Infinitae partes proportionales in A sunt pertransitae'. Et sequitur
'Infinitae partes proportionales in A sunt pertransitae; igitur infinitae
35 partes in A sunt pertransitae'.

8 vera] Infinitae partes *add.* **ABCDJ** Infinitae *add.* **I**   9 vera *om.* **HPQ**   10 erit] potest
fieri **JL** sit **O** // per B *om.* **FHO**   11–13 in . . . pertransitum] sequitur sophisma
H   13 Reductio] Deductio **BDLQ** Deductio tamen **C**   16 erit] sit **ACEFJ**   18 Ante-
cedens] Assumptum **AJ** *om.* **N**   19 pertransitum] et dividatur in duas partes aequales *add.*
E   21 partes *om.* **BHJL**   24 totum] A *add.* **BHL** // suae] duae **DM** // partes[1] ut suppono
add. **D** // non] modo **M** sunt *add.* **ABJQ** *om.* **L**   27 falsum] verum **F**   28 argumentum] in
oppositum *add.* **ELM** tamen *add.* **O** // erit] est **CE**   29 nec] ut **LP**   30 erit[1]] est **ABDEJQ**
sit **P** // vera] per B *add.* **IJ** *add. marg.* **A**   33–34 Et . . . igitur] ex quo sequitur quod **J** // Et
. . . pertransitae] et ultra **E** *om.* **ACDFLO**   33 Et] non *add.* **N**

(h) Ad illud sciendum est primo qualiter iste terminus 'infinitum' debet exponi. Nam quidem exponunt istum terminum sic: 'Infinitae partes sunt pertransitae' – id est, 'Duae partes sunt pertransitae, et tres partes sunt pertransitae, et sic in infinitum'. Et ista expositio non est conveniens; quia tunc esset concedendum quod duae medietates ipsius A, quae sunt finitae, 40 forent infinitae – et hoc si totum sit suae partes, quod ad praesens suppono; et alio loco est probatum. Et ideo iste terminus 'infinitae' debet sic exponi: 'Infinitae partes A sunt pertransitae' – id est, 'Plures quam duae partes A sunt pertransitae, et plures quam tres partes A sunt pertransitae, et sic in infinitum'. Et sic est ista propositio falsa: 'Infinitae partes A sunt pertran- 45 sitae'. Nec sequitur 'Infinitae partes proportionales in A sunt pertransitae; igitur infinitae partes in A sunt pertransitae', quia arguitur ab inferiori ad superius cum distributione.

(i) Sed contra istud arguitur sic. Toto A pertransito. haec propositio erit vera: 'Infinita puncta in A sunt pertransita', et cuilibet puncto correspon- 50 det una pars in A; igitur infinitae partes in A sunt pertransitae.

(j) Ad illud dicendum quod consequentia non valet propter duas causas. Una est quia uni puncto correspondent multae partes in A; et alia causa est quia ex pluribus punctis non fit aliquod unum sicut ex multis partibus fit una pars. 55

(k) Item, arguitur sic. Si non infinitae partes A sunt pertransitae, igitur tantum finitae partes sunt pertransitae. Igitur tantum duae partes A sunt pertransitae, vel tantum tres, et sic de aliis.

(l) Et illud satis faciliter solvitur concedendo conclusionem quod tantum duae partes A sunt pertransitae, si iste terminus 'tantum' excludat gratia 60 pluralitatis.

36 primo] prius **CI** *om.* **GM** // infinitum] in infinitum **H** infinitae **N**   40 medietates] partes **EI** // finitae] infinitae **IP**   41 forent] sunt **E** essent **FHIJ** fuerint **L** // suae] duae **CDE** medietates et *add.* **H** // partes] medietates **CD**   42 alio loco] aliquo modo loquendo **E** alibi **Q** // loco . . . infinitae] modo **H** // probatum] pertransitum **EF** // infinitae] infinitum **LMQ**   44 et^1] non *add.* **L**   45 falsa] vera **N**   46 Nec sequitur] Et tunc ad formam, negatur (neganda est **A**) haec consequentia **ABCD** *om.* **H** // partes*   51 in A^1 *om.* **AHJ** // in A^2 *om.* **HO**   53 correspondent] quo respondet **EN** // multae] plures **ACHQ** nisi B **E**   54 fit] componitur **N** potest **P** potest fieri **Q** *om.* **ABEJT**   56 non *om.* **HL**   57 finitae] infinitae **HI** *sed corr.* **T**   57–58 Igitur . . . pertransitae *om.* **FH**   59 satis *om.* **DGJLO** // conclusionem] consequentiam et concedendo **E** maiorem **L** consequentiam **N**   60 si] sed **EI** etsi **G** et **LN** // excludat] includat **F** ostendat **P** excluditur **Q** // gratia] gradum **AFG** alias **C** ratione **EN** *om.* **L**   61 pluralitatis] pluraliter **EG** plenalitas **H** pluralitatem **L**

(m) Et secundum istum modum potest salvari illud quod dicit Aristoteles tertio *Physicorum*, quod nullus numerus est infinitus; quia non sequitur 'Infinitus numerus partium proportionalium est in isto continuo;
65 igitur infinitus numerus est in isto continuo', quia hic arguitur ab inferiori ad superius cum distributione.

(n) Et huic sophismati simile est hoc sophisma.

Sophisma 43 [44]

(a) IN INFINITUM CITIUS ERIT A VERUM QUAM B ERIT VERUM.

(b) Posito quod C sit aliquod spatium pertranseundum ab aliquo, per partem ante partem, ita quod secunda pars proportionalis secundum unam
5 progressionem pertranseatur ante primam partem proportionalem in C, et tertia pars proportionalis in C pertranseatur ante secundam, et sic in infinitum; et incipiat aliquid nunc pertransire C spatium. Et sit A haec propositio: 'Aliqua pars proportionalis in C est pertransita, et dupla ad illam est pertransita'; et sit B haec propositio: 'Quaelibet pars proportiona-
10 lis in C est pertransita'.

(c) Tunc probatur sophisma ut praecedens.

(d) Ad oppositum arguitur sic. Si in infinitum citius erit A verum quam B erit verum, igitur cum B erit verum in tempore finito post hoc, sequitur quod A erit verum immediate post hoc. Et eadem ratione D erit verum

63 tertio] secundo **E** secundo? modo? **F** octavo **L**

* With this word '*partes*' the fragment **T** begins (f. 1ra).

1 IN INFINITUM] INFINITER **E** // IN *om.* **N** // A *om.* **T** // QUAM] QUOD **T** 3 C] A **FH B L** *sed corr.* **C** sic **Q** // aliquo] instanti incipiat aliquis pertransire C spatium *add.* **E** 5 progressionem] proportionem **ABCDHJPQT** // non *add.* **I** 6 in C] non *add.* **I** 7 incipiat . . . spatium] dividatur in suas partes proportionales proportionate dupla minores versus mobile **E** 9 illam] secundam **E** aliam **F** primam **P** // pertransita] et sic in infinitum *add.* **L** 13 B . . . cum] mediate post hoc erit A verum B erit verum et **E** // erit verum^1 *om.* **HI** 14 verum^1] ergo tunc B erit verum *add.* **L**

immediate post hoc; sit D ista propositio: 'Aliqua pars proportionalis in C 15
est pertransita, et quadrupla ad illam est pertransita'. Et tunc per eandem
rationem E erit verum immediate post hoc; sit E ista copulativa: 'Aliqua
pars proportionalis in C est pertransita, et octupla pars proportionalis in C
est pertransita'. Et sic in infinitum. Et per consequens, cum haec propositio
'Aliqua pars proportionalis in C est pertransita' immediate post hoc erit 20
vera cum infinitis aliis propositionibus de quibus iam argutum est, sequitur
quod immediate post hoc erit haec copulativa vera: 'Aliqua pars proportionalis in C est pertransita, et dupla ad illam est pertransita, et quadrupla,
et sic in infinitum'. Pono igitur quod nunc sit aliquod instans in quo haec
copulativa est vera; et arguo sic. Haec copulativa est vera; igitur prima pars 25
huius copulativae est vera. Igitur haec est vera: 'Aliqua pars proportionalis
in C est pertransita'. Capio igitur aliquam talem singularem veram – et sit
quod decima pars proportionalis sit pertransita – et arguo tunc sic. Haec
singularis est vera; igitur ista singularis est vera cum quolibet alio vero. Et
per consequens haec singularis est vera cum omnibus aliis partibus primae 30
copulativae – aliis a prima parte eiusdem. Quod est impossibile, quia
quaelibet talis copulativa est impossibilis: 'Decima pars proportionalis in C
est pertransita, et decupla pars proportionalis ad illam est pertransita, et sic
in infinitum'.

(e) Ad sophisma conceditur. 35

(f) Ad argumentum in oppositum conceditur ista conclusio ultima –
quod immediate post hoc erit haec copulativa vera: 'Aliqua pars proportionalis in C est pertransita, et dupla ad illam est pertransita, et quadrupla
ad illam est pertransita, et sic in infinitum'. Unde haec copulativa praedicta
convertitur cum hac copulativa: 'Aliqua pars proportionalis in C est 40
pertransita, et dupla ad aliquam partem est pertransita, et quadrupla ad
aliquam partem est pertransita, et sic deinceps'. Et hoc est quia iste

17 E¹ *om.* **FL** // immediate *om.* **PQ** // copulativa] propositio **DJL** consequentia E tota **IM**
om. **F**   18 octupla] dupla C centupla E quadrupla H tertia **L** // proportionalis] ad istam *add.*
CEJL   19 cum *om.* **HO**   20 proportionalis *om.* **LQ** // est] erit **FLQ** // immediate *om.*
HQ   21 cum] tamen in D et in L in *add.* **H** // iam] non H *om.* **CL** // sequitur *om.*
BJT   23 est¹] erit **HQ** *sed corr.* **J**   25 copulativa¹] tota propositio A tota **M** // est¹] erit
FNO // est²] erit **BCFMT**   27 in C *om.* **ABGIMOPQT**   28 decima] aliqua F decupla G
quarta L   30 est vera *om.* **QT** // omnibus *om.* **ABHIJPQT**   31 copulativae] et *add.* **AL**
cum *add.* **J** // aliis *om.* **FHL**   32 quaelibet *om.* **JL** // Decima] decupla G una L   33 decu-
pla] decima **CI** dupla **DE** 21ˡᵃ? **F** quadrupla **L**   35 Ad . . . conceditur *om.* **HQ**   36 con-
clusio] consequentia **ABCDHJL**   37 quod] quia **PQ** // hoc] instans *add.* **CDHLPQ** 38–42
est² . . . pertransita *om.* **H** 39–42 et . . . pertransita *om.* **J**   39 praedicta *om.*
CDF   41 aliquam] istam E illam **FIOPQ** aliam G // partem *om.* **CDEFLOQ**   42 aliquam]
aliam **AG** istam E illam **IOP** // quia] quod **CL**

terminus 'illam' tenetur relative et refertur ad subiectum antecedentis. Si autem iste terminus 'illam' teneatur demonstrative, non erit evidentia in
45 argumento, quicquid demonstraretur per istum terminum.

(g) Et per hoc patet responsio ulterius, quod nulla talis copulativa est vera quae componitur ex propositione singulari primae partis et aliis partibus in voce eiusdem copulativae; quia tunc iste terminus 'illam' ad aliud refertur quam nunc refertur.

50 (h) Et per istam responsionem satis faciliter respondendum est illi communi sophismati 'Aliquis homo est, et omnis homo est ille'. Nam istud sophisma est concedendum quia haec est vera: 'Aliquis homo est, et omnis homo est aliquis homo'. Et haec est falsa: 'Aliquis homo est, et nullus homo est ille', quia haec est falsa: 'Aliquis homo est, et nullus homo est
55 aliquis homo'. Responsio ulterius satis patet, sicut ad sophisma prae-dictum, cui hoc sophisma quodammodo videtur simile.

Sophisma 44 [45]

(a) TOT PARTES PROPORTIONALES IN A PERTRANSIBIT SOCRATES SICUT PLATO.

(b) Posito isto casu, quod A sit unum spatium pertranseundum a Socrate, cuius prima pars proportionalis sit alicuius difficultatis Socrati, ut

---

43 subiectum] suum **DILO** secundum **F** som^t **H** oppositum **T** // antecedentis] antecedens **DFILO** 44 erit] est **DFHIJPQ** 45 demonstraretur] denotatur **DFGT** dicitur **E** 47 partis] copulativae *add.* **FGJ** 49 quam . . . refertur *om.* **AE** 50 satis *om.* **CDJ** // respondendum est] respondetur **AF** posset responderi **D** potest responderi **L** *om.* **CH** 51 communi] simili **Q** *om.* **L** // sophismati* // ille] homo *add.* **EP** 52 quia] quod **CG** nam **EI** et **H** 54 est^1] aliquis *add.* **B** aliquis homo *add.* **DNT** // ille] aliquis homo *add.* **A** homo *add.* **L** *om.* **BDNT** 54–55 quia . . . homo *om.* **BDNT** 55 ulterius] ulterior **ABEHOPT** // sicut *om.* **CD** // ad] hoc *add.* **ABEGIMOT** 55–56 praedictum] praecedens **ABN** 56 cui . . . simile] cui est istud sophisma sequens simile **D** Sequitur aliud sophisma **L** cum huic sophismati quodammodo videtur simile esse hoc sophisma **N** *om.* **H** // sophisma *om.* **CJ** quodammodo] quoddam **E** aliquo modo **J** *om.* **BC** // videtur] est **CPQ** vide **E**

* **F, I**, and **J** end this sophisma with this word '*sophismati*' and begin a new sophisma with the following word '*Aliquis*'.

1 TOT] A ET **P** *corr. ex* SOT **J** // IN A *om.* **CD** // A] B *sup. lin.* **N** // PERTRANSIBIT] PERTRANSIT **E** PERTRANSIVIT **H** 2 SICUT] QUOT PERTRANSIBIT **CDL** 3 spatium *om.* **ABEHJPQT** 4 proportionalis *om.* **HPT** // sit *om.* **CH**

sit pertransita a Socrate, et quod ita difficile sit Socrati pertransire 5
secundam partem proportionalem sicut primam, et tertiam sicut secundam, et sic deinceps. Et sit Plato aequalis virtutis cum Socrate praecise
quantum ad omnes conditiones praeter hoc, quod Socrates approximetur
ad primam partem proportionalem in A et pertranseat quantum potest
versus aliud extremum in A, et applicetur Plato ad aliud extremum in A et 10
nitatur movere versus Socratem quantum potest. Et applicentur Socrates
et Plato simul ad A, et moveantur per aequale tempus praecise.

(c) Tunc probatur sophisma sic. Quaelibet pars proportionalis in A est
aequalis difficultatis cum alia ut pertranseatur a Socrate vel a Platone, et
Socrates et Plato movebuntur per aequale tempus praecise, et cetera sunt 15
paria; igitur tot partes proportionales in A pertransibit Socrates sicut Plato,
et econverso.

(d) Sed forte dicitur, et bene, quod Plato non potest moveri incipiendo
in illo extremo in A ubi terminantur partes proportionales in A secundum
istam progressionem. 20

(e) Contra istud arguitur sic. In quacumque parte A citra illud extremum
ubi terminantur partes proportionales posset Plato incipere moveri, et in
isto extremo non potest Plato incipere moveri super A; igitur tunc Platonis
est maxima potentia quae non potest in isto extremo incipere moveri super
A – sic exponendo, quod Plato non potest incipere moveri in isto extremo 25
in A, et quaelibet potentia maior Platonis potest incipere in isto moveri
super A. Ponatur tunc, gratia exempli, quod augmentetur potentia Platonis quousque sit in duplo maioris virtutis ad movendum quam nunc est,
et consimiliter augmentetur potentia Socratis; et arguatur tunc sic. In
principio, antequam potentiae Socratis et Platonis augmentabantur, fuer- 30
unt potentiae Socratis et Platonis aequales, et quaelibet illarum nunc est in
duplo maior quam tunc fuit; igitur adhuc sunt potentiae Socratis et Platonis
aequales. Et cetera sunt paria, ut prius argutum est; igitur tot partes
proportionales praecise pertransibit Socrates sicut Plato, et econtra.

5 Socrati *om.* **IL**   6 proportionalem] in *add.* **A** in A *add.* **BEGIMT** in D *add.*
F   8 Socrates] Plato **T** *om.* **HQ** // approximetur] applicabitur **N**   9 pertranseat] pertingat
L seu pertingerat **BT**   10 Plato *om.* **BT** // ad] versus **CDM** in **F**   11 movere] moveri
EHILMNQ   14 alia] A **HQ** // vel] et **AEHLO**   16 pertransibit] pertransivit
BH   26 in¹] super **CDL** // Platonis] Platone **GOP** // in isto] extremo *add.* **CEFL** *om.*
NT   27 gratia exempli *om.* **CDHL** // augmentetur] augeatur **FHJL**   29 augmentetur]
augeatur **EFL**   30–31 fuerunt] erunt **A** fuerint **CEFGHLT**? fiant **D** erant?**J** firmiter
M   31 nunc] non **H** *om.* **EL**   33 ut . . . est *om.* **HO**   34 praecise] in A **H** *om.* **EFIN** //
et econtra *om.* **HJ**

35   (f) Ad oppositum sophismatis arguitur sic. Tot partes proportionales
pertransibit Socrates sicut Plato, et econtra, et quaelibet pars proportionalis in A est aequalis difficultatis ut pertranseatur a Socrate et a Platone;
igitur tantum una parte proportionali in A pertransita a Socrate, erit
tantum una pars proportionalis in A pertransita a Platone. Et ita sequitur
40 quod aliqua foret ultima pars proportionalis in A – quod est impossibile.
    (g) Ad sophisma dicitur quod est falsum.
    (h) Ad argumentum dicitur, sicut prius dictum est, quod Plato non
potest incipere moveri in isto extremo, ut prius positum est. Et ulterius
concedo quod si potentia Platonis augmentetur quousque sit in duplo
45 maior quam nunc est, et potentia Socratis similiter, quod tunc potest Plato
incipere moveri super A in illo extremo ubi terminantur partes eius
proportionales. Sed tunc non erit quaelibet pars proportionalis in A
aequalis difficultatis ut pertranseatur a Socrate vel a Platone. Unde non
sequitur 'Socrates potest nunc ita faciliter pertransire primam partem
50 proportionalem in A sicut secundam partem proportionalem in A, et
econtra; igitur, eisdem partibus proportionalibus manentibus et augmentata potentia Socratis, Socrates posset ita faciliter pertransire secundam
partem proportionalem in A sicut primam, et econtra'.
    (i) Sed quia illud fundatur super rationem naturalem, ideo transeo ad
55 unum sophisma cuius solutio, secundum quosdam, dependet ex quadam
responsione praecedenti.
    (j) Et est hoc sophisma.

Sophisma 45 [46]

    (a) TU SCIS HOC ESSE OMNE QUOD EST HOC.
    (b) Supposito quod tu videas Socratem a remotis et nescias quod sit
Socrates.

39 tantum *om.* **LM**   40 impossibile] falsum **HLQ**   42 argumentum] in oppositum
add. **CHL** in contrarium? *add.* **D** // prius *om.* **JN** // dictum est *om.* **AH**   43 incipere *om.* **IN** //
ut . . . est *om.* **FH** // ut] ubi **DEGP** // Et ulterius *om.* **BT**   44 concedo] tamen *add.* **BT** //
augmentetur] augeatur **EFJ**   45 potest   *om.* **H**   46 incipere] incipiet **H**   *om.*
PQ   47 erit] est **EM** *om.* **N**   48 vel] et **EFHJL**   49 Socrates] non *add.* **CJHPQT** //
nunc *om.* **CH**   50 sicut . . . A *om.* **CET**   52 Socrates *om.* **DHLN** // posset] potest **EJLQ**
om.   **G** // secundam] primam **ABEFGIMNOT**   53 primam] secundam **ABEF-**
GIMNOT   54 quia] quod **EHL** *om.* **Q** // rationem] regulam **H** responsionem **M** positionem
N   55 unum] dictum **E** aliud **LO** *om.* **I**   56 responsione] ratione **CDIJLN** resolutione **F**

1 HOC ESSE *om.* **H** // OMNE . . . HOC] HOC EST SIC QUOD HOC EST **P** // EST]
ESSE *add.* **H**

(c) Tunc probatur sophisma sic. Tu scis hoc esse hoc; igitur tu scis hoc esse omne quod est hoc.

(d) Ad oppositum arguitur sic. Tu scis hoc esse omne quod est hoc, sed Socrates est omne quod est hoc; igitur tu scis hoc esse Socratem. Maior est vera, et minor est tibi dubia; igitur conclusio non est a te neganda. Sed probo quod sic; quia hoc dubitas esse Socratem; igitur hoc non scis esse Socratem. Ista consequentia est bona, et antecedens est verum; igitur consequens est concedendum. Igitur oppositum consequentis est negandum.

(e) Ad sophisma dicitur distinguendo secundum compositionem et divisionem et in utroque sensu conceditur.

(f) Ad argumentum in oppositum negatur ista consequentia: 'Tu scis hoc esse omne quod est hoc, et Socrates est omne quod est hoc; igitur tu scis hoc esse Socratem'. Sed dicunt quod bene ex praedictis antecedentibus sequitur quod tu scis hoc esse illud quod est Socrates – et hoc est verum. Et ulterius non sequitur 'igitur tu scis hoc esse Socratem'. Sed bene concedunt quod de Socrate scis ipsum esse hoc; quia sequitur 'Omne quod est hoc est scitum a te esse hoc, sed Socrates est hoc; igitur Socrates scitur a te esse hoc'. Et ulterius non sequitur 'igitur hoc scitur a te esse Socratem'. Unde licet isti termini convertantur – 'Socrates' et 'illud quod est Socrates' – tamen hoc totum 'scire hoc esse illud quod est Socrates' non convertitur cum hoc quod est 'scire hoc esse Socratem'.

(g) Et per consimilem modum dicitur ad unam consequentiam in sophismate quodam praecedenti quod non sequitur 'B faciet omne quod est C esse verum, sed C est C esse verum; igitur B faciet C'. Sed bene sequitur quod B faciet illud quod est C; et ulterius non sequitur 'igitur B faciet C'.

(h) Alia tamen responsio videtur quibusdam magis probabilis: dubitando istam 'De hoc scis ipsum esse Socratem'. Quia si Socrates sit hoc

---

4 hoc² *om.* **EHI**   6 omne] istud *add.* **CDJ**   7 omne] istud **CD** hoc *add.* **Q**   10 Ista . . . igitur] Istius consequentiae antecedens et **ABCFGIMPQT** Istius consequentiae antecedens **D** Istius consequentiae antecedens est concedendum et **E** Istius consequentis antecedens et **J** Et antecedens cum **L** Istius antecedens et **O**   11 est¹] sunt **IJ** a te *add.* **L //** concedendum] concedenda **IJ //** consequentis] antecedentis **FPT** *om.* **M //** est²] a te *add.* **EL**   13–14 Ad . . . conceditur *om.* **J**   16 hoc¹ *om.* **JL //** et . . . hoc² *om.* **FM //** et] igitur **L** sed **NO** *om.* **EIQ //** igitur] et **F**   17 Sed] alii *add.* **L //** dicunt] et *add.* **I** quidam *add.* **F** aliqui *add.* **T //** quod bene] bene quod **EI**   18 verum] falsum **F**   19 concedunt] concedendum **C** concedo **E** conceditur **HN** sequitur **J**   20 quia] et **D** quod **FH**   21 scitur] est scitum **EHL**   27 quodam *om.* **CDHLN //** quod¹ . . . sequitur *om.* **FN** 28–30 Sed² . . . C] Et ulterius non sequitur 'igitur B faciet C'; sed bene sequitur quod B faciet illud quod est C **L** *om.* **D**   29–30 et . . . C *om.* **CH**   31 quibusdam] multis **C** quodam **E** quodammodo **J** aliis *add.* **A**

visum, tunc de hoc viso scis ipsum esse Socratem; quia bene sequitur 'De
hoc scis ipsum esse hoc, et hoc est Socrates; igitur de hoc scis ipsum esse
35 Socratem'. Et si hoc visum non sit Socrates, tunc de hoc viso non scis ipsum
esse Socratem. Sed quia utraque istarum propositionum est mihi dubia –
'Hoc visum est Socrates' et 'Hoc visum non est Socrates' – igitur haec est
mihi dubia: 'De hoc scio ipsum esse Socratem'.

(i) Sed secundum istam responsionem consequenter est dicendum quod
40 nihil apparet aurum nisi aurum, quia quodlibet apparens solum apparet
esse illud quod est, sed nihil est simul aurum et non aurum; ideo nihil
apparet aurum quod non est aurum. Vel si aliquid apparet aurum quod non
est aurum, sequitur quod aliquid apparet simul aurum et non aurum; et ita
unum apparet esse duo.

45 (j) Item, sequitur ex hac responsione quod nullus homo posset decipi
iudicando de aliqua re. Consequentia patet, quia quaelibet res iudicata
solum iudicatur esse illud quod est. Et falsitas consequentis patet per
sensum et per Aristotelem primo *Elenchorum* in principio.

(k) Item, ex ista responsione sequitur quod quodlibet foret quodlibet
50 quod apparet esse, et quod quaelibet propositio credita esse vera foret
vera. Et ita nulla deceptio foret, nec aliquis deciperetur – quod est falsum.
Et consequentiae satis patent.

(l) Tertia responsio est quod haec consequentia est bona, intelligendo
maiorem in sensu diviso: 'Hoc scis esse omne quod est hoc, sed Socrates est
55 hoc; igitur hoc scis esse Socratem'. Et quia consequens est falsum et minor
compossibilis est cum consequente et cum casu, ideo maior est falsa in
sensu diviso: 'Hoc scis esse omne quod est hoc'. Et quia de hoc non scis
ipsum esse Socratem, et Socrates est hoc, et econtra, ideo de hoc non scis
ipsum esse hoc. Et haec responsio videtur probabilior secunda
60 responsione.

36 dubia] dubitabilis C dubitanda L De *add*. F Ad *add*. N   37 Hoc[1]] scis *add*. F // est
Socrates] esse Socratem FN // est Socrates[2]] scis Socratem F   37–38 igitur . . . dubia] ergo
sequitur E tunc F *om*. H   38 De . . . Socratem] De isto viso non scis istum esse Socratem F
om. H // scio] scis CL   40 nisi] nihil DT non F et non HT nec sit *add*. C sit *add*.
J   41 esse *om*. CDL // est[1]] Socrates *add*. JO // et] quod EF 41–42 ideo . . . aurum[2] *om*.
FO   46 iudicando] diffiniendo H videndo I decidendo N   47 consequentis *om*.
LQ   48 in principio *om*. CDEHILQ   49 responsione *om*. HI // quodlibet[2]] illud
FI   50 quod apparet *om*. CHL   50–51 foret vera *om*. CH   50 foret] esset
DGN   51 deciperetur] decipitur EI decipetur Q   52 consequentiae] consequentia EN //
patent] patet E est patens N   53 Tertia responsio] Contra secundam responsionem H //
intelligendo] negando JL intendendo O   54 diviso] composito O   55 esse Socratem]
Socratem esse hoc CDH // quia] per Q *om*. CDHJLP // consequens] antecedens ABJT hoc CD
consequentia E   56 compossibilis] possibilis DEH impossibilis T // consequente] antecedente CDGHPT // casu] aliis BT // falsa] vera ACDHJPQ   57 Hoc . . . hoc[2]] Sed sufficit
esse quod est hoc J Sed Socrates est hoc *add*. A   59 videtur] non est J

(m) Sed contra istud arguitur sic. De hoc tu scis ipsum esse hominem –
ponatur – et de hoc scis quod non est homo alius ab isto homine viso a te in
hoc situ; igitur de hoc tu scis ipsum esse istum hominem. Et per consequens
tu scis de hoc ipsum esse hoc.

(n) Item, si de hoc nescias ipsum esse hoc quia de hoc nescis ipsum esse   65
Socratem, igitur, eadem ratione, si iste homo visus haberet centum
nomina, tu non scires de isto homine quod foret iste homo nisi de isto
homine scires quod foret A, et B, et sic de singulis – posito quod 'A', et
'B', et ita de aliis sint nomina istius hominis. Et consequentia patet, quia si
de hoc scires ipsum esse hoc, et hoc est A, igitur de hoc scires ipsum esse   70
A; et, eadem ratione, scires ipsum esse B, etc.

(o) Huic sophismati simile est hoc sophisma.

Sophisma 46 [47]

(a) TU SCIS HOC ESSE SOCRATEM.

(b) Supposito quod tu videas Socratem et Platonem simul, et quod
Socrates et Plato sint omnino similes, et dubitas te modicum, ita quod

62 ponatur] quod supponatur **C** et ponatur quod ita sit **E** *om.* **DHIJ**   63 situ] scitu
AEFHN scitum **I**   65 nescias] non scis **F** negas **I** // quia] quod **CH**   67 scires] scis **FH** //
nisi] nec **FHQ** scires *add.* **JL**   69 sint] forent **AF** essent **G** // si *om.*
ABCDGHJLOPQT   70 de hoc² *om.* **DJ** // de *om.* **E**   71 ratione] de hoc *add.* **FMO** // etc.
om. **ABCDFGHILMNOPQT**   72 Huic . . . sophisma *om.* **GH** // sophisma] Dicerem quod
maior est falsa in sensu divisionis, sicut dicit tertia responsio, et consequentia bona. Ad
primum in contrarium concedo consequentiam. Sed ex hoc non sequitur quod ex hoc scis
ipsum esse omne quod est hoc. Ad secundum dico quod de hoc nescio ipsum esse quod est nisi
sciam ipsum esse A et B et sic de singulis, cum omne quod est hoc scio hoc esse, quamvis
ipsum nesciam esse A et B et sic de aliis. In sensu autem composito est ulterius dubitanda
haec: 'Hoc scis esse omne quod est hoc'. Unus sensus est iste: 'Haec est scita a te: "Hoc est
omne quod est hoc"'. Et sic est falsa in casu posito, quia ex hac sequitur quod haec est scita:
'Hoc est Socrates quod est hoc, et A quod est hoc, et B quod est hoc, et sic de aliis' – quod est
falsum. Alius sensus est 'Haec est scita a te: "Omne quod est hoc est hoc"'. Et hoc est verum,
sicut probatur inductive. Sed in isto ultimo sensu capiendo maiorem non sequitur conclusio
posita in argumento sed alia, quae ponitur in prima responsione ad argumentum – scilicet,
ista: 'Tu scis hoc esse istud quod est Socrates', vel ista: 'Haec est scita a te: "Istud quod est hoc
est Socrates est hoc"'. Sophismati praecedenti simile est hoc sophisma *add.* **G**

1 HOC] HIC? **T**   2 tu . . . simul] Socrates et Plato simul videantur a te **J** // simul]
similes **H**   3 Plato] non *add.* **H**

nescias quis sit Socrates et quis Plato. Et demonstrato per li 'hoc' illum qui
5 est in situ ubi fuit Socrates antequam dubitebas te.

(c) Tunc probatur sophisma sic. Tu scis hanc propositionem in conceptu
tuo esse veram: 'Socrates est Socrates', et in conceptu haec propositio
'Socrates est Socrates' est eadem huic: 'Hoc est Socrates'; igitur tu scis
istam: 'Hoc est Socrates'. Et per consequens tu scis hoc esse Socratem.
10 Maior est vera, et minor est tibi dubia; igitur conclusio non est a te
neganda.

(d) Quod minor sit tibi dubia patet, quia si hoc est Socrates, tunc in
conceptu tuo eadem est intentio subiecti huius propositionis 'Hoc est
Socrates' et istius propositionis 'Socrates est Socrates', et utrobique
15 intentio copulae est eadem, et ita de aliis, et cetera sunt paria; igitur, cum
haec propositio 'Socrates est Socrates' sit in conceptu istae intentiones ex
quibus componitur, et haec propositio 'Hoc est Socrates' similiter sit
intentiones ex quibus componitur, et ex eisdem componitur haec propositio 'Socrates est Socrates' et ista 'Hoc est Socrates', igitur in conceptu tuo
20 haec propositio 'Socrates est Socrates' est ista: 'Hoc est Socrates'. Item, si
hoc non sit Socrates, tunc haec propositio in conceptu 'Hoc est Socrates'
est falsa, et per consequens haec propositio 'Hoc est Socrates' non est
eadem huic: 'Socrates est Socrates'. Sed tu dubitas utrum hoc sit Socrates
vel non Socrates. Igitur tu dubitas an haec propositio 'Hoc est Socrates' sit
25 ista propositio 'Socrates est Socrates' – quod fuit probandum.

(e) Et per consimilem formam potest probari quod minor primi discursus sit vera. Et arguitur sic. Socrates et Plato sunt omnino similes, et in
conceptu tuo est utriusque eorum intentio; igitur de Socrate et Platone in
conceptu tuo causatur eadem intentio. Et per consequens, sive hoc sit
30 Socrates sive hoc non sit Socrates, eadem est intentio in conceptu huius

4 Plato] et indubitendo Plato sit in loco Socratis, et Socrates in loco Platonis add. N //
demonstrato] demonstrabo A demonstro FPQ // per . . . hoc om. ABCDHJLPQT // illum] illo
CDHJT   5 fuit] fuerat ABCDT fuerit J   8 Socrates[1]] Hoc FGIMNO // Socrates[2]] hoc L //
Hoc] Socrates FGHIMNO // Socrates[3]] hoc H   9 Hoc . . . Socrates] Socrates est hoc
H   13 subiecti om. GHL   14 utrobique] utraque ABCDEHJLPQT // copulae] continue
ABCDE[2]HJLMNPQT complete[?] F 17–18 similiter . . . intentiones] aequaliter fiunt in
intentione L   17 sit] istae add. J in conceptu add. M   18 et . . . componitur[2] om.
FT   22 non om. C   26 formam] modum LQ   27 Plato] non add. L // omnino] non H
// et[2] om. HIJLPQ   28 tuo] non add. D secundum intentionem add. I id add. PQ om.
AMNT // est] et HJ[?] et si L om. ABCIN // eorum] est tantum una add. A est una add. J est add.
N // intentio] est eadem et una add. HLPQ eadem add. N om. I // Platone] est una intentio
add. N   28–29 in . . . intentio] est tantum una intentio quia concepto tuo G   29 tuo . . .
eadem] tantum est bona E tantum est una FIMO   30 hoc om. BDEGJM

termini 'hoc' et huius termini 'Socrates'. Et residuae intentiones sunt
eaedem. Igitur haec propositio in conceptu 'Socrates est Socrates' est
eadem huic: 'Hoc est Socrates' – quae fuit minor primi discursus.

(f) Ad oppositum sophismatis arguitur sic. Tu dubitas hoc esse
Socratem; igitur tu non scis hoc esse Socratem.   35

(g) Ad sophisma dicitur distinguendo secundum compositionem et
divisionem; et secundum unam responsionem potest dici quod sophisma
est falsum.

(h) Ad argumentum dicitur quod casu ibidem posito et cum hoc posito
gratia argumenti quod aliqua propositio sit in conceptu et quod in conceptu 40
sint multae intentiones, dico quod haec propositio in conceptu 'Socrates est
Socrates' non est eadem huic: 'Hoc est Socrates'. Et quia illud totum
argumentum fundatur super hoc, quod duae intentiones omnino similes
non sunt simul in conceptu, dico quod hoc est falsum. Et ad Aristotelem
quando dicit quod recipiens semper debet denudari a natura recepti, igitur 45
si intellectus habeat unam intentionem in se, aliam eiusdem speciei non
recipiet, dico quod illud intelligitur sic, quod nihil habens aliquid naturaliter recipit aliquid quod est eiusdem speciei cum illo quod naturaliter
habet. Sed intellectus non naturaliter habet intentionem Socratis vel
Platonis. Unde quia ignis naturaliter habet calorem, non recipit calorem 50
alium ab isto quem habet; et ita foret de intellectu si naturaliter haberet
aliquam intentionem.

(i) Sed forte argueret aliquis sic. Si duae intentiones forent in anima
omnino similes, sequitur quod una omnino superflueret. Consequentia
patet, quia quicquid potest salvari per duas intentiones posset salvari per 55
unam.

(j) Ad istud dico quod si duae intentiones omnino similes forent in
anima, neutra superflueret. Et causa est quia una intentio in numero in

31 Et residuae] Si duae **A** Si eadem duae **J**   33 Hoc] Socrates **D** *sed corr.* **M** // est . . .
discursus] per prius deductum **H**   35 hoc *om.* **DFH**   37 et . . . responsionem] una
responsio non **H** // unam] nullam **C** // responsionem] rationem **CD**   38 falsum] verum
N   39 et . . . posito[2] *om.* **BCDLT**   42 Hoc] Socrates **F** *sed corr.* **D** *corr. ex* homo
E   43 omnino] non **H**   44 Aristotelem] secundo *De anima add.* **E**   45 semper *om.*
DEFGHNOQ *sup. lin.* **B** // denudari] esse denudatum **BCLT** esse nudatum **D** demonstrare **E**
denominari **HN**[?]**PQ**   46 intellectus] intentio **IN** *sed corr.* **P** intellectio[?] **Q** // in se *om.*
GIJ   47 recipiet] recipit **EL** reciperet **O**   48 cum illo *om.* **CL**   49 habet] secundum
aequalem gradum denominationis *add.* **L** // intellectus] intentio **N** intelligens **P** intellectio[?] **Q** //
vel] et **ADINPQ**   53 argueret] arguet **ABGILMOPQ** arguit **E** // in anima] penitus animo **L**
in conceptu **O**   54 omnino[1]] non **H** // sequitur] sequeretur **BD** // omnino[2]] non
H   55 posset] potest **CEGILN**   57 forent] essent simul **A** essent **J**   58 neutra super-
flueret] non superfluerent **EFGINO** // una *om.* **IQ** // in *om.* **ACDHJLPQ**

conceptu non repraesentat nisi unam rem. Et ita, cum intellectus posset
60 intelligere duo omnino similia, sequitur quod ad intellectionem talem
requiruntur duae intentiones omnino similes.

(k) Et forte dicet aliquis quod duae intentiones omnino similes non
simul generantur in anima; igitur, etc.

(l) Ad istud dicendum est quod ab eadem re non simul generantur in
65 anima duae intentiones, bene tamen potest una generari post aliam in
anima. Et sic intelligit Averroes antecedens illud allegatum.

(m) Aliter tamen posset responderi ad sophisma distinguendo secundum
compositionem et divisionem: in sensu diviso falsum est, et in sensu
composito respondendum est dubitando. (Et sic respondendo potest dici
70 quod unius speciei tantum est una intentio in anima.) Et causa quare
sensus compositus est dubitandus est ista, quia tu scis hanc propositionem
in conceptu tuo: 'Socrates est Socrates', et tu dubitas an haec propositio
'Socrates est Socrates' sit haec propositio 'Hoc est Socrates'; ideo tu
dubitas an scis istam: 'Hoc est Socrates'.

75 (n) Et quando proponitur haec propositio 'Tu dubitas istam: "Hoc est
Socrates"', respondendum est, sicut prius, dubitando. Quia si hoc sit
Socrates, tu scis istam: 'Hoc est Socrates'; et si hoc sit Socrates, igitur tu
non dubitas istam: 'Hoc est Socrates'. Et antecedens est a te dubitandum,
et ideo oppositum consequentis non est a te concedendum. Unde licet
80 antecedens sit a te dubitandum – hoc, videlicet, 'Hoc est Socrates' – tamen
non est concedendum quod hoc antecedens est tibi dubium: 'Hoc est
Socrates'.

59 intellectus] intentio E intelligens P intellectio[7] Q // posset] potest EFL potest corr. ex
possit J possit DGIMOP   60 duo om. HQ // intellectionem] intentionem.FNQ intellectum
HO   61 intentiones] intellectiones HT // omnino] non HL om. F   62 forte] si CL // dicet]
diceret ADFGJ dicit BHQ dicitur C dicatur L // aliquis om. CL // omnino similes] non similes
omnino H om. I // omnino] non L   63 generantur] congenerantur EF aggregantur
GHIMNPQ agantur O // igitur, etc. om. HQ   64 simul om. FL // generantur] generentur
illae H corr. ex aggregantur Q om. E   65 bene] unde LM // post aliam] prius alia
HT   66 Averroes] Aristoteles[7] F Commentator G om. D   67 posset] potest CL //
responderi] dici BCDJLNO intellige E   68 divisionem] quia add. A et add. CLN   69 sic
om. DM // respondendo om. AO   70 tantum] tunc BDT tamen P om. LQ   73 Socrates[1]]
Hoc EFGILMNO // Hoc] Socrates EFGIMNO // Socrates[3]] vel 'Socrates est Socrates' add.
L   76 Quia] Quod HOPQ   77 hoc[2]] non add. CD // sit] non add. AB   78 non om.
BDH   79 concedendum] negandum E   81 dubium] dubitandum CDIJT

(o) Et ideo haec est dubitanda: 'Tu scis te scire istam: "Hoc est
Socrates"'. Et causa est quia tu scis istam: 'Socrates est Socrates', et tu scis
te scire istam: 'Socrates est Socrates'. Et per consequens, si haec propositio   85
'Hoc est Socrates' in conceptu tuo sit haec propositio 'Socrates est
Socrates', tunc tu scis te scire istam: 'Hoc est Socrates'. Et ita non est haec
concedenda: 'Tu non scis te scire istam: "Hoc est Socrates"'. Unde si
proponatur aliqua propositio in voce repraesentans istam in conceptu:
'Hoc est Socrates', respondendum foret dubitando. Et tamen cum hoc stat   90
quod ista propositio in conceptu correspondens illi sit scita a te, ut patebit
in proximo sophismate, quod est hoc.

Sophisma 47 [48]

(a) TU SCIS REGEM SEDERE.

(b) Supposito isto casu, quod si rex sedeat, tu scias regem sedere; et si
rex non sedeat, tu scias regem non sedere.

(c) Tunc probatur sophisma sic. Tu scis regem sedere vel tu scis regem
non sedere, sed tu non scis regem non sedere; igitur tu scis regem sedere.   5
Maior patet per casum, et minor patet quia est vera non repugnans. Quod
patet, nam ista non repugnant: 'Si rex sedet, tu scis regem sedere; et si rex
non sedet, tu scis regem non sedere' et 'Tu non scis regem non sedere'.

(d) Ad oppositum arguitur sic. Tu scis regem non sedere; igitur tu non
scis regem sedere. Antecedens patet, quia tu scis regem sedere vel tu scis   10

83 est¹] tibi *add.* **CQ** a te *add.* **N** *om.* **H**   84–88 Et . . . Socrates *om.* **H**   84–87 Et . . .
Socrates *om.* **J**   84–85 Et . . . Socrates² *om.* **PQ**   84–88 Socrates¹ . . . istam *om.*
T   84 tu²] non **CL**   85 Socrates¹] Hoc **ABCDL**   88 concedenda] dubitanda **L** // Hoc]
non *add.* **F**   89 voce] non *add.* **M** // in conceptu *om.* **EFG**   90 foret] distinguendo vel
add. **L** // tamen *om.* **FJL**   91 conceptu] 'Hoc est Socrates' *add.* **AJ**

2 tu] tunc **BDHMPQT** nunc **I**   3 tu] tunc **ABDIMQT** non *add.* **EH** // scias] nescias **J** //
non *om.* **EHJ**   5 sedere¹] sed si rex sedet, tu scis regem sedere; et si rex non sedet, tu scis
regem non sedere *add.* **CL** // non² *om.* **L** *sup. lin.* **B** // regem²] non *add.* **T**   6 patet quia *om.*
ABCJLT // vera] quia *add.* **CL** et *add.* **EGO** // non] ideo **E** // repugnans] repugnat casui **CL**
casui *add.* **DJ**   7 repugnant] 'Tu non scis regem sedere', et tamen *add.* **HPQ** 'Tu non scis
regem non sedere' et *add.* **J**   8 scis . . . Tu *om.* **J** // et . . . sedere *om.* **HLPQT** // non³ *om.*
AE // sedere²] Et per consequens sophisma est verum. Et minor patet ut prius, quia (quod **E**)
est vera et impertinens *add.* **EL** Ergo, etc. *add.* **M**   9 non¹ *om.* **N** // non² *om.*
H   10 regem] non *add.* **DMN** // sedere¹] igitur tu scis regem non sedere *add.* **JT** 10–11
Antecedens . . . sedere¹ *om.* **HT**   10 tu¹] non *add.* **D**

regem non sedere, sed tu non scis regem sedere; igitur tu scis regem non sedere. Et per consequens sophisma est falsum. Et minor patet ut prius, quia est vera et impertinens.

(e) Ad sophisma posset dici quod est falsum, quia est falsum et
15 impertinens casui. Et tunc quando arguitur 'Haec propositio "Rex sedet" scitur a te esse vera vel scitur a te esse falsa', conceditur. Et, ulterius, negatur minor – quod tu non scis regem non sedere. Unde licet non repugnet casui, tamen repugnat copulativae factae ex casu et opposito bene negati. Nam ista repugnant: 'Si rex sedet, tu scis regem sedere et si
20 rex non sedet, tu scis regem non sedere; et tu non scis regem sedere' et 'Tu non scis regem non sedere'. Unde circumscripto casu, minor praedicta repugnat opposito bene negati.

(f) Sed contra illud arguo sic. Ante responsionem ad istud sophisma, argumentum probans sophisma istud probavit sophisma esse verum – ut
25 constat, quia maior illius argumenti patuit ex casu, et minor fuit vera et non repugnans casui tunc nec alicui bene concesso vel opposito bene negati, et ita de aliis, quia nihil tunc fuit concessum vel negatum. Igitur si respondens fecisset argumentum factum in conceptu suo – vel aliquid aliud convertibile cum illo argumento – antequam respondisset ad istud sophisma, sequitur
30 quod illud argumentum probavisset respondenti sophisma esse verum cum casu posito. Et per consequens tunc respondendo debuit respondisse ad istud sophisma quod est verum. Et si hoc, igitur si alio modo respondisset ad istud sophisma, non respondisset ut debuit. Et per consequens, cum considerare de isto argumento nihil facit ad hoc quod sophisma sit
35 concedendum vel non concedendum, sequitur quod bene respondendo

---

11 regem²] non *add.* **I** // sedere²] igitur tu non scis regem sedere. Et tu non scis regem sedere *add.* **H** // tu²] non *add.* **LQ**   12 ut prius *om.* **EQ**   13 impertinens] non repugnans casui **C** non repugnans **DL**   14 posset dici] dicitur **CL** // posset] potest **EFIM** // quia . . . falsum² *om.* **ABCDFHJLMPQT**   15 tunc] tamen **ABPQ** *om.* **CHJLT** // arguitur] Ad sophisma dicendum est quando proponitur dubitando istud. Et quando postea continditur² concedendo illud, quia sequens *add.* **G**   17 quod] quia **BCEH** // non² *om.* **J** *marg.* **M**   20 non¹ *om.* **N** // et¹ . . . sedere² *om.* **E** // tu²] tamen **CI** 20–21 et² . . . sedere *om.* **ABCDHJLPQT**   21 praedicta *om.* **FHIJT**   22 opposito *om.* **IL** // bene negati *om.* **HI**   23 arguo] arguitur **CDEL** // Ante] Ad **BCT**   24 probavit] probat **FH**   25 patuit] patet **ABCFLT** // non *om.* **B**   26 tunc] tamen **P** *om.* **DL** // nec] vel **L** *om.* **H** *sup. lin.* **C** // alicui] alicuius **ACDQ** *om.* **BE**   28 factum] falsum **ADHJLMQ** primum **EFGI²NO**   30 respondenti *om.* **HJLNT**   31 respondendo] respondeo **E** respondens **FJOT**   32 verum*] falsum **E** // hoc *om.* **CDLT** // si² *om.* **CJLPQT**   33 istud *om.* **FLN** // debuit] debuisset **DL**   34 considerare] consideraret **ADEJO** quid consideras **C** consimile **F** quidquid considerans consideres **L** considero **M** considerares **NT** // nihil] vel **CE** non **L** // facit] faciet **C** faciat **DG** faciet vel facit **L**

debuit responderi ad istud concedendo. Et per consequens istud sophisma non fuit negandum.

(g) Item, ponatur, gratia materiae, quod tu consideres de argumento primo antequam respondeas ad istud sophisma, et etiam quod consideres de argumento ad contrarium huius sophismatis; et arguitur ut prius. Et 40 patet deductio.

(h) Item, in qualibet responsione congrua prius consideranda est evidentia pro responsione quam debet fieri responsio. Et per consequens prius fuisset considerandum argumentum probans sophisma quam responsio, quia responsio debet formari ex aliis praemissis. Sed secundum istam 45 responsionem datam, responsio ad primum argumentum sophismatis praesupponit responsionem ad istud sophisma. Quia primum argumentum solvitur per hoc, quod minor repugnat opposito bene negati, sicut opposito sophismatis. Et per prius acceptum, responsio ad istud deberet formari ex responsione ad primum argumentum. Igitur responsio ad primum argu- 50 mentum praesupponit responsionem ad istud sophisma, et econtra. Igitur illud praesupponit istud, quod praesupponit se; et per consequens aliquid praesupponit se – quod est falsum.

(i) Item, arguo sic. Si immediate post positionem casus proponeretur ista 'Rex sedet', ista foret dubitanda a te. Igitur cum haec propositio 'Tu 55 scis regem sedere' sit consequens ad istam ut nunc 'Rex sedet' per casum, igitur si pro eodem instanti proponeretur tibi haec propositio 'Tu scis regem sedere', ista non foret a te neganda. Consequentiam probo; quia aliter sequeretur quod pro aliquo instanti responsionis aliqua consequentia foret bona, et antecedens foret dubitandum et consequens negandum – 60 quod non apparet conveniens. Et probo primum antecedens istius formae; quia, posito quod immediate post positionem casus proponatur haec

36 responderi . . . concedendo] concedere AJ // responderi] respondere CDFHL respondisse EN   38 materiae] exempli EN // consideres] consideras CFM inconsideres E correspondes? J concederes N   42 prius] prima D primo H om. FL // consideranda] considerata AF   43 pro responsione] per responsionem ANPT // quam debet] qua debuit CL   44 fuisset] fuit HLPQ foret J // responsio] respondendum HQ respondendo I responsionem P   45 secundum] contra P   46 responsio] respondendo AGP respondendum CL respondens H om. J   47 argumentum] sophisma corr. ex argumentum D   48 quod] quia ACJT   49 per] consequens add. CDHL om. G // prius] primum EP om. H // deberet] debet AEFHIJNOQ   51 istud] aliud C om. DF   52 illud] idem EGILNOPQ   54 arguo] arguitur DJL // positionem] posito poneretur H responsionem I // proponeretur] probatur A proponetur CFL proponatur D poneretur H praesupponeretur N praeponeretur P   58 non] ergo E om. ACDT sup. lin. L // neganda] dubitanda D   59 sequeretur] sequitur ACDEFGHLMQT   60 foret²] esset IL om. HJ // dubitandum] dubium AIT   61 non om. J // conveniens] consequens EH inconveniens J   62 proponatur] proponitur EFM proponeretur I?LN praeponatur J ponitur Q

propositio 'Rex sedet'. Probo quod non debet concedi; quia ista est tibi
dubia in rei veritate. Et non sequitur ad positionem nec ad positum et
65 concessum, et ita de aliis, quia nihil est concessum vel negatum. Igitur non
foret concedenda. Nec, eadem ratione, foret ista neganda; quia eius
oppositum non sequitur ex casu, nec ex casu et concesso vel concessis, et
sic de aliis. Et per consequens haec propositio 'Rex sedet' foret dubitanda.
Et tunc potest argui quod ista stant simul: 'Tu scis regem sedere vel tu scis
70 regem non sedere' et tamen 'Haec est dubitanda: "Rex sedet"'. Et, eadem
ratione, cum non mutentur significata terminorum, quod tu scis istam
propositionem 'Rex sedet' vel tu scis istam 'Rex non sedet', et tamen haec
est a te dubitanda: 'Rex sedet'. Et hoc fuit probandum in proximo
sophismate. Et de isto magis dicetur posterius in alia responsione ad hoc
75 sophisma.

(j) Item, ex ista responsione sequitur quod aliqui duo homines
aequaliter obligati ad unum casum bene respondendo haberent concedere
duo contradictoria. Quod patet, quia isto casu posito Socrati et Platoni – si
rex sedeat, quod Socrates sciat regem sedere; et si rex non sedeat, quod
80 Socrates sciat regem non sedere – et posito quod primo proponatur Socrati
haec propositio 'Deus est', et secundo proponatur sibi haec propositio
'Homo est animal', et tertio proponatur sibi haec propositio 'Socrates non
scit regem sedere'; ista est concedenda, quia suum oppositum est falsum et
impertinens.

85 (k) Pono tunc quod quando proponitur Socrati ista propositio 'Deus
est', quod tunc proponatur Platoni haec disiunctiva: 'Socrates scit regem
sedere vel Socrates scit regem non sedere'. Tunc ista foret concedenda a
Platone per positum.

(l) Et pono quod quando proponitur Socrati ista propositio 'Homo est
90 animal', quod tunc proponatur Platoni haec propositio: 'Socrates non scit

63 debet] deberet **ADMPT**   64 positionem] oppositum **A** propositum **ET** positum
GIJMNO potentiam **Q** // nec . . . positum *om.* **ACLT** // nec] vel **D** ad postcessionem *add.* **P** //
positum et *om.* **DJN** // positum] propositionem **E** propositum **O** nec ad positum *add.*
P   65 nihil] vel **C** istud **HQ** non **L**   66 Nec] Igitur **ACLT** Et **F** Item **M** // ratione]
responsione **EP** nec *add.* **AT** non *add.* **CFJ** // ista *om.* **DEFIJN**   67 ex casu et *om.* **HJ** // et[1]]
cum **F?ILO** nec **Q** *om.* **ACDEN** // vel] et **O** nec **Q**   69 argui] probari **E** probari arguendo
L   69–70 scis[2] . . . non] non scis regem **EM**   70 dubitanda] dubia **ADHNT**   71 cum]
ita **H** tamen **PQ** // significata] vocabulorum seu *add.* **CL** // terminorum] ista stant simul *add.* **D**
probatur *add.* **L**   74 dicetur] dicitur **AEO**   76 haberent] habent **FGINO** 79–80 et . . .
sedere *om.* **GI**   80 Socrates] Plato **D** // primo] prius **DEH** *om.* **Q**   81 sibi] Socrati **EM**
Platoni **N** *om.* **FHOP**   82 sibi] Socrati **DEFM** *om.* **HIN** // non *om.* **EHP** *sup. lin.* **C** *marg.*
M   83 regem] non *add.* **EO** non *scrips. et del.* **C** // est[1]] foret **A** esset **HPQ**   88 per
positum *om.* **CL**   90 non *om.* **CHMT** *sup. lin.* **O** *marg.* **P**

regem non sedere'. Tunc ista esset concedenda a Platone, quia suum oppositum est falsum et impertinens.

(m) Pono tunc quod quando proponitur Socrati haec propositio 'Socrates non scit regem sedere', quod tunc proponatur Platoni haec propositio: 'Socrates scit regem sedere'. Tunc ista est concedenda a 95 Platone, quia sequitur ex duobus concessis ab eo. Nam sequitur 'Socrates scit regem sedere vel Socrates scit regem non sedere, sed Socrates non scit regem non sedere; igitur Socrates scit regem sedere'.

(n) Ex quibus sequitur quod eodem casu posito Socrati et Platoni, duo contradictoria forent concedenda in eodem tempore ab illis. Et cum 100 tantum obligatur Socrates sicut Plato, sequitur quod duo contradictoria forent concedenda a Socrate.

(o) Item, argumentum potest fieri de positione istius propositionis 'Tu es Romae', et in aliis obligationibus similibus.

(p) Ideo, propter ista et alia, aliter respondendum est ad hoc sophisma. 105 Prius, tamen, videndum est qualiter respondendum est consimilibus obligationibus.

(q) Unde dico – in communi exemplo, ut facilius intelligatur – quod posita ista 'Tu es Romae', non contingit probare aliquod falsum sibi compossibile, ut istam: 'Tu es episcopus', et similia. Et causa est quia 110 posito quod tu esses Romae, non concederes istam '"Tu es Romae" et "Tu es episcopus" sunt similia' nisi fores episcopus. Sed tunc non plus obligaris propter aliquid positum quam si tu esses Romae actualiter. Igitur propter istud positum – quod tu es Romae – non est concedendum te esse episcopum. 115

(r) Item, si te esse episcopum foret concedendum propter hoc quod sequitur ex isto posito 'Tu es Romae' et ex isto concesso '"Tu es Romae" et

91 esset] est **EFGIMNOQ**   94 non *om.* **E** // regem] non *add.* **ACEJLPQT**   98 non *om.* **H** *marg.* **A**   99 quibus] quo **FGIJMNOPQ** hoc **H**   100 forent] essent **HJ** // in . . . tempore *om.* **FI** // in] et **AJPQT** 100–101 cum tantum] tantum totum **E** tamen cum **HQ**   100 cum] tamen **FL** tunc **N**   101 Socrates] Socrati **CO** **A E** Platoni **L** // sicut] Socrates et *add.* **IMNO** // Plato] Platoni **CO** Socrati **L** et Plato sicut Socrates *add.* **E** et econtra, et sic *add.* **F** et Socrates *add.* **G**   102 forent] essent **AJ** // concedenda] in eodem tempore obligationis *add.* **L** // Socrate] Platone **H**   103 istius] argumenti *add.* **MN**   105 propter] per **DF** proponitur **E** proponatur **O** // alia] similia *add.* **CJL** // aliter *om.* **DEHL**   109 probare] ponere **CL**   110 compossibile] consimile **AEI** possibile **H** // similia] nisi fores (foret **C**) episcopus **ACT** ut facere episcopus *add.* **Q** 110–112 Et . . . episcopus² *om.* **CQT**   111 esses] es **ELOP** // concederes] consideres **AE** concideres **N**   112 sunt . . . episcopus *om.* **GL** // sunt similia] et consimilia **JP** *om.* **D** // tunc] nunc **ACDGIMNQT** tamen **EF** modo **H** *om.* **OP** // plus *om.* **ELT**   113 esses] es **CDMP**   116 foret concedendum] concederetur **A** conceditur **J** // foret] esset **HL** // hoc *om.* **CO**   117 posito] proposito **LQ**

"Tu es episcopus" sunt similia', igitur a multo fortiori immediate post
positum proposita ista propositione 'Tu es episcopus', ista foret con-
120 cedenda, quia sequitur ex posito et alio vero impertinenti. Nam in
principio sequebatur 'Tu es Romae, et "Tu es Romae" et "Tu es
episcopus" sunt similia; igitur tu es episcopus'. Cum igitur propositio
sequens ex vero et posito sit tantum concedenda sicut propositio sequens
ex posito et concesso, ceteris paribus, sequitur quod in principio, post
125 positum immediate, foret haec concedenda: 'Tu es episcopus' – quod est
falsum secundum istam responsionem, quia immediate post positum,
proposita ista 'Tu es episcopus', foret haec falsa et impertinens, et per
consequens neganda.

(s) Item, posito, gratia exempli et disputationis, quod quodlibet verum
130 et impertinens – ad communem modum loquendi de impertinenti – foret
concedendum, et etiam quod quodlibet sequens ex posito cum concesso vel
concessis, et ita de aliis, foret concedendum. Adhuc propter istas duas
propositiones concessas – 'Tu es Romae' et '"Tu es Romae" et "Tu es
episcopus" sunt similia' – non foret concedendum quod tu es episcopus.
135 Quod probo; quia ista propositio 'Tu es episcopus' non formaliter sequitur
ex illis duabus propositionibus praeacceptis. Quod probo; quia istae tres
propositiones stant simul: 'Tu es Romae', et 'A et B sunt similia', et 'Tu
non es episcopus' – posito quod A sit ista propositio 'Tu es Romae' et B
ista 'Tu es episcopus'. Tunc probo quod ista tria stant simul.

140　(t) Et ad istud sciendum est quod ista consequentia non valet: 'Tu es
Romae; igitur haec est vera: "Tu es Romae"'. Nec, econtra, sequitur
'Haec est vera: "Tu es Romae"; igitur tu es Romae'.

(u) Quod prima consequentia non valet patet, quia ita praecise potest
esse ex parte rei sicut significatur per antecedens licet non sit ita sicut
145 significatur per consequens; igitur consequentia non valet. Assumptum
probo; quia tu potes esse Romae licet haec propositio 'Tu es Romae' non
sit; et per consequens tu potes esse Romae licet haec propositio 'Tu es

119 positum] propositum C positionem EJ // propositione om. DIJ　120 posito] opposito
AJQT proposito posito C proposito I // impertinenti] pertinente AI pertinenti CDHLQT per
institutionem J participati P　121 et . . . Romae² om. ACDEFJLOT　122 Cum] Tamen
HP　123 et] ex add. DGP cum E impertinente add. N　124 et] bene add. HJLPQ // in
principio] immediate FI　125 immediate] in principio F om. HIO　126 quia immediate
om. HQ // quia om. ACDJLNPT　127 proposita] propositio ACGI　129 exempli et om.
AEGHMNOPQ　131 cum] et CDFJ bene H　133 concessas] concedendas CL // et . . .
Romae om. ACDFJLOPQT　135 quia] quod ACHJLQT　136 praeacceptis] primo
acceptis HPQ // Quod probo om. DJ 138–139 Tu . . . ista¹ om. EP　143 ita] ista HPT sed
corr. D om. EI // praecise om. AN　144 significatur] denotatur ACDFHJLPQT　145 sig-
nificatur] denotatur AFJOQ // Assumptum] Antecedens HM　146 Romae¹ om.
JO　147 sit] vera add. NPQ

Romae' non sit vera. Et per consequens ita potest esse ex parte rei sicut significatur per illud antecedens 'Tu es Romae' licet non sit ita sicut significatur per hoc consequens 'Haec est vera: "Tu es Romae"'.   150

(v) Sed forte dicet aliquis quod quaelibet consequentia est bona de forma cuius antecedens non potest esse verum nisi consequens sit verum, et quod non sequitur 'Ita potest esse ex parte rei sicut significatur per antecedens quando potest non esse ita ex parte rei sicut significatur per consequens; igitur consequentia non valet de forma'. Et ita dicitur quod est   155 in proposito. Nam licet ita potest esse ex parte rei sicut significatur per hoc antecedens 'Tu es Romae' et non esse ita ex parte rei sicut significatur per hoc consequens 'Haec est vera: "Tu es Romae"', tamen hoc antecedens non potest esse verum nisi hoc consequens sit verum: 'Haec est vera: "Tu es Romae"'.   160

(w) Sed contra hoc arguitur sicut prius. Hoc antecedens 'Tu es Romae' potest esse verum licet hoc consequens non sit verum: 'Haec est vera: "Tu es Romae"'. Et per consequens haec potest esse vera: 'Tu es Romae', licet haec non sit vera: 'Haec est vera: "Tu es Romae"'.

(x) Item, propositio falsa est possibilis quia potest esse ita ex parte rei   165 sicut per illam propositionem falsam denotatur. Et propositio falsa non solum est possibilis propter hoc quod potest esse vera – quod patet, quia · tunc quaelibet propositio foret possibilis, cum quaelibet propositio possit esse vera. Et ita, eadem ratione, consequentia est bona de forma quando non potest esse ita ex parte rei sicut significatur per antecedens illius   170 consequentiae nisi sit ita ex parte rei sicut significatur per consequens eiusdem consequentiae. Nam si solum illa consequentia valeret in qua antecedens illius consequentiae non potest esse verum nisi consequens eiusdem consequentiae sit verum, tunc non valeret aliqua consequentia ubi

149 significatur] denotatur **EFJ** // licet] et tamen **ACDHJLPT** // non *om.* **T** // sit] erit **ACDJLPT** est **H** // ita] ex parte rei *add.* **ADIJNOPT** a parte rei *add.* **G**   150 significatur] denotatur **AFJMO** // Romae] sicut significatur ex parte rei *add.* **C** ex parte rei *add.* **L**   151 dicet] diceret **DGJLM** dicit **EQ**   154 potest non] non potest **FNO** 155–156 est . . . proposito] in proposito sit sic **H** sit in proposito sic **L**   155 est] sic *add.* **F**   156 significatur] denotatur **AJ** // per *om.* **EGO**   157 et] licet **I** tunc *add.* **E** etiam *add.* **L** // esse] est **EMP** sit **I** // ita *om.* **EHPQ** // significatur per] significat **EG**   158 consequens] antecedens **AGL** igitur *add.* **ACLT** // Haec . . . vera *om.* **AT** // antecedens] 'Tu es Romae' *add.* **DEJMO**   159 verum[1]] 'Tu es Romae' *add.* **E** scilicet, 'Tu es Romae' *add.* **G** // verum[2]] igitur *add.* **M**   162 verum[2] *om.* **ACDGIOPT**   164 Haec[2] . . . vera[2] *om.* **CQT**   166 propositionem falsam *om.* **CHQ** // falsam *om.* **DFP** // denotatur] significatur **ADFJLT**   167 possibilis] talis **T** *om.* **HM**   168 foret] esset **EJ** fieret **T** // possit] potest **EGHN** posset **F**   170 illius] eiusdem **JL** 171–172 nisi . . . consequentiae *om.* **EJ**   171 ex . . . rei *om.* **AFLOQ**   172 eiusdem consequentiae *om.* **FO** // valeret] valet **HOQ**   174 valeret] valet **LO** // consequentia] nisi *add.* **D** // ubi] nisi **JL**

175 consequens est aliud ab antecedente. Consequentia patet, quia omnium duarum propositionum una potest esse vera licet alia non sit, et per consequens licet alia non sit vera.

(y) Et per consimilem probatur quod haec consequentia non valet: 'Haec est vera: "Tu es Romae"; igitur tu es Romae', quia ita potest esse ex
180 parte rei sicut denotatur per antecedens istius consequentiae licet non sit ita sicut denotatur per consequens eiusdem consequentiae; igitur ista consequentia non valet. Assumptum probo; quia pono quod tu non sis Romae et quod ista propositio 'Tu es Romae' imponatur ad significandum praecise idem sicut ista propositio 'Homo est animal'. Tunc ita est sicut
185 significatur per hoc antecedens 'Haec est vera: "Tu es Romae"', quia haec est vera: 'Tu es Romae'; et non est ita sicut significatur per hoc consequens 'Tu es Romae', sicut patet per primam partem casus. Et per consequens non sequitur 'Haec est vera: "Tu es Romae"; igitur tu es Romae'.

(z) Item, probo quod ista ultima consequentia non valet; quia in consimili
190 non sequitur. Quod probo; quia non sequitur 'Haec est vera: "Tu es asinus"; igitur tu es asinus'. Quod probo; quia haec est possibilis: 'Haec est vera: "Tu es asinus"'. Pono igitur tibi istam: 'Haec est vera: "Tu es asinus"', deinde proponatur ista: 'Tu es asinus'. Si concedis, contra, cedat tempus. Tu concessisti impossibile, facta positione possibili; igitur, male. Si negas istam
195 'Tu es asinus', igitur, cum quodlibet sequens ad positum sit concedendum, sequitur quod 'Tu es asinus' non sequitur ad positum. Et per consequens non sequitur 'Haec est vera: "Tu es asinus"; igitur tu es asinus'.

---

176 vera *om.* **HINOPQ** // sit] Et quaelibet propositio potest esse vera. Igitur omnium duarum propositionum una potest esse vera licet alia non sit (licet . . . sit *om.* **O**) *add.* **GMNO** 176–177 et . . . consequens *om.* **O**   177 vera] Et quilibet[1] propositio potest esse vera. Ergo omnium istarum propositionum una potest esse vera etsi alia non sit vera *add.* **E** Et quaelibet propositio potest esse vera vel[?] falsa[?]; igitur[?] etc.[?] *add.* **F**   178 per consimilem] consimiliter **J** // consimilem] consimile argumentum quod **A** consimilia quattuor[?] **H** consimile argumentum **I** consimile quasi **M** consimile quod **O** consimile **T** argumentum quod *add.* **D** responsionem *add.* **E** conclusionem *add.* **F** quasi *add.* **GN** qui *add.* **PQ**   179 ita] ista **LP**   182 non[1] *om.* **ACEHJLPQT**   183 imponatur] ita ponatur **J** et ponatur **P** 185–186 quia . . . Romae *om.* **IT**   185 quia] et **HL**   186 Tu] non *add.* **L** // ita] ex parte rei *add.* **ADLT** // consequens] antecedens **AT**   188 Haec . . . Romae[2]] 'Tu es Romae; igitur haec est vera: "Tu es Romae"' **H**   190 Quod . . . sequitur[2] *om.* **HT** // quia . . . sequitur *om.* **A**   192 Haec . . . vera *om.* **HJLPQ**   193 concedis] concedas **COPT** conceditur **EFM** // contra *om.* **HMP** // cedat tempus] obligationis *add.* **CH** *om.* **EFLMQ**   194 concessisti] concedis **EF**   195 Tu . . . asinus *om.* **EH** // igitur] ista non sequitur ad positum *add.* **D** *om.* **CH**   197 sequitur] hoc[1] non est vera *add.* **H** // igitur . . . asinus *om.* **EI**

(aa) His visis, satis faciliter potest patere qualiter formaliter ista stant simul: 'Tu es Romae', et 'A et B sunt similia', et 'Tu non es episcopus'. Quia posito quod tu sis Romae, et quod tu non sis episcopus, et quod 'A' et 200 'B' imponantur ad significandum idem praecise sicut istae duae propositiones 'Homo est asinus' et 'Deus non est'. Hoc totum est possibile tunc: 'Tu es Romae, et A et B sunt similia, et tu non es episcopus'. Et deductio ulterior satis patet.

(bb) Ex quibus patet quod nullo modo est concedendum te esse 205 episcopum propter positionem istius: 'Tu es Romae'. Unde posita ista propositione 'Tu es Romae' et admissa, et proposita ista propositione '"Tu es Romae" et "Tu es episcopus" sunt similia', et ista concessa gratia disputationis, non oportet concedere istam: 'Tu es episcopus'.

(cc) Aliter tamen dicendum est in talibus quando ponitur ista 'Tu es 210 Romae' et deinde proponitur '"Tu es Romae" et "Tu es episcopus" sunt similia', neganda est haec propositio proposita. Quia te existente Romae et te non existente episcopo, non foret haec concedenda: '"Tu es Romae" et "Tu es episcopus" sunt similia'; et ideo nunc est eadem propositio neganda a te. Et quando arguitur 'Ista est vera et impertinens; igitur ista est 215 concedenda', ad illud dico quod loquendo de impertinenti ut communiter sumitur – pro propositione non sequenti vel repugnanti posito vel concesso, et ita de aliis – non sequitur 'Haec propositio est vera et impertinens; igitur est concedenda'. Si tamen accipiatur iste terminus 'impertinens' pro propositione quae nunc est vera et quae non foret vera ex hoc quod ita 220 foret ex parte rei sicut significatur per positum, tunc dico quod ista propositio '"Tu es Romae" et "Tu es episcopus" sunt similia' est impertinens huic posito, quod est 'Tu es Romae'. Quia si tu esses Romae et non esses episcopus, haec foret neganda: '"Tu es Romae" et "Tu es episcopus" sunt similia'.
225

(dd) His visis, respondeo aliter ad sophisma, dubitando istud sophisma 'Tu scis regem sedere' et dubitando istam similiter: 'Rex sedet'. Non tamen

---

198 satis *om.* **CDHJ** // formaliter ista] istae formae **D** // formaliter] forma **H** de forma **N** *om.* **AFJ** // stant] stabunt **C** stat **H**   200 tu¹] non *add.* **D**   201 asinus] animal **ACFHJLPQT** *sed corr.* **M** // tunc] ergo **E** nunc **G** *om.* **ADPQT**   204 ulterior] ulterius **ACDP** utriusque **E** *om.* **FL**   206 positionem istius] rationem istam **A** istud positum **F** positum istius **HO** formam huius **I** // istius] istam **J**   210 Aliter] Aliquando **L** Similiter **M**   214 nunc] non **EHIT** *om.* **C**   217 pro] in **JL** omni² *add.* **D** *om.* **ACE** // non *om.* **ACEJKMNOT** // vel] non *add.* **JL** 217–218 concesso] vel positis et concessis *add.* **GM** vel posito et concesso *add.* **INO**   218 non] nam **E**   220 non] nunc **GM**   221 positum] positionem **C⁷H**   222 est] et **AEFT** vera et *add.* **L**   222–223 impertinens] pertinens **INO**   223 posito] proposito **CDF** // est *om.* **DGILNO** *sup. lin.* **C** // Romae¹] est neganda *add.* **CL** // esses] es **DGL** es ens **E**   224 esses] es **DL** ens **E**   226 istud sophisma] istam **FL** istud consequens **M** *om.* **AH**   227 istam] istud **DGMNO** // similiter *om.* **EHIJ**

dico quod haec est mihi dubia: 'Rex sedet'. Nec sequitur 'Haec propositio
"Rex sedet" est a me dubitanda; igitur haec propositio "Rex sedet" est
230 mihi dubia'; quia propositionem esse dubiam est propositionem esse non
scitam. Sed non sequitur 'Haec propositio est dubitanda a me; igitur haec
propositio non est scita a me'; quia propositio est dubitanda in casu quando
scitur, et ideo est dubitanda aliquando quando nescitur a me utrum sciatur.
Et quod istud sophisma sit dubitandum apparet; quia si rex sedet, tu scis
235 regem sedere; et si rex non sedet, tu scis regem non sedere – per casum.
Sed dubitandum est utrum rex sedet vel non sedet, et ideo dubitandum est
an tu scis regem sedere. Quod ista propositio 'Rex sedet' sit dubitanda
patet eo quod ex isto casu non est magis concedenda quam neganda vel
distinguenda. Et tamen, licet ista propositio sit dubitanda a te, non tamen
240 est concedendum quod ista propositio 'Rex sedet' est tibi dubia. Unde iste
terminus 'dubitandum a me' est superius ad istum terminum 'dubium
mihi'.

(ee) Ad argumentum concedendum est quod tu scis regem sedere vel tu
scis regem non sedere. Sed minor coassumpta est dubitanda – scilicet,
245 haec: 'Tu non scis regem non sedere'. Quia si rex sedet, tu non scis regem
non sedere – per casum – et antecedens est dubitandum; igitur consequens
est dubitandum. Et quando arguitur 'Ista minor est vera et impertinens;
igitur est concedenda', dico quod primo modo loquendo de impertinenti
consequentia non valet. Sed secundo modo loquendo de impertinenti
250 dubitandum est utrum minor sit vera et impertinens. Et per istum modum
responsionis potest solvi istud difficile sophisma 'A est scitum a te', sicut
inferius patebit.

228 mihi] tibi **A**   229 me] te **E** // haec . . . sedet *om.* **AEJLT**   230 esse non] non esse
ACDT *sed corr.* **Q**   231 propositio] non *add.* **H** *om.* **MN** // dubitanda] dubia
CH   232 non est] est non **FN** // me] sed non *add.* **C** et non *add.* **F** // dubitanda] dubia
ACHPQT // quando] non *add.* **M**   233 dubitanda] dubia **AH** // aliquando] a me **CHL** ista **F**
// quando] quia **AGMNOPQT** quod **E** // a me *om.* **CDH** // utrum] negationem **AC**   234
dubitandum] dubium **AC**[7]**FHPQT**   235 et . . . sedere[2] *om.* **EQ**   236 dubitandum[1]]
dubium **ACI** // dubitandum[2]] dubium **ACHPT**   237 sedere] vel tu scis regem non sedere
add. **L**   238 patet] ex *add.* **ACDFHLT** // eo quod] isto casu quia **H** quia **J** // neganda]
distinguenda **M**   239 distinguenda] dubitanda **MP**   240 tibi] mihi **P** *om.* **HO** // dubia]
dubitanda **CJ** *sed corr.* **M**   241 dubitandum] dubium **LT** // superius] inferius **F**   244 scis
. . . non] non scis regem **HQ** // scis] non *add.* **C** // coassumpta] quo assumpter?[7] **E** tibi[?]
affirmati[?] **F** assumpta **HINP** quae assumpta **J** quoad attentiva[?] **M** quae est assumpta **N**
quoassumpta **O**   245 non[1] *om.* **EHIO** // non[2] *om.* **CHJLM** *sup. lin.* **Q** 245–246 Quia . . .
sedere *om.* **AHIP**   245 non[3] *om.* **LMO**   246 non *om.* **FL** 246–248 et . . . igitur *om.*
HQ   246 est] tibi *add.* **ACDFJLMT** // dubitandum] dubium **ACDFLPT**   247 est
dubitandum *om.* **EJ** // est[1]] tibi *add.* **ACDLT** etiam *add.* **P** // dubitandum] dubium
ACDLPT   249 de impertinenti *om.* **ACDEHJMPQT**   250 dubitandum] dubium
ACDFHILPQT

(ff) Aliter tamen posset responderi ad casum sophismatis, dicendo quod haec consequentia non valet: 'Si rex sedet, tu scis regem sedere', quia antecedens potest esse verum sine consequente; nec consequens est de 255 intellectu antecedentis. Et si tu ponas mihi istam conditionalem 'Si rex sedet, tu scis regem sedere', tunc dico quod aliqui termini vel omnes in ista conditionali aliter significabunt quam nunc significant, quia numquam erit haec consequentia bona quando isti termini significant sicut nunc praecise significant. Et ulterius patet responsio. 260

(gg) Sed forte arguitur sic. Et ponatur quod quandocumque iste rex sedet, tu scias istum regem sedere; et quandocumque iste rex non sedet, tu scias istum regem non sedere. Et proponatur sophisma, et arguatur ut prius.

(hh) Ad istud dicitur quod iste casus est impossibilis. Quia ista propositio 265 'Quandocumque iste rex sedet, tu scis istum regem sedere' supponit quod in aliquo tempore quando iste rex sedet et per consequens tu scis quod iste rex sedet. Et per aliam partem casus – istam, scilicet: 'Quandocumque iste rex non sedet, tu scis istum regem non sedere' – supponit quod in aliquo tempore quando iste rex non sedet et per consequens tu scis quod iste rex 270 non sedet. Sed ista sunt contradictoria: 'Iste rex sedet' et 'Iste rex non sedet', eodem rege demonstrato. Et licet ponatur casus cum verbo de futuro sic – 'Quandocumque iste rex sedebit, etc.' – non erit magna evidentia.

(ii) Et sic respondendo, dicendum est quod nulla consequentia valet nisi 275 consequentia formalis. Proxima tamen responsio videtur melior ista. Quia posito, gratia exempli, quod ista consequentia dicatur bona ubi consequens

253 tamen *om.* **AEHJ** // posset] potest **CDFHJLPQT** dici et *add.* **Q** // responderi] dici **CDHN** // dicendo] dico **A** et respondendum **C** dicendum **EGL** respondendum – scilicet **H**   256 mihi *om.* **DE**   257 aliqui] aliquando⁷ isti **F** omnes tales **L** duo *add.* **N** // omnes] aliqui **L** termini *add.* **CH** 257–258 ista conditionali] istis conditionalibus **LT**   258 significabunt] significabant **C** significant **HM** // numquam] nunc **EO**   259 significant] significabunt **DN**   261 forte *om.* **CD** // rex] non *add.* **EO**   262 istum *om.* **AHJ** // regem] non *add.* **O** // iste *om.* **DHJT** // rex *om.* **CHT** // non *om.* **O**   263 istum *om.* **DH** // regem non *om.* **IO** // proponatur] probatur **CD**   265 dicitur] et male *add. sup. lin.* **O**   266 iste *om.* **DET** // istum *om.* **EO** 266–267 supponit . . . sedet *om.* **JL**   267 tempore *om.* **EFGIMNO** // sedet] quod (*om.* **HT**) tu scias (istum *add.* **QT**) regem sedere *add.* **ACDHPQT** // tu scis *om.* **ACEFGHIJLMNOPQT** // quod *om.* **ACEHJLMNPQT**   268 iste *om.* **AEJOQ**   269 tu] non *add.* **E** // istum *om.* **EO** // quod *om.* **LT** // in] pro **AGLT**   270 tempore *om.* **EFGIMNO** // quando *om.* **CDIJPQ** // iste *om.* **FJ** // tu scis *om.* **EFGIMNO** // quod *om.* **EFGHMN**   271 Sed] Et **HLN**   272 licet] si **DF⁷G** // sic] quod **CD**   273 Quandocumque] Quando **GL** // iste *om.* **AHJ** // etc.] et tunc **E** et tibi **G** etiam *add.* **C** et tibi *add.* **Q** *om.* **DHL** // magna] magis **ACEFH**   275 sic *om.* **ACT** // respondendo] respondeo **AEH**   276 consequentia *om.* **HT** // tamen *om.* **ACLT**   277 exempli] disputationis **AJLT**

est verum cum antecedente, et econtra. Et numquam sit antecedens verum
in ista consequentia praedicta nisi consequens sit verum in eadem conse-
280 quentia; et fiat argumentum primum.

(jj)Ideo ponatur proxima responsio praecedens, per quam dissolvetur
hoc sophisma.

Sophisma 48 [49]

(a) A EST SCITUM A TE.

(b) Supposito quod A sit altera istarum: 'Deus est' vel 'Nullum concessum a Socrate est scitum a te', et concedat Socrates istam et nullam
aliam: 'A est scitum a te'.

5   (c) Tunc probatur sophisma sic – quod sit B. Et arguo sic. B non est
dubitandum a te, nec distinguendum, nec negandum a te; igitur B est
concedendum a te. Igitur B est verum. Quod B non sit dubitandum probo;
quia tunc B foret tibi dubium, et per consequens B non foret scitum a te. Et
tunc arguo sic. B non est scitum a te, nec aliquid aliud concessum a Socrate
10 est scitum a te, quia nihil aliud est concessum a Socrate nisi B; igitur
nullum concessum a Socrate est scitum a te. Ista consequentia est bona, et
antecedens est scitum a te; igitur illud consequens est scitum a te. Et sit
illud consequens C. Tunc arguo sic. Utrumque istorum est scitum a te, A
est alterum istorum; igitur A est scitum a te.

15 (d) Ideo forte conceditur ista: 'A est scitum a te'. Sed contra hoc
arguitur sic. Tu concedis B, et bene respondes, et non es obligatus, et ita de
aliis; igitur tu scis B. Igitur B est scitum a te. Tunc arguitur sic. B est scitum
a te, et B est C; igitur C est scitum a te. Ista consequentia est bona, et
maior est vera, et minor est tibi dubia; igitur conclusio non est a te
20 neganda. Sed hoc est falsum, quia C est tibi dubium. Igitur C non est
scitum a te. Quod C sit tibi dubium probo; quia propono tibi istam:

---

279 ista] alia **A** *om.* **HJ** // praedicta *om.* **DF**   280 fiat] stat **CP**

* With this word 'verum' **B** breaks off (f. 58va).

3 te] Socrate **HQ** *sed corr.* **C**   6 nec distinguendum *om.* **LP**   7 dubitandum]
dubium **ACFJ**   9 aliud *om.* **CH**   12 Et] Igitur **HM**   16 Tu] Si **ACJLPQT** Sed
H   17–18 Tunc . . . te¹ *om.* **EG**   19 tibi *om.* **CHLQ** // conclusio] consequentia **AJ**
consequens **E**   20 neganda] negandum **E**   21 tibi¹ *om.* **GHQ**

'Nullum concessum a Socrate est scitum a te'. Si negetur, tunc: C non est scitum a te, et C est A; igitur A non est scitum a te. Totum istud antecedens est tibi dubium; igitur istud consequens non est a te negandum, et per consequens nec oppositum istius consequentis est concedendum. Si 25 concedatur ista: 'Nullum concessum a Socrate est scitum a te', igitur oppositum C est negandum. Sed probo quod non; quia ista consequentia est bona: 'B est scitum a te, et A est ista: "Deus est"; igitur aliquod concessum a Socrate est scitum a te'. Ista ultima consequentia est bona, et antecedens est tibi dubium; igitur consequens non est a te negandum. Et 30 istud consequens est oppositum C; igitur, etc.

(e) Si negetur ista propositio in principio 'A est scitum a te', contra hoc arguitur sic. A est ista: 'Deus est'; igitur A est scitum a te. Ista consequentia est bona, et antecedens istius consequentiae est tibi dubium; igitur consequens non est a te negandum. 35

(f) Ad istud sophisma multipliciter respondetur.

(g) Uno modo respondentes credunt istud sophisma esse unum insolubile, et ideo nituntur solvere istud sophisma per modum eorum respondendi in insolubilibus.

(h) Sed contra hoc arguitur sic. A est ista propositio 'Deus est'; igitur 40 hoc non est insolubile. Antecedens istius consequentiae est tibi dubium, et ista consequentia est bona; igitur istud consequens non est a te negandum.

(i) Alii dicunt quod istud sophisma est verum, et concedunt hoc sophisma. Et ulterius quando arguitur 'Tu concedis hoc sophisma, et bene respondes, et non es obligatus, etc.', dicunt quod ipsi sunt obligati, per 45 casum. Et ideo licet haec sit concedenda: 'A est scitum a te', non tamen est concedendum quod haec est scita a te: 'A est scitum a te'.

(j) Et istud non solvit argumentum, quia cum toto casu posito est possibile quod nullus casus sit positus et quod nullus sit obligatus. Et ideo cum isto casu ponatur quod nulla sit obligatio; et fiat argumentum primum. 50

(k) Alii autem concedunt istam: 'A est scitum a te', et dicunt quod quicquid 'A' significet, A est verum, et hoc bene sciunt; igitur A est scitum

25 nec] nullum **M** *om.* **CEI** // istius] non **E** eius **N** non *add.* **H** *om.* **ILO** // concedendum] Quia *add.* **A** Quod *add.* **DJT** Et *add.* **F**   27 C *om.* **DHP**   28 te] Socrate **AD**   30 non *om.* **LPQ**   31 C *om.* **LN**   37 Uno modo] Nam **F** *om.* **H** // credunt] concedunt **E** concedunt sic **F**   38 nituntur] intenditur **CNPT**   39 respondendi] solvendi **HI** // insolubilibus] insolubile **F** insolubilia **HN**   40 hoc] **A MN** *om.* **EP** 43–44 et . . . sophisma[1] *om.* **HL**   44 ulterius *om.* **FL**   45 obligatus] igitur *add.* **LN**[?] etc.] ergo **C** et igitur **H** 45–46 per casum *om.* **ACDHJLPQT**   47 scita] concedenda **F** per casum *add.* **D** // te] me **FO**   48 Et] Sed **MQ** // argumentum] primum *add.* **I**   50 nulla] nullus **GT** // obligatio] obligatus **GT** // fiat] stat **EH**   51 autem] aliter **C** tamen **FO**   52 verum] cum casu *add.* **D**[?]**M** // est[2]] bene *add.* **AJ**

ab eis. Et ulterius concedunt quod B est scitum ab eis. Et quando arguitur
sic: 'B est scitum a te, et B est concessum a Socrate; igitur aliquod
55 concessum a Socrate est scitum a te', dubitant consequentiam. Quia si A sit
ista: 'Deus est', tunc consequentia est bona; et si A sit C, consequentia non
valet. Et quia dubitant utrum A sit ista 'Deus est' vel C, ideo dubitant
utrum consequentia valeat.

(l) Sed contra eos arguitur sic. Tu scis quod in ista consequentia
60 praedicta antecedens est verum, et bene scis quod consequens est falsum;
igitur tu bene scis quod ista consequentia non valet. Quod antecedens sit
verum et hoc bene scias patet ex casu, et quod consequens sit falsum et hoc
bene scias probo. Nam tu scis quod C est verum, quia aliter non foret
concedendum quod tu scis C; igitur tu scis quod oppositum C est falsum.
65 Igitur tu bene scis quod haec est falsa: 'Aliquod concessum a Socrate est
scitum a te'; et istud fuit consequens in praedicta consequentia.

(m) Aliter autem respondeo ad istud sophisma dubitando, sicut una alia
responsio ponit. Non tamen dico quod istud sophisma est mihi dubium,
sicut patet in uno sophismate praecedenti.

70 (n) Antequam tamen ulterius procedam, dico quod scio istam propos-
tionem: 'A est verum'. Quia quicquid significat 'A', A est verum, et hoc
bene scio; ideo scio quod A est verum. Sed non sequitur 'Scio quod A est
verum; igitur scio A'. Ut, verbi gratia, posito quod 'A' sit nomen singulare
propositionis verae de numero istarum: 'Rex sedet' et 'Nullus rex sedet', et
75 hoc bene scias. Tunc tu scis quod A est verum, et tamen tu non scis A –
quod patet, quia nihil quod est A scis; quia nec istam 'Rex sedet' scis, nec
istam 'Rex non sedet' scis. Unde ad hoc quod tu scias A non sufficit scire
istam 'A est verum', sed requiritur quod de A scias ipsum esse verum.

(o) Unde in casu istius sophismatis dico quod ego scio istam: 'A est
80 verum', sed dubito utrum de A scio ipsum esse verum. Quia si A sit ista:

53 concedunt *om.* **EL** // B] A D // eis] et ulterius concedunt quod A est scitum ab eis *add.*
L   56 tunc . . . bona] concedunt consequentiam I   57 dubitant] dubitatur **DE** dubia
H   58 valeat] sit bona vel non N vel non *add.* **M**   61 Quod²] Quia **ADFG** Et E autem
add. **T**   62 scias] satis *add.* C quod sit verum *add.* E quod antecedens sit verum *add.* **GIO**
quia *add.* **N**   63 tu] bene *add.* **JLM** // scis] bene *add.* **N**   64 quod¹] quia **ACDFT** // C]
esse verum *add.* **ADIJT** // igitur . . . falsum *om.* **CLPQ**   67 dubitando *om.*
FM   68 responsio] opinio **CH** // dico] dubito **ACFHQ**   70 procedam] procedamus **DO** //
dico] dubito **ACF** // quod] ego *add.* **MN**   71 Quia] Et **ADHJLMPQT**   73 Ut *om.*
ACDFGIJT // A² *om.* **HIPQ** // singulare] singularis **AEFGJMNT**   74 et¹] vel **GIL** *om.*
EFJMNO // Nullus rex] Rex non **O**   75 tu¹] bene *add.* **CDHT** 76–77 nec² . . . scis *om.*
GP   77 Rex non] Nullus rex **LN** 77–78 sufficit . . . est] quod A scias esse **L** // scire . . . est]
quod tu scias A esse **I**   77 scire] quod scias **J**   78 istam] A esse verum sive **F**   79 est]
esse **DEF**   80 utrum de A] de A utrum **AD** de ipso A utrum **L**

'Deus est', tunc de A scio ipsum esse verum; sed si A sit ista: 'Nullum concessum a Socrate est scitum a te', tunc de A dubito ipsum esse verum; quia de ista propositione 'Nullum concessum a Socrate est scitum a te' – quae propositio est C – dubito ipsum esse verum, quia C est mihi dubium. Quia si A sit ista propositio 'Deus est', tunc aliquod concessum a Socrate   85 est scitum a me, et ita C est falsum; et si A sit C – et A est verum, per prius dicta – tunc nullum concessum a Socrate est scitum a me, et tunc C est verum. Et quia dubium est mihi utrum A sit ista 'Deus est' vel C, ideo dubito utrum C sit verum; et ita C est mihi dubium.

(p) Sed forte arguitur sic. Si C sit tibi dubium et C est A, igitur A est tibi   90 dubium. Ista consequentia est bona, et totum antecedens categorice est tibi dubium; igitur istud consequens non est a te negandum – quod est 'A est tibi dubium'. Sed probo quod sic; quia tu scis quod A est verum; igitur A non est tibi dubium.

(q) Ad istud dicitur concedendo quod haec non est neganda: 'A est mihi   95 dubium', sed haec est dubitanda: 'A est mihi dubium'. Et ulterius dico quod non sequitur 'Tu scis quod A est verum; igitur A non est tibi dubium' – ut, verbi gratia, in priori casu posito, quod 'A' sit nomen singulare propositionis verae de numero istarum: 'Rex sedet' et 'Nullus rex sedet', et hoc bene scias. Tunc tu scis quod A est verum, et tamen A est tibi dubium;   100 quia utrumque istorum est tibi dubium, et A est alterum istorum; igitur A est tibi dubium – demonstratis per ly 'istorum' istis propositionibus: 'Rex sedet' et 'Nullus rex sedet'.

(r) Item, arguitur sic. Dictum est prius quod si A sit C, A est verum – quae tamen consequentia non foret concedenda, ut apparet, si C sit tibi   105 dubium.

(s) Ad istud dicendum quod ista consequentia est bona: 'Si A est C, A est verum'; et tamen C est mihi dubium. Ut in priori casu, si 'Rex sedet' sit A, tunc 'Rex sedet' est verum; et antecedens est mihi dubium, et consequentia est bona. Et consimiliter est in consequentiis in quibus   110

81 Nullum] Verum **HP** Unum **Q**   84 quia] de ista propositione 'Nullum concessum a Socrate est scitum a te' – quae est C – dubito ipsum esse verum, quia *add.* **D**   86 me] te **CGN** // et² *om.* **ACEGHIJLNPQT** // et³ *om.* **FN**   87 me] te **CMN**   90 Si C *om.* **ET**   91 categorice] litterate **CH⁷L**   93 verum] tibi dubium **AD**   95 concedendo *om.* **DFHIJLT** // est¹] a me *add.* **DFHM**   96 est¹] mihi *add.* **CDEHJLMO** // dubitanda] dubia **DHLMT** // dubium] et non neganda vel concedenda *add.* **O**   98 ut *om.* **ADELMT** // casu posito] exemplo **CD** exemplo ponatur **H** // singulare] singularis **ACDEFGHIJLMNP**   99 Nullus rex] Rex non **HO**   101 et *om.* **ACDEFGIJMNOPQT**   103 Nullus rex] Rex non **DO**   104 Item] Et iterum **EFINO** // sic] sicut **ACDGHINPQT** sicut *add.* **O** // prius *om.* **LT** // quod] quia **CDO** *om.* **HL** // C] quod *add.* **IM**   105 tibi *om.* **AQ**   108 tamen] nunc? **H** tunc **NO** // Ut] Unde **ADT**   109 antecedens] A C tamen A L // mihi] tibi **O** *om.* **FHQ**

antecedens est falsum: scitur consequentiam esse bonam – ut haec: 'Si homo est asinus, homo est animal', et in consimilibus.

(t) Item, in quibusdam casibus A esse verum sequitur ex utraque parte contradictionis ubi utraque pars contradictionis est dubia; et, eadem 115 ratione, potest sic esse in proposito.

(u) Item, forte arguitur sic. Et ponatur, gratia exempli, quod A sit ista: 'Nullum concessum a Socrate est scitum a te', et hoc bene scias. Tunc haec consequentia prius facta est bona: 'Si A sit C, A est verum', et tunc tu bene scis quod A est C, per casum. Igitur tu bene scis quod A est verum, et tu 120 bene scis quod A est C; igitur tu bene scis quod C est verum – quod videtur contra responsionem ponendam in insolubilibus, ut iam patebit.

(v) Ideo veritas est quod ista solutio quantum ad istam consequentiam: 'Si A est C, A est verum' fundatur super antiquum modum respondendi in insolubilibus.

125   (w) Aliter arguitur sic. C est falsum, et C est A; igitur A est falsum. Ista consequentia est bona, et antecedens est tibi dubium; igitur consequens non est a te negandum – quod est falsum, quia prius concessum est quod haec est scita a te: 'A est verum'.

(x) Ad istud dicitur quod utraque pars antecedentis est mihi dubia, et 130 tamen totum antecedens est negandum.

(y) Sed forte arguitur sic. Nulla pars istius antecedentis repugnat alteri, et istius antecedentis utraque pars est tibi dubia; igitur totum antecedens est tibi dubium et non negandum.

(z) Ad istud dicitur quod antecedens est falsum, et consequentia non 135 valet. Quia dictum est prius quod si A sit C, A est verum; et ideo repugnant ista: 'A est C' et 'A non est verum' vel 'A est falsum'. Et quod praedicta consequentia non valet probo; quia illius copulativae 'Aliquis homo est Romae, et nullus alius a te est Romae'; utraque pars est tibi dubia, quia tu dubitas utrum aliquis homo sit Romae, et per consequens tu

111 scitur] sequitur **J** et consequens sequitur ex antecedente **L** *om.* **H** // consequentiam] quod consequentia? **E** a consequentia **G** consequentia **HILNPT** consequentia a te **DM** // esse] est **EL** est satis **H** // bonam] bona **EGHIMNPT** // ut *om.* **CE**   114 est] tibi *add.* **DFMO** sibi *add.* **L**   116 Item] Igitur **HL** Itaque **N** // forte *om.* **EH** // sit] C et C sit *add.* **AJ** C et quod C sit *add.* **D**   119 C] verum **DLOT** // per casum *om.* **DLT** // Igitur] Et **HLT** // A²] C **AD** C *corr.* *ex* A C 119–120 verum . . . est¹ *om.* **LT** // et . . . verum *om.* **ACD** // et . . . C¹ *om.* **H**   120 C²] A **L** *om.* **T**   121 responsionem] rationem **CP** solutionem **G** // ponendam] positam **CLM** fiendam? **D** // insolubilibus] sophismatibus **CQ** // ut . . . patebit *om.* **ACDHJPQT**   122 solutio] responsio **CH** *om.* **N**   124 insolubilibus] sophismatibus **CQ**   129 mihi] tibi **DM**   130 totum *om.* **CHPQ** // est] a me *add.* **CH** a te *add.* **M** mihi *add.* **QT**   135 ideo] non *add.* **IN**   136 Et²] Item **AJ** *om.* **P**   137 praedicta *om.* **FH**

dubitas utrum nullus alius a te sit Romae. Et istius copulativae neutra pars 140
repugnat alteri – quod patet; quia si tu esses Romae et nullus alius a te
esset Romae, tunc istius copulativae utraque pars foret vera, et per
consequens istae partes non repugnant. Et tamen haec copulativa est
neganda, quia ex ea sequitur falsum. Nam sequitur 'Aliquis homo est
Romae, et nullus alius a te est Romae; igitur tu es Romae'. Consequens est 145
falsum; igitur et antecedens. Ideo, ut praedictum est, sic posset esse in
proposito quod copulativae praedictae in casu praedicto utraque pars foret
tibi dubia et neutra alteri repugnaret, et tamen copulativa foret neganda
quia ista copulativa repugnat vero.

(aa) Aliter arguitur sic. Haec est una propositio: 'A est scitum a te', et tu 150
consideras de ista in particulari; igitur ista propositio – quae est B, ut prius
positum est – est a te concedenda vel neganda vel dubitanda. Sed B non est
concedendum vel negandum, ut prius dictum est; igitur B est a te
dubitandum, et per consequens deberet concedi quod B est tibi dubium.

(bb) Ad istud dicitur similiter quod ista consequentia non valet: 'Tu 155
consideras de B in particulari et in actu; igitur B est concedendum a te vel
negandum vel tibi dubium'. Sed bene sequitur quod B sit a te dubitandum.
Et quod ista consequentia non valet patet in consimili de isto casu in quo
ponitur quod 'A' sit nomen singulare propositionis verae de numero
istarum: 'Rex sedet' et 'Nullus rex sedet'. 160

(cc) Aliter respondetur ad istam: 'A est scitum a te', distinguendo de isto
termino 'scitum a te', eo quod iste terminus potest accipi pro eo quod est
simpliciter scitum a te vel pro eo quod est scitum a te secundum quid. Et
uterque sensus est tibi dubius, quia si A sit ista: 'Deus est', tunc A est
scitum a me simpliciter; quia tunc A est verum simpliciter, et tunc de A 165
bene scio quod est verum simpliciter. Sed si A sit C, tunc A est verum

---

140 nullus] aliquis **DT** non **H** *om.* **O**   142 esset] foret **ACEGIMPQT** // istius copulativae
om. **HN**   143 repugnant] repugnarent **FIOPT**   146 igitur *om.* **AE**   147 quod] quia
CDGM ut **L**   148 alteri] alterius **AJ** // tamen] cum **E** *om.* **ACDHJPQT** // copulativa] falsa
add. **AD**   149 quia . . . vero] repugnaret verae **H** // ista . . . vero] repugnaret verae
C   150 una] vera **CDIJL**   152 B] bene **EQ**   154 dubitandum] dubium **ACEG-**
JLMOPQT // et . . . dubium *om.* **CQ** // deberet] debetur **AP** debet **DFMT** debes
L   155 similiter] sic **E** simpliciter **GMN** *om.* **CHL**   156 et . . . actu *om.*
HLQ   157 dubium] dubitandum **DJLMNQ** Alia littera: haec non sequitur quod B sit a te
dubitandum, quia ista consequentia non valet in consimilibus patet, etc. *add.* **M** // bene] non
DO // dubitandum] dubium **CP**   158 de] in **FL**   159 singulare] singularis **ADE-**
FIJMN   160 Nullus rex] Rex non **O**   163 simpliciter] similiter **LN** *om.* **EM** // vel] et
AFJ   165 me] te **DHILMN** *sed corr.* **O** // simpliciter[1]] sic **E** similiter **IM** // quia] quod **DE**
sed **Q** // simpliciter[2]] similiter **CMN**   166 bene *om.* **FL** // quod] istum **F A H A** *add.* **CN** //
est[1]] esse **FH** // simpliciter] similiter **LMN** similiter *corr. ex* simpliciter **P**

secundum quid et non simpliciter. Et quia dubito utrum A sit ista 'Deus est' vel C, ideo utrumque sensum sophismatis dubito. Et causa quare dico quod si A sit C, A est verum, est ista: quia si A sit C, tunc est unum 170 insolubile, et quodlibet insolubile est verum secundum quid et falsum secundum quid et neque verum neque falsum simpliciter.

(dd) Quod quodlibet insolubile sit verum secundum quid patet, quia sequitur ex hoc quod ipsum est falsum simpliciter vel secundum quid quod ipsum sit verum secundum quid. Et econtra, ex eo quod ipsum est verum 175 sequitur ipsum esse falsum simpliciter vel secundum quid. Et cum eadem propositio non sit simul vera simpliciter et falsa simpliciter, ideo talis propositio insolubilis est vera secundum quid et falsa secundum quid.

(ee) Et ista responsio quantum ad hoc quod dicitur, quod quodlibet insolubile est verum secundum quid et non simpliciter, patet ex 180 responsione eorum qui dicunt quod ista consequentia non valet: 'Socrates dicit hoc falsum, quod est "Socrates dicit falsum"; igitur Socrates dicit falsum'. Quia dicunt quod dicere hoc falsum est dicere falsum secundum quid et non simpliciter. Et tunc arguitur sic. Socrates dicit falsum secundum quid et non simpliciter, et Socrates nihil dicit nisi quod Socrates dicit 185 falsum; igitur haec oratio 'Socrates dicit falsum' est falsa secundum quid et non simpliciter. Consequentia patet, quia si Socrates dicit falsum secundum quid et non simpliciter, igitur aliquod falsum secundum quid et non simpliciter dicit Socrates. Tunc istud consequens est una particularis affirmativa vera, et habet omnes singulares quas nata est habere; igitur 190 aliqua singularis eius est vera, et nulla alia ab ista: 'Hoc falsum secundum quid et non simpliciter dicit Socrates' – demonstrata ista propositione: 'Socrates dicit falsum', quam pono quod Socrates dicat et nullam aliam. Et fiat locutio de totali dicto Socratis. Et per consequens hoc falsum –

---

167 simpliciter] similiter **MN** // dubito] dubium est **CH**   168 ideo] secundum *add.* **AJ** // sophismatis *om.* **CHO**   169 quod] quia **DO** *om.* **CFHQ** // tunc] A **MN** C *add.* **AHIJOPQT**   171 simpliciter] similiter **MNP**   173 simpliciter] similiter **MN** // quid] sequitur *add.* **ADJ**   175 simpliciter] similiter **MN** // vel *om.* **CE** // cum] tamen **CE**   176 simpliciter[1] *om.* **MPQ** // et] non sit *add.* **L** // falsa simpliciter] secundum quid simul **H** *om.* **C** // simpliciter[2]] similiter **LMN** *om.* **T**   179 simpliciter] similiter **IMN**   181 falsum[1] *om.* **ACHJPQT** // falsum[2] . . . dicit[3]] hoc quod est **J** // igitur . . . dicit] hoc quod est **A** *om.* **T**   182 falsum[1] *om.* **PT** // Quia] Qui **CF** Quod **E** // falsum[3] *om.* **CNQ**   183 simpliciter] sic **E** similiter **MN** 183–188 Et . . . Tunc] dicit Socrates, et istud dicit Socrates, et **H**   184 simpliciter] similiter **MN** *om.* **O** 184–187 et[2] . . . simpliciter *om.* **Q**   186 simpliciter] similiter **MN** 186–188 Consequentia . . . Tunc *om.* **D** (*cf.* 203–204) 186–187 Consequentia . . . simpliciter *om.* **J**   187 simpliciter] sequitur **E** similiter **MN** // et* 188 simpliciter] sequitur **E** similiter **LMN** // consequens] antecedens **CHP** // particularis] propositio **LM**   190 nulla] non **EI** *sed corr.* **C** // alia ab] non **H** nisi **M** // ab] nisi **C** // Hoc] est *add.* **CGHQT** est *scrips. et del.* **O**   191 simpliciter] sic **E** similiter **MN** // dicit Socrates *om.* **CHL**   193 hoc] est *add.* **AC**

'Socrates dicit falsum' – est falsum secundum quid et non simpliciter. Et hoc est unum super quod fundatur haec responsio principaliter. Et ex isto 195 arguitur sic: Hoc est falsum secundum quid et non simpliciter; igitur non debet simpliciter negari.

(ff) Item, contra istam positionem arguitur sic. Et ponatur quod Socrates dicat istam: 'Socrates dicit falsum secundum quid', et nullam aliam propositionem dicat; et sit ista A. Tunc proponatur 'Socrates dicit 200 falsum secundum quid'. Si conceditur, igitur haec est vera. Tunc sic: Socrates dicit falsum secundum quid, et Socrates nihil dicit nisi A; igitur A est falsum secundum quid. Et per consequens A non est concedendum. Si negetur, tunc hoc esset quia A est falsum. Tunc arguo sic. A est falsum, et Socrates dicit A; igitur Socrates dicit hoc falsum. Et sequitur: Socrates dicit 205 hoc falsum; igitur Socrates dicit falsum secundum quid. Igitur A est verum, et per consequens A non est negandum. Et si dicatur quod dicere hoc falsum – demonstrando A – est dicere falsum simpliciter quia sequitur 'Socrates dicit A falsum; igitur Socrates dicit falsum', contra: ista oratio 'Socrates dicit falsum' est pars A, et per sic respondentes pars non supponit 210 pro toto cuius est pars; igitur iste terminus 'falsum' in ista 'Socrates dicit falsum' non supponit pro A. Et per consequens non sequitur 'Socrates dicit A falsum; igitur Socrates dicit falsum'. Alia quasi infinita possunt argui contra istam partem.

(gg) Alii autem dicunt quod posito quod Socrates dicat istam: 'Socrates 215 dicit falsum', quod ista quam Socrates dicit est falsa, sed quaelibet alia sibi similis in voce est vera. Et quidam sustinentes istam opinionem dicunt

194 falsum² *om.* **ACI** // simpliciter] similiter **LMN**   195 unum] verum **CH**   196 simpli-
citer] sequitur **EI**⁷ similiter **MN**   197 debet] debetur **A** deberet **GIPQT** est **H** debes **L** //
simpliciter] similiter **MN** // negari] negare **HI**⁷**L**   198 positionem] responsionem **H**
responsionem *add. marg.* **M**   202 nihil] non **ADHJLNT** nullum **M** 203–204 secundum . . .
falsum¹] Consequentia patet; quia si Socrates dicit falsum secundum quid et non simpliciter,
igitur aliquid falsum secundum quid et non simpliciter dicit Socrates **D**   204 negetur] **A**
add. **EGIMO** 205–206 sequitur . . . falsum¹] ultra **AJ**   208 simpliciter] sit **CH** Socrates **E**
similiter **MN** // quia] non *add.* **H**   209 contra] sed **Q** istam arguo sic; quia *add.* **M** istam
responsionem arguitur sic *add.* **O** // ista] istam **CO** // oratio] arguo **A** arguo sic omnino **C** omnia
E arguitur **J** orationem **O** opinio **T**   210 Socrates dicit] Socratem dicere **NO** // A *om.* **LT** //
per] pars **C** secundum **HQ** quod **P** consequens *add.* **N** *om.* **EJ** // sic respondentes] consequens
D // respondentes] dentes¹ **L** respondendo **N** respondes **PQ**   212 pro A *om.* **AT** // Et . . .
non *om.* **N** // per consequens] quod consequentia **H** // non sequitur *om.* **G** // Socrates] non *add.*
GH   213 Alia] Ad ista **E** argumenta *add.* **AGJ** tamen *add.* **M** // quasi] quam **C** quae
J   214 partem] positionem **CH** *om.* **I**   215 istam] sic **EINO** sic quod **L**   216 quod]
quia **AD** // sed] et **MN** licet **Q** // alia *om.* **DJLT**   217 sustinentes] sustinent **ADHJNPQT**
instituentes⁷ **E** qui sustinent **M** // dicunt *om.* **AGHJPQT**

quod pars non potest supponere pro toto cuius est pars, et quidam dicunt
quod sic.

220 (hh) Et contra utrosque istorum sequitur quod aliqui duo termini
convertuntur simpliciter quantum ad omnia significata, et unus terminus
potest respectu alicuius praedicati supponere pro aliquo pro quo reliquus
non potest supponere respectu eiusdem praedicati – quod non bene
concipitur. Et consequentia patet; quia supposito quod ista propositio
225 'Falsum dicitur a Socrate' dicatur a Socrate. Tunc, secundum primos
respondentes, subiectum illius propositionis dictae a Socrate non potest
supponere pro ista propositione dicta a Socrate, et consimilis terminus cum
termino qui est subiectum propositionis dictae a Socrate respectu praedicati totius dicti a Socrate potest supponere pro toto dicto a Socrate.

230 (ii) Multa autem vulgaria et satis communia sequuntur ad utramque
istarum opinionum quae ponunt quod duarum propositionum omnino
similium una est vera et alia falsa.

(jj) Et contra secundam positionem sequitur principaliter quod, eadem
re praecise demonstrata, concedendum foret quod hoc est falsum et hoc
235 non est falsum – quod non bene conceditur. Et consequentia patet per
istum communem casum in quo supponitur quod scribantur tales duae
propositiones: 'Hoc est falsum' et 'Hoc non est falsum'. Et sit una A et alia
B, et per ly 'hoc' in A demonstretur B, et per ly 'hoc' in B demonstretur A,
et sit A haec propositio: 'Hoc est falsum'. Tunc concedendum est quod hoc
240 est falsum – demonstrato B – et consimiliter A est negandum; igitur
oppositum A est concedendum. Et per consequens una talis quae est
oppositum A – 'Hoc non est falsum' – est concedenda. Et per ly 'hoc' in A
demonstratur B; igitur, B demonstrato, concedendum foret quod hoc est
falsum et hoc non est falsum.

218 non] numquam **EL**   219 quod *om.* **PQT**   221 simpliciter] sicut **E** similiter
IMN   222 alicuius] alterius **CDP** *om.* **EL** 222–223 reliquus . . . praedicati] respectu cuius
praedicati reliquum non potest supponere pro isto **AJT** respectu alicuius praedicati reliquum
non potest supponere **D** // reliquus . . . supponere] subiectum removere supponentur non
potest **H** potest reliquum non supponere **Q** pro isto *add.* **C**   222 reliquus] reliquum
CEINOP   224 concipitur] conceditur **ACJLMP** percipitur **O**   225 secundum] penes **N** //
primos] praedictos **C** primo **E** primam **L** *om.* **N** // respondentes] responsionem **L** responsiones
N 229 Socrate²] igitur, etc. *add.* **EGILMNO**   230 autem] alia dicta **C** etiam **EMNO** alia **H**
igitur **I** // utramque] ultimam **E** utrumque **N** *corr. ex* utraque **D**   231 istarum] illorum **D** *om.*
CI // opinionum] opinionem **DOP** propositionum **H** oppositionum **JL⁷QT** quae] quia **C** qui **DO**
quo **Q**   233 secundam] istam **D** primam **I** *om.* **L** // positionem] opinionem **ACDJLOPQT**
propositionem **I** opinionem *corr. ex* oppositionem⁷ **M**   235 conceditur] concipitur **DEGIN**
sequitur **O**   239 A] **C CHLPQ** *om.* **T**   240 demonstrato] demonstrando **CHLPQ**
demonstratur **I** // consimiliter] per consimile **CHQ**   243 concedendum] quod **EN**

(kk) Et consimilia multa et communia possunt argui contra istam et alias 245
positiones, quas propter prolixitatem huius operis discutere non intendo.
Sed, positione mea in hac parte breviter posita, explicabitur istud opus.

(ll) Dico, igitur, quod nullum insolubile de quo praesens est locutio est
simpliciter verum vel simpliciter falsum; sed quodlibet est verum secundum
quid et falsum secundum quid.   250

(mm) Ut, verbi gratia, posito quod Socrates dicat istam: 'Socrates dicit
falsum' et nullam aliam. Tunc dico quod iste terminus 'falsum' sumi potest
uno modo pro falso secundum quid et alio modo pro falso simpliciter. Si
pro falso secundum quid, concedenda est. Si pro falso simpliciter, tunc est
negandum quod Socrates dicit falsum.   255

(nn) Et consimiliter respondendum est huic: 'Socrates vult proicere
merces in mari', posito casu communi de proiectione mercium in mari. Et
dico quod non debet concedi vel negari simpliciter quod Socrates vult
proicere merces in mari, quia iste terminus 'velle' potest sumi pro velle
secundum quid et pro velle simpliciter. Si primo modo, concedendum est 260
quod Socrates vult isto modo proicere merces in mari – id est, secundum
quid. Si simpliciter, haec est neganda: 'Socrates vult proicere merces in
mari'.

(oo) Unde sicut in talibus casibus voluntationes non sunt simpliciter
voluntariae vel simpliciter involuntariae, licet possint esse magis involunta- 265
riae quam voluntariae vel econtra, sicut patet tertio *Ethicorum*, ita in
insolubilibus de quibus fit locutio non est inconveniens quod insolubile sit
quodammodo falsum et quodammodo verum, licet aliquando tale insolubile sit magis falsum quam verum.

245 et communia *om.* **IQ** // et[1] *om.* **MNO**   246 positiones] propositiones **CEN** opiniones
GL rationes **J**   247 positione] potentia **N** et alias poni nunc **O** // mea *om.* **ELN** //
explicabitur] explicatur **CDEH** expedit **L** explicitur **P**   248 quo] ad *add.* **HP** // locutio]
locutum **AHN** locutus **CT** dictum **L**   249 simpliciter[1]] similiter **ELMN** // simpliciter[2]]
similiter **EIN** // quodlibet est *om.* **ACDHJMPQT**   250 et] vel **ADI** *om.* **Q** //
quid[2]** **   251 Ut] Nec **C** *om.* **ADHJLP**   253 et *om.* **ADHMT** // simpliciter] similiter **EIM**
// Si] Sed **EH**   254 concedenda est] concedendo **EHN** concedo **GO** conceditur **P** //
simpliciter] similiter **EMN** // tunc] sic **EGIMOP** *om.* **ACHJLN**   256 huic] hic **E** ad hoc **G** ad
istud sophisma **M** sophismati sequenti *add.* **D** sophismati etc. *add.* **L** sophismati *add.*
N   257 communi] et non **I** *om.* **E**   258 vel] nec **ADJLT** sed **N** nec *add.* **G** // simpliciter]
Socrates **E** similiter **MN** *om.* **ACHJPT**   260 simpliciter] similiter **MN** // primo modo]
simpliciter **L** // concedendum] negandum **CL**   261 id est] simpliciter sed **C** et **D** isto modo;
ideo non sequitur **E** *om.* **HJNP**   262 Si . . . neganda] sic est concedendum **C** // Si . . . haec]
Sic aut **E** // haec est] tunc est haec **D** sic est haec **G** sic est **PT**   264 sicut *om.* **DHLT** //
voluntationes] velantationes[?] **E** voluptationes[?] **J** voluntates **L** volitiones **MT**[?] veloces[?] **P** //
simpliciter] super **E** similiter **MN**   265 vel] nec **HI** // simpliciter] sunt **J** similiter **LM** *om.*
T   266 vel] et **DILN** nec **H** // tertio] nono[?] **E** primo **H** // *Ethicorum*] *Elenchorum* **EN**

270   (pp) Unde insolubile affirmativum, ut frequenter, est magis falsum
quam verum; eo quod ipsum verificatur secundum quid propter hoc, quod
pars illius insolubilis supponit pro toto cuius est pars; et est falsum
secundum quid eo quod ex ipso insolubili cum casu possibili sequitur suum
oppositum. Unde dico quod in talibus insolubilibus pars potest supponere
275 pro toto cuius est pars. Non tamen sic supponit pars pro suo toto ut
insolubile sit verum simpliciter propter suppositionem partis pro toto, licet
possit esse verum secundum quid propter hoc, quod pars supponit pro suo
toto. Et, per contrarium huic, ut in maiori parte insolubile negativum est
magis verum quam falsum.

280   (qq) Et dico quod sicut pars potest supponere pro suo toto, ita potest
pars supponere pro convertibili cum suo toto, et pro opposito totius, et pro
convertibili cum opposito totius, et ita de aliis; et etiam quod pars potest
demonstrare totum cuius est pars, convertibile cum toto, oppositum totius,
et convertibile cum opposito totius.

285   (rr) Et per istud potest formari paralogismus secundum quid et simpliciter sic: Haec est vera secundum quid: 'Socrates dicit falsum'; igitur
Socrates dicit falsum; igitur haec est vera simpliciter: 'Socrates dicit
falsum'. Et ita in consimilibus potest formari consimilis paralogismus cum
talibus terminis: 'scitum', 'volitum', 'cognitum', 'verum', 'falsum', et
290 consimilibus.

(ss) Unde Aristoteles secundo *Elenchorum*, capitulo de fallacia secundum quid et simpliciter, dicit sic: 'Nam qui iurat se periuraturum bene iurat
hoc solum periurans, bene autem non'. In quo dicto Aristoteles supponit
casum quod aliquis solum iuret sic: 'Ego sum periurus', et totum istum
295 casum supponit per haec verba: 'hoc solum periurans'. Et vult dicere quod

272 insolubilis] non in talibus *add.* **ACJPT** in talibus non *add.* **H**   275 sic] si **CH** sicut **JN**
om. **G**   276 simpliciter] similiter **MN**   278 huic] huius **ACE** hoc **N** *om.* **G** // ut] et **D⁷E** est
H *om.* **ACG** // negativum] negatum **PT⁷** *om.* **L**   279 verum] falsum **I** // falsum] verum
I   282 potest] denotare vel *add.* **D**   283 demonstrare] demonstrari **C** denominare **E** //
toto] et *add.* **DLM** // oppositum] opposito **CN** *sed corr.* **O**   284 convertibile] convertibili
EHIN // totius] opinionis **CH** 285–286 simpliciter] similiter **MN** 286–287 igitur . . . falsum *om.*
CDEGHILMNOPT   287 simpliciter] similiter **N** *om.* **EH**   288 consimilibus] insolubi-
libus **MO** // consimilis *om.* **CDI** // paralogismus] syllogismus *corr. ex* paralogismus **D** *om.*
L   289 volitum] notum **C** versusolitum¹ **E** velle **I** volutum **NO** velitum **P** // cognitum]
cogitum **APT⁷** contintum⁷ **I** congregatum **J** coniunctum⁷ **O** // verum, falsum *om.*
AJLT   291 Unde] Ut dicit **DM** // secundo] tertio **E** // capitulo] tertio *add.* **L**   292 periu-
raturum] periuratum **ACGLPT** periurandum **J** periuratum esse **N** esse periuratum **O** 293–294
periurans . . . sic *om.* **L**   293 periurans *om.* **E** // autem] iurat *add.* **A**   294 casum *om.* **JT**
// periurus] periurans **ADEGLJN** in periurium⁷ **P**

qui iurat se periuraturum bene iurat – id est, secundum quid – bene autem non iurat simpliciter. Et non intendit quod haec propositio sit falsa simpliciter: 'Socrates bene iurat', nec quod sit vera simpliciter; sed intendit quod Socrates sit periurus secundum quid et non simpliciter.

(tt) Sed in secundo paralogismo quem format ibi Aristoteles apparet 300 quibusdam quod Aristoteles concedit insolubile affirmativum. Ut, posito quod aliquis solum dicat se esse mendacem, tunc, dicit Aristoteles, 'prohibet autem eundem nihil simpliciter esse mendacem, quo autem verum esse, verum autem non'. Ex quo dicto creditur quod sic dicens est mendax simpliciter, verus autem secundum quid. Unde iste terminus 305 'simpliciter' debet constitui vel referri ad istum terminum 'prohibet', ut iste sit sensus: 'Simpliciter nihil prohibet eundem esse mendacem' – id est, secundum quid – 'et quo verum esse, verum autem non' – id est, non esse verum simpliciter. Vel potest dici quod Aristoteles intelligit per 'mendacem' non entem simpliciter verum; et tunc nihil prohibet eundem 310 simpliciter esse mendacem – id est, non esse verum simpliciter – et tamen eundem esse verum secundum quid.

(uu) Sed forte dicet aliquis '"Verum" et "falsum" sunt contraria; igitur non simul verificantur de eodem'.

(vv) Ad istud faciliter respondetur concedendo quod isti termini 'verum 315 simpliciter' et 'falsum simpliciter' sunt contraria, et illi duo termini non

296 periuraturum] periurum **ACDHJL** periuram **E** periurium **G**[?]**P** periuratus **I** periurtatum[?] **M** periuratum esse **N** periuratum **OT** // id est] et **EHN** *om.* **L** 296–297 bene . . . iurat] quod non bene **C** non autem **DL**   296 bene autem] unde alius **E**   297 iurat] scilicet **AJ** Socrates *add.* **M** *om.* **NT** // intendit] intelligit **GNOP**   298 simpliciter[1]] sic **E** similiter **MN** // simpliciter[2]] similiter **MN** // intendit] intelligit **NOP**   299 sit periurus] periuret **C** // periurus] periuratus **E** periurans **H** // non *om.* **C** // simpliciter] similiter **MN**   300 secundo] tertio **CGILNOP** isto **D** alio **T**   302 Aristoteles] sic *add.* **CDEGHMNOPT** simul *add.* **L**   303 nihil] nec **EN**[?] // simpliciter] similiter **LMN** // esse mendacem] quidem (quidam **J**) mendacem esse **AJ** // quo] quomodo **ACLT** simpliciter quoad quid **D** quoad quid **H** quibus **M** quod **P** *om.* **E**   304 verum[2] . . . non] quo autem verum **I** *om.* **CDEGHLMNOPT**   305 simpliciter] similiter **MN**   306 simpliciter] similiter **LN** constitui] congrui **AH** construi **D**[?]**EJL**[?]**P** destrui **G**   307 Simpliciter] Similiter **LMN** quid est *add.* **H** *om.* **E** // nihil] vel **EL** nec **H** // id est *om.* **CEHLM**   308 quo] quomodo **ACDLT** isto modo **H** // verum[2] *om.* **DO** // non[1] *om.* **D** // esse] est **DP**   309 simpliciter] similiter **MN** // intelligit] intendit **ACEJL** intendet **N**   310 entem] eundem **CH** dicentem **D** essentem **E** esse **LNO** // simpliciter] similiter **MNP** // nihil] istud **CH**   311 simpliciter[1]] similiter **MNP** *om.* **CE** // simpliciter[2]] similiter **MN**   312 quid] etiam falsum secundum quid *add.* **I**   313 dicet] diceret **CDL** dicit **E** dices **O** // contraria] contradictoria **ACG**   315 concedendo *om.* **CHLP** // isti termini] iste terminus **ACDHJMNPT** *om.* **O**   316 simpliciter[1]] similiter **MN** semper **P** // et[1]] iste terminus *add.* **ACDMPT** // simpliciter[2]] similiter **M** *om.* **N** // non *om.* **N**

simul verificantur de eodem; sed isti termini 'verum secundum quid' et
'falsum secundum quid' non sunt contraria. Sicut isti duo termini 'volitum
simpliciter' et 'non volitum simpliciter' sunt contraria, et ideo nihil simul
320 est ab eodem simpliciter volitum et non volitum; sed isti duo termini
'volitum secundum quid' et 'non volitum secundum quid' non sunt
contraria, et ideo possibile est quod aliquid sit volitum secundum quid et
non volitum secundum quid. Et hoc vult Aristoteles tertio *Ethicorum*, fere
in principio, ubi dicit quod quaedam operationes sunt mixtae. Et exponit
325 seipsum: id est, aliquo modo voluntariae et aliquo modo involuntariae,
sicut est de proiectione mercium in mari; et dicit quod quando proiciuntur
merces in mari, tunc illa operatio est magis voluntaria quam involuntaria.
Et postea, paucis interpositis, dicit quod fortassis nihil prohibet tales
operationes esse simpliciter involuntarias. Et ibidem per 'involuntarias'
330 debet intelligi non voluntarias, ut iste sit sensus: 'Tales operationes non
sunt simpliciter voluntariae'. Unde patet quod Aristoteles vult dicere quod
'voluntarium secundum quid' et 'non voluntarium secundum quid' possunt
eidem simul inesse. Et ita 'verum secundum quid' et 'falsum secundum
quid' possunt eidem simul inesse, sicut patet in omnibus orationibus in
335 quibus ponitur terminus aequivocus; nam tales orationes sunt verae
secundum quid et falsae secundum quid, non tamen verae vel falsae
simpliciter debent dici.

(ww) Aliter tamen posset dici quod iste terminus 'falsum' quando per se
ponitur, sine adiuncto et sine aliqua determinatione, supponit pro falso

---

317 simul] vere *add.* **CN** et commune *add.* **E** et *add.* **G** et vere *add.* **IOP** *om.* **HNT** //
verificantur] praedicantur **CHINO** probantur **EP** // eodem] et (ut **D**) vere praedicantur de
eodem *add.* **DT**   318 Sicut] Sed **EN** 318–319 volitum[1,2]] volutum **NO** velitum
P   319 simpliciter[1]] similiter **LMNP** // simpliciter[2]] similiter **MNP** *om.* **E** // simul *om.*
ADIJM   320 simpliciter] similiter **P** *om.* **MN** // volitum[1]] volutum **CINO** velitum **P** //
volitum[2]] volutum **CINO** velitum **P** simul *add.* **ADJM**   321 volitum[1]] volutum **INO** velitum
P // non[1] . . . quid] secundum quid non volitum **AET** // volitum[2]] volutum **INO** velitum **P** //
non[2] *om.* **E** *sup. lin.* **J**   322 et *om.* **IN** // volitum] volutum **INO** velitum **P** // secundum quid
om. **AJ**   323 non . . . quid] secundum quid non volitum **EGMO** // volitum] volutum **INO**
velitum **P** // tertio] secundo **HL** // *Ethicorum]* *Elenchorum* **EL**   324 operationes] compar-
ationes **E** apparitiones **L** opiniones **JP**   325 involuntariae] et tertio *Elenchorum* dicit quod
quaedam sunt operationes mixtae *add.* **L**   326 proiciuntur] proiciunt **APT**   327 tunc
. . . operatio *om.* **AJ** // voluntaria] involuntaria **DM** // involuntaria] voluntaria
DM   328 dicit] donec **ACD**   329 operationes *om.* **AJT** // simpliciter] similiter **CHMN**
om. **AJT** // involuntarias] voluntarias **CL** voluntariae **N** // ibidem] ibi **AJ** idem **CEN** illud
O   330 Tales operationes *om.* **CH** // non *om.* **E** *marg.* **P**   331 simpliciter] sic **E** similiter
MNP *om.* **G**   332 non . . . quid] secundum quid non voluntarium **ACEGIJMOPT** 333–334
simul . . . possunt *om.* **CDEHILO**   333 simul *om.* **GMNPT**   334 simul *om.*
CDEGHILMNOPT // patet *om.* **ADJLPT** // omnibus] quibusdam **N** *om.* **DGHIOPT** //
orationibus *om.* **CE**   336 vel] et **CLN**   337 simpliciter] similiter **MNP** // debent dici *om.*
ILN   338 tamen *om.* **CDHP** // posset] potest **CLN** // per se *om.* **CHT**   339 adiuncto]
adiunctione **IMNO**

simpliciter; et tunc ista propositio 'Socrates dicit falsum' significat quod 340
Socrates dicit falsum simpliciter; et tunc quando proponitur 'Socrates dicit
falsum', posset negari. Et quando arguitur 'Tu negas istam, et bene
respondes, et non es obligatus, et ita de aliis conditionibus; igitur haec est
falsa: "Socrates dicit falsum"' – ad hoc dicitur quod haec consequentia
ultima non valet. Quia ego nego istam 'Socrates dicit falsum' quia haec 345
propositio 'Socrates dicit falsum' est magis falsa quam vera. Et haec
propositio 'Socrates dicit falsum' non est vera nisi secundum quid; et quia
esse verum est esse verum simpliciter, ideo ista 'Socrates dicit falsum' non
est vera, et sic est haec neganda simpliciter – 'Socrates dicit falsum' – et
tamen haec est vera secundum quid: 'Socrates dicit falsum'. Et per istud 350
negandum est simpliciter quod Socrates vult proicere merces in mari, et
tamen haec propositio est vera secundum quid: 'Socrates vult proicere
merces in mari'.

(xx) Sed contra istam responsionem arguitur sic. Et ponatur quod A sit
ista propositio: 'Socrates dicit falsum simpliciter', et arguatur tunc sic. 355
Nullum insolubile est falsum simpliciter, A est insolubile; igitur A non est
falsum simpliciter. Ista consequentia est bona, et antecedens est verum
simpliciter; igitur consequens est verum simpliciter. Et ulterius arguitur sic.
A non est falsum simpliciter, et solum A est dictum a Socrate – loquendo
de maximo dicto a Socrate; igitur Socrates non dicit falsum simpliciter. Ista 360
consequentia est bona, et antecedens est verum simpliciter; igitur consequens est verum simpliciter. Igitur oppositum istius consequentis, quod est
A, est falsum simpliciter. Igitur aliquod insolubile est falsum simpliciter,
posito quod Socrates dicat istam: 'Socrates dicit falsum simpliciter'.

(yy) Ad istud dicendum est quod in aliqua consequentia bona aliqua 365
propositio quae est falsa secundum quid sequitur ex veris simpliciter. Sed
tamen ista propositio falsa secundum quid non est falsa quia sequitur ex

340 simpliciter] similiter **MNP**   341 simpliciter] sic **E** similiter **M** // proponitur] arguitur
AD ponitur **CEG** dicitur **J**   343 non *om.* **AJ** // es *om.* **CEGHIPT**   345 ego] econverso **AJ**
om. **HL** // nego] nescio **CGHP**   347 et *om.* **ACHIJL** *sup. lin.* **O**   348 verum *om.* **ACJL** //
simpliciter] similiter **MN**   349 simpliciter] similiter **MN**   351 simpliciter] similiter **MNP**
351–353 et . . . mari *om.* **ELOT**   355 simpliciter] similiter **MNP** *om.* **O**   356 simpliciter]
similiter **MNP**   357 simpliciter] similiter **LMNP**   358 simpliciter[1]] similiter **MNP** //
simpliciter[2]] similiter **LMNP** // Et ulterius] Similiter **AJ** Aliter **CDHLMPT**   359 simpliciter]
similiter **MN**   360 simpliciter] similiter **ILMNP** *om.* **C**   361 simpliciter] similiter **MNOP**
361–362 igitur . . . simpliciter *om.* **NP**   363 simpliciter[1]] similiter **LMNOP** // simpliciter[2]]
similiter **MN**   364 simpliciter] similiter **NO**   365 in *om.* **EHL** // consequentia] est *add.*
EHL // bona] in qua *add.* **HL**   366 simpliciter] similiter **MN**   367 tamen] cum **ADEGHN**

veris, sed quia ex ea cum aliquo vero vel aliis veris sequitur suum contradictorium. Unde, si sic argueretur – Ista consequentia est bona, et
370 antecedens est verum simpliciter, et ex consequente cum aliis veris vel alio vero non sequitur falsum secundum quid vel simpliciter; igitur istud consequens est verum simpliciter – tunc consequentia foret bona. Sed in proposito antecedens est falsum.

(zz) Per hoc satis faciliter ad alia insolubilia, in quocumque genere
375 fuerint, poterit responderi.

368 sed *om.* **IL** // veris² *om.* **CMP**   370 simpliciter] similiter **MN** // consequente] antecedente **LM**   371 vel] et **CHP** // simpliciter] similiter **MN**   372 consequens] antecedens **CL** // simpliciter] similiter **N** // foret] esset **AJ** est **HM**   374 hoc] patet *add.* **G** potest *add.* **IP** // satis] patet *add.* **L** patet quod bene intuens *add.* **T** *om.* **CHJP** // faciliter] potest *add.* **DNOT** patet *add.* **E** *om.* **HL** // alia insolubilia] argumenta **C** // alia] ista **E** omnia **GM** // in] et **E** *om.* **ACJ** // genere] istius *add.* **N**   375 fuerint] fuerunt **P** sophismata *add.* **H** // poterit] potest **AJ** *om.* **DEGIOPT** // responderi] respondere **DOT** removere **H** respondet **P**

* With this word '*et*' **F** breaks off (f. 73vb). At least four leaves of the manuscript have been cut out immediately following f. 73.
** With this word '*quid*' **Q** breaks off (f. 110va) in the middle of a column, followed by blank space.

INDEX EDITIONIS

153